M. Jauke

D1705857

Theoretische Informatik

von
Professor Dr. Dietmar Wätjen
Technische Universität Braunschweig

R. Oldenbourg Verlag München Wien 1994

Die Deutsche Bibliothek — CIP-Einheitsaufnahme

Wätjen, Dietmar:
Theoretische Informatik : eine Einführung / von Dietmar
Wätjen. – München : Oldenbourg, 1994
  ISBN 3-486-22742-4

© 1994 R. Oldenbourg Verlag GmbH, München

Das Werk einschließlich aller Abbildungen ist urheberrechtlich geschützt. Jede Verwertung außerhalb der Grenzen des Urheberrechtsgesetzes ist ohne Zustimmung des Verlages unzulässig und strafbar. Das gilt insbesondere für Vervielfältigungen, Übersetzungen, Mikroverfilmungen und die Einspeicherung und Bearbeitung in elektronischen Systemen.

Gesamtherstellung: R. Oldenbourg Graphische Betriebe GmbH, München

ISBN 3-486-22742-4

Inhaltsverzeichnis

Vorwort   7

1 Boolesche Algebra, Schaltalgebra und Schaltfunktionen   11
    1.1 Einführung 11
    1.2 Boolesche Algebra 13
    1.3 Schaltalgebra und Schaltfunktionen 20
    1.4 Minimierungsverfahren 26
    1.5 Das Verfahren von Karnaugh und Veitch 29
    1.6 Das Minimierungsverfahren von Quine-McCluskey 32

2 Endliche Automaten   41
    2.1 Einführung 41
    2.2 Mealy- und Moore-Automaten 44
    2.3 Reduktion von Automaten 54

3 Turingmaschinen   61
    3.1 Definitionen 61
    3.2 Beispiele für Turingmaschinen und ihre Zusammensetzbarkeit . 64
    3.3 Modifizierte Turingmaschinen 69
    3.4 Turing-Berechenbarkeit 73
    3.5 Gödelisierung 80
    3.6 Universelle Turingmaschinen 83
    3.7 Unentscheidbare Probleme 85

4 Rekursive Funktionen   91
    4.1 Primitiv-rekursive Funktionen 91
    4.2 Die Ackermann-Funktion 97
    4.3 Der μ-Operator und μ-rekursive Funktionen 104

5 Sprachen, Grammatiken und erkennende Automaten   111
    5.1 Einführung 111
    5.2 Die Chomsky-Hierarchie 113
    5.3 Erkennende Automaten und Sprachen 118

6 Fixpunkttheorie und kontextfreie Sprachen   133
    6.1 Partielle Ordnungen und Fixpunkte 134
    6.2 Fixpunkttheorie und kontextfreie Sprachen 143

7 Komplexitätstheorie — 151
- 7.1 Die Klassen P und NP und NP-Vollständigkeit 151
- 7.2 Einige NP-vollständige Probleme 157
- 7.3 Ausblick 167

8 Syntax und Semantik von Programmiersprachen — 169
- 8.1 Einführung 169
- 8.2 Syntax der Beispielsprache 172
- 8.3 Semantische Bereiche 173
- 8.4 Operationelle Semantik 176
- 8.5 Denotationale Semantik 178
- 8.6 Programmverifikation 187

Literaturverzeichnis — 195

Index — 197

Vorwort

Die Theoretische Informatik beschäftigt sich mit Abstraktionen, Modellbildungen, allgemein mit Grundlagenforschung, die mit der Struktur, Verarbeitung, Darstellung und Übertragung von Informationen im Zusammenhang steht. Es handelt sich vor allem um Probleme, die mit Computern und deren Anwendung zu tun haben. Die Theoretische Informatik ist also ein weites Feld, und sie hat naturgemäß in vielen Bereichen Berührungspunkte mit anderen Gebieten der Informatik.

In ihrer Methodik ist die Theoretische Informatik mathematisch, indem sie Definitionen, Sätze und Beweise benutzt. Sie erhält jedoch ihre Impulse in erster Linie aus den vorher bereits genannten praktischen Problemen. Es wird versucht, für solche Probleme theoretische Modelle zu finden, die eine genaue und verständliche Beschreibung ermöglichen. Damit können unter Umständen praktische Lösungsansätze erleichtert werden.

Ohne Anspruch auf Vollständigkeit zu erheben, nennen wir im folgenden einige Bereiche und Gebiete, die in der Theoretischen Informatik behandelt werden. Der zentrale Begriff der Informatik und damit auch der Theoretischen Informatik ist der des *Algorithmus*. Schon vor Erfindung der Computer hat man sich mit der Frage der *Berechenbarkeit* auseinandergesetzt, also mit der Frage, welche Probleme algorithmisch lösbar sind. Verschiedene formale Modelle für den Algorithmusbegriff wurden eingeführt, und sie werden auch heute noch weiter untersucht. Neben der prinzipiellen Frage der Berechenbarkeit ist es natürlich interessant zu wissen, mit welchem Aufwand eine solche Berechnung durchgeführt werden kann. Die *Komplexitätstheorie* untersucht solche Fragestellungen. Mit Hilfe der Berechnungsmodelle definiert man dabei verschiedene Komplexitätsklassen. Neben diesen allgemeinen Überlegungen werden jedoch auch konkrete Algorithmen betrachtet, z.B. Algorithmen zur *Mustererkennung*, *Such- und Sortieralgorithmen*, *Graphalgorithmen* und *Algorithmen in der Zahlentheorie*. Die letztgenannten sind wichtig in der *Kryptologie*, in der Lehre vom Ver- und Entschlüsseln von Nachrichten, die mit der zunehmenden Verbreitung von Computersystemen eine immer stärkere Bedeutung erhält. In all diesen Fällen ist die *Analyse der Algorithmen* wichtig, d.h. Untersuchungen über ihr Zeitverhalten und ihren Platzbedarf im schlechtesten Fall oder im Mittel. Eine Verringerung des Rechenaufwands kann mit *parallelen Algorithmen* erreicht werden. In diesem Zusammenhang werden auch *parallele Prozesse* und *parallele Rechnerarchitekturen* betrachtet.

Zur praktischen Berechnung werden Algorithmen als Programme in einer Programmiersprache kodiert. So beschäftigt sich die Theoretische Informatik auch mit den Grundlagen der *imperativen, funktionalen, logischen* und *objektorientierten Programmierung* und betrachtet in diesem Zusammenhang die *Syntax und Semantik von Programmiersprachen*, die *Logik für Programmiersprachen* und die *Programmverifikation*.

Programmiersprachen können als spezielle *formale Sprachen* aufgefaßt werden. Formale Sprachen werden durch *Grammatiken* und andere *Ersetzungssysteme* erzeugt oder können durch verschiedene Arten von *Automaten* und *Maschinen* erkannt werden. Grammatiken wurden erstmals in der Linguistik betrachtet, wo man versucht hat, mit ihrer Hilfe natürliche Sprachen zu beschreiben. Einige Ersetzungssysteme wie z.B. *Lindenmayersysteme* wurden in der Biologie verwendet, um die Entwicklung biologischer Organismen darzustellen. Die Automaten- und Maschinentypen dienen außer zur Spracherkennung auch als mehr oder weniger realistische Modelle von Computersystemen.

Ein wichtiges praktisches Problem ist die Organisation von Daten in Speichern von Rechensystemen. Hierfür werden theoretische Untersuchungen über *Datenstrukturen* und *Datenbanken* durchgeführt und entsprechende semantische Fragen behandelt.

Aus dem eben skizzierten weiten Spektrum der Theoretischen Informatik kann in diesem Buch nur ein kleiner Teil behandelt werden. Wir beschränken uns im wesentlichen auf die Grundlagen der Berechenbarkeit. Diese sind in der Informatik von fundamentaler Bedeutung, da sie einen Begriff von den prinzipiellen Möglichkeiten von Rechensystemen und ihren Beschränkungen vermitteln. Die Kapitel 1 bis 4 beschreiben die Berechnung von Funktionen durch unterschiedlich leistungsfähige Berechnungsmodelle. Die kleinste Klasse von Funktionen wird durch *Schaltfunktionen* bestimmt, *endliche Automaten* berechnen eine umfangreichere Klasse und mit Hilfe von *Turingmaschinen* kann schließlich jede intuitiv berechenbare Funktion dargestellt werden. Äquivalent ist dies auch mit μ-*rekursiven Funktionen* möglich.

In den Kapiteln 5 bis 7 werden *Sprachen*, *Grammatiken* sowie *endliche erkennende Automaten, Kellerautomaten, linear beschränkte Automaten* und *erkennende Turingmaschinen* betrachtet. Die Berechnungen der Automaten und Maschinen führen in diesen Fällen zur Erkennung von Wörtern von Sprachen. Auf die *Komplexität* solcher Berechnungen wird eingegangen.

Ein praktisches Konzept der Berechenbarkeit geben wir in Kapitel 8 durch eine einfache *Programmiersprache* an. Ihre *Syntax* wird mit Hilfe einer Grammatik definiert. Ihre *Semantik* erklären wir auf zwei verschiedene Arten.

Das vorliegende Buch ist aus Aufzeichnungen zur Vorlesung „Theoretische Informatik" entstanden, die in den vergangenen Jahren von *Roland Vollmar* und mir an der Technischen Universität Braunschweig für Studenten im Informatik-Grundstudium und Studenten der Wirtschaftsinformatik sowie Nebenfachhörer gehalten wurde. Es wendet sich an Leser ohne spezielle Vorkenntnisse, die jedoch mit einigen mathematischen Grundbegriffen vertraut sein sollten, wie sie z.B.

schon im Laufe einer Anfängervorlesung in Mathematik vermittelt werden.

Dieses Buch kann als Grundlage für eine einführende Vorlesung über Theoretische Informatik dienen. In Braunschweig ist sein Stoff im Rahmen einer vierstündigen Vorlesung im Sommersemester vorgetragen worden, wobei jedoch jedes Mal von den vorliegenden acht Kapiteln höchstens sieben behandelt wurden. Auf jeden Fall sollten die Kapitel 2, 3 und 5 besprochen werden, und zwar in dieser Reihenfolge. Alle anderen Kapitel können dann wahlweise entfallen, wobei allerdings zu beachten ist, daß für Kapitel 8 zusätzlich der erste Abschnitt von Kapitel 6 erforderlich ist.

Bei der Ausarbeitung der Vorlesung, die diesem Buch zugrunde liegt, wurde unterschiedliche Fachliteratur zu Rate gezogen, die sicher auch noch einen Einfluß auf dieses Buch besitzt. Im wesentlichen waren dies die Bücher von *Schmitt/Fehling* [18] sowie *Hotz* [9] für Kapitel 1, *Bobrow/Arbib* [2] für Kapitel 2, *Hermes* [6] für die Kapitel 3 und 4, *Salomaa* [16] für Kapitel 5, *Moll/Arbib/Kfoury* [12] für Kapitel 6, *Mehlhorn* [10] für Kapitel 7 sowie *Alber/Struckmann* [1] für Kapitel 8. Neben diesen Büchern sind im Literaturverzeichnis noch weitere genannt, die zur vertiefenden Beschäftigung mit dem hier behandelten Stoff geeignet sind.

Bedanken möchte ich mich bei *Roland Vollmar*, der die Vorlesung „Theoretische Informatik" in Braunschweig eingeführt und so die ersten Grundlagen für dieses Buch gelegt hat. *Katja Landskron*, *Stefan Gärtner* und *Werner Struckmann* danke ich für die kritische Durchsicht des Manuskripts. Kapitel 8 ist in Zusammenarbeit mit *W. Struckmann* entstanden.

Dietmar Wätjen   im November 1993

1. Boolesche Algebra, Schaltalgebra und Schaltfunktionen

1.1 Einführung

Um die Hardware von Rechnern verstehen zu können, benötigt man als Grundlage genaue Kenntnisse der Schaltalgebra und der Schaltfunktionen. Die Schaltalgebra ist eine spezielle Boolesche Algebra, die die Analyse und Synthese großer „Schaltersysteme" ermöglicht. Sie besitzt nur die Werte 1 und 0 (wahr und falsch), die dem Fließen und Nichtfließen von Strom entsprechen. Durch verschiedene (logische) Operationen können die Werte miteinander verknüpft werden. Diesen Operationen entsprechen auf der technischen Seite gewisse physikalische Grundbausteine (Gatter). Durch die mehrfache Anwendung von Operationen auf Variablen der Schaltalgebra entstehen komplexere Ausdrücke, die äquivalent sind zu der Synthese verschiedener Gatter zu einem umfangreicheren Schaltnetz. Die von einem solchen Schaltnetz berechnete Funktion wird Schaltfunktion genannt.

Nach zwei einführenden Beispielen besprechen wir in diesem Kapitel zunächst die abstrakte mathematische Struktur der Booleschen Algebra. Mit ihrer Hilfe stellen wir dann die Theorie der Schaltalgebra und Schaltfunktionen dar.

Beispiel 1.1: Wir betrachten den folgenden elektrischen Schaltplan:

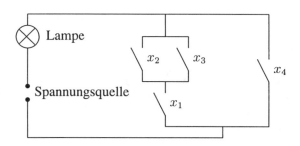

„$x_i = 0$" heißt: „Schalter x_i offen (kein Strom)"
„$x_i = 1$" heißt: „Schalter x_i geschlossen (Strom)"

Dieses einfache Schaltersystem wird analysiert, indem wir die „Funktion" der

1. Boolesche Algebra, Schaltalgebra und Schaltfunktionen

Lampe in Abhängigkeit von den Schalterstellungen angeben, also die Funktion

$$f(x_1, x_2, x_3, x_4) = \begin{cases} 0, & \text{falls die Lampe nicht brennt} \\ 1, & \text{falls die Lampe brennt.} \end{cases}$$

Als zugehörige Wertetafel dieser Funktion erhalten wir offenbar

x_1	0	0	0	0	0	0	0	0	1	1	1	1	1	1	1	1
x_2	0	0	0	0	1	1	1	1	0	0	0	0	1	1	1	1
x_3	0	0	1	1	0	0	1	1	0	0	1	1	0	0	1	1
x_4	0	1	0	1	0	1	0	1	0	1	0	1	0	1	0	1
$f(x_1, x_2, x_3, x_4)$	0	1	0	1	0	1	0	1	0	1	1	1	1	1	1	1

□

Beispiel 1.2: Wir geben drei physikalische Bausteine an:

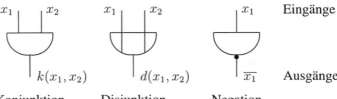

Konjunktion Disjunktion Negation

Diese Bausteine, die auch *Gatter* genannt werden, können über Eingänge elektrische Signale aufnehmen und über einen Ausgang ein eindeutig bestimmtes Signal ausgeben. Dabei sind nur zwei Werte möglich: „0" (kein Signal) oder „1" (Signal). Die Funktionen dieser Bausteine werden durch die folgende Wertetafel beschrieben:

x_1	x_2	$k(x_1, x_2)$	$d(x_1, x_2)$	$\overline{x_1}$
0	0	0	0	1
0	1	0	1	1
1	0	0	1	0
1	1	1	1	0

Zur Synthese von Schaltersystemen können diese Bausteine auch hinter- und nebeneinander geschaltet werden. Eine Synthese rückkopplungsfreier Gatter wird *Schaltnetz* genannt. Als Beispiel werde ein Schaltnetz konstruiert, das die „Addition modulo 2", d.h. die Funktion (*Schaltfunktion*)

α	β	$\alpha \oplus \beta$
0	0	0
0	1	1
1	0	1
1	1	0

realisiert. Dies geschieht durch die folgende Schaltung, was man durch Einsetzen der vier möglichen Wertepaare nachprüfen kann:

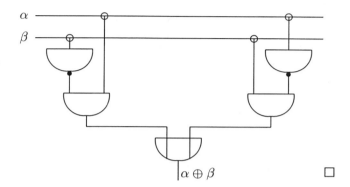

Wir werden in diesem Kapitel allgemeine Methoden kennenlernen, die es uns ermöglichen, eine Funktion wie aus Beispiel 1.1 durch ein Schaltnetz mit den Gattern aus Beispiel 1.2 zu realisieren.

1.2 Boolesche Algebra

Der Begriff der Booleschen Algebra dient zur Formalisierung der oben genannten Konzepte der Schaltnetze und Schaltfunktionen.

Zunächst verabreden wir, daß wir in diesem Buch unter $I\!N$ die Menge der natürlichen Zahlen (ohne die Zahl 0) und unter $\mathbb{Z}$ die Menge der ganzen Zahlen verstehen wollen. Zusätzlich setzen wir $I\!N_0 = I\!N \cup \{0\}$.

Definition 1.1: Es sei $k \in I\!N$ und A eine Menge. $f : A^k \to A$ heißt *k-stellige Verknüpfung* oder *Operation* auf A, wenn f eine Abbildung ist. □

Für zweistellige Verknüpfungen $\circ : A \times A \to A$ wird statt $\circ(a, b)$ mit $a, b \in A$ auch häufig $a \circ b$ geschrieben. Dies gilt auch für die zweistelligen Verknüpfungen des folgenden Beispiels. In diesem Beispiel und auch später benötigen wir den Begriff der Potenzmenge $\mathcal{P}(M)$ einer vorgegebenen Menge M. Wir erinnern daran, daß sie aus allen Teilmengen von M besteht, d.h. $\mathcal{P}(M) = \{M' \mid M' \subset M\}$. Dabei wollen wir verabreden, daß die Mengeninklusion $\subset$ auch im Fall der Gleichheit zweier Mengen gilt.

Beispiel 1.3: Wir geben eine Reihe einfacher Operationen an.
  (a) $+ : I\!N \times I\!N \to I\!N$ ist eine zweistellige (binäre) Verknüpfung auf der Menge der natürlichen Zahlen, wobei „+" die übliche Bedeutung der Addition hat.
  (b) $+ : \mathbb{Z} \times \mathbb{Z} \to \mathbb{Z}$ ist eine zweistellige Verknüpfung auf der Menge der ganzen Zahlen, wobei „+" die übliche Bedeutung der Addition hat.

1. Boolesche Algebra, Schaltalgebra und Schaltfunktionen

(c) $- : \mathbb{Z} \times \mathbb{Z} \to \mathbb{Z}$ ist eine zweistellige Verknüpfung auf der Menge der ganzen Zahlen, wobei „$-$" die übliche Bedeutung der Subtraktion hat.

(d) $* : \mathbb{Z} \times \mathbb{Z} \to \mathbb{Z}$ ist eine zweistellige Verknüpfung auf der Menge der ganzen Zahlen, wobei „$*$" die übliche Bedeutung der Multiplikation hat.

(e) Die „Addition modulo k" ($k \in \mathbb{N}$) ist eine zweistellige Verknüpfung $+_k : \mathbb{N}_0 \times \mathbb{N}_0 \to \{0, 1, \ldots, k-1\} \subset \mathbb{N}_0$. Dabei ist $m +_k n$ für $m, n \in \mathbb{N}_0$ diejenige (eindeutig bestimmte) Zahl $x \in \{0, \ldots, k-1\}$, für die ein $r \in \mathbb{N}_0$ existiert mit $x + rk = n + m$.

(f) Es sei M eine Menge. Dann sind Durchschnitts- ($\cap$), Vereinigungs- ($\cup$) und Komplementbildung ($^-$) bezüglich M Operationen auf der Potenzmenge von M:
$\cap : \mathcal{P}(M) \times \mathcal{P}(M) \to \mathcal{P}(M)$ ist eine zweistellige Verknüpfung,
$\cup : \mathcal{P}(M) \times \mathcal{P}(M) \to \mathcal{P}(M)$ ist eine zweistellige Verknüpfung,
$^- : \mathcal{P}(M) \to \mathcal{P}(M)$ ist eine einstellige (unäre) Verknüpfung. □

Definition 1.2: $(A, f_1, \ldots, f_n)$ heißt *Algebra*, wenn A eine nichtleere Menge ist und $f_1, \ldots, f_n$, $n \in \mathbb{N}$, ein- oder mehrstellige Operationen auf A sind. □

Beispiel 1.4: Mit Hilfe der Operationen aus Beispiel 1.3 erhalten wir, daß $(\mathbb{N}, +)$, $(\mathbb{Z}, +)$, $(\mathbb{Z}, -)$, $(\mathbb{Z}, *)$, $(\mathcal{P}(M), \cap, \cup, ^-)$ und $(\mathbb{Z}, +, -, *)$ Algebren sind. □

Definition 1.3: $B = (A, \sqcup, \sqcap, ^-)$ sei eine Algebra mit zweistelligen Verknüpfungen $\sqcup, \sqcap : A \times A \to A$ und einer einstelligen Verknüpfung $^- : A \to A$. B heißt eine *Boolesche Algebra*, wenn für alle $a, b, c \in A$ gilt:

(1) (a) $a \sqcup b = b \sqcup a$ (b) $a \sqcap b = b \sqcap a$
                                                (Kommutativgesetze)

(2) (a) $(a \sqcup b) \sqcup c = a \sqcup (b \sqcup c)$ (b) $(a \sqcap b) \sqcap c = a \sqcap (b \sqcap c)$
                                                (Assoziativgesetze)

(3) (a) $(a \sqcup b) \sqcap a = a$ (b) $(a \sqcap b) \sqcup a = a$
                                                (Absorptionsgesetze)

(4) (a) $a \sqcap (b \sqcup c) = (a \sqcap b) \sqcup (a \sqcap c)$ (b) $a \sqcup (b \sqcap c) = (a \sqcup b) \sqcap (a \sqcup c)$
                                                (Distributivgesetze)

(5) (a) $a \sqcup (b \sqcap \bar{b}) = a$ (b) $a \sqcap (b \sqcup \bar{b}) = a$ □

Bei Betrachtung der Gesetze erkennt man sofort den symmetrischen Aufbau der rechten und linken Seite einer jeden Zeile. Aus der linken Seite erhält man die rechte durch Vertauschung der Symbole $\sqcap$ und $\sqcup$. Man sagt, die Beziehungen (b) ergeben sich aus den Beziehungen (a) durch Dualisierung. Ebenso ergeben sich die Beziehungen (a) aus den Beziehungen (b). Das Axiomensystem ist also dualisierbar. Daraus folgt weiter, daß alle Eigenschaften einer Booleschen Algebra dualisierbar sind. D.h., wenn eine Beziehung gilt, so gilt auch die dazu duale Beziehung. Falls man wie üblich vereinbart, daß der Operator $\sqcap$ eine höhere Priorität als $\sqcup$ hat, dann muß bei der Dualisierung einer Beziehung auf

1.2 Boolesche Algebra

die Klammerung geachtet werden. Bei vollständiger Klammerung entsteht dieses Problem nicht.

Wir wollen noch darauf hinweisen, daß Definition 1.3 nur eines von mehreren möglichen Axiomensystemen für eine Boolesche Algebra ist.

Beispiel 1.5: Mit Hilfe der elementaren Mengenlehre sehen wir sofort ein, daß $(\mathcal{P}(M), \cup, \cap, ^-)$ eine Boolesche Algebra ist.

Unter Berücksichtigung der Wertetabelle aus Beispiel 1.2 können wir weiter feststellen, daß auch $(\{0,1\}, d, k, ^-)$ eine Boolesche Algebra ist. □

Satz 1.1: (Idempotenzgesetze) Es sei $B = (A, \sqcup, \sqcap, ^-)$ eine Boolesche Algebra. Für alle $a \in A$ gilt $a \sqcup a = a$ und $a \sqcap a = a$.

Beweis: (a) Mit Hilfe von (3)(a), (1)(b) und (3)(b) von Definition 1.3 folgt für ein beliebiges $b \in A$

$$a \sqcup a = ((a \sqcup b) \sqcap a) \sqcup a = (a \sqcap (a \sqcup b)) \sqcup a = a.$$

(b) ergibt sich aus (a) durch Dualisierung. □

Satz 1.2: Jede Boolesche Algebra $B = (A, \sqcup, \sqcap, ^-)$ besitzt genau ein *Nullelement* 0 und genau ein *Einselement* 1, d.h. Elemente mit folgenden Eigenschaften:

(1) (a) Für alle $a \in A$ gilt $a \sqcup 0 = a$. (b) Für alle $a \in A$ gilt $a \sqcap 0 = 0$.
(2) (a) Für alle $a \in A$ gilt $a \sqcup 1 = 1$. (b) Für alle $a \in A$ gilt $a \sqcap 1 = a$.

Beweis: Wir zeigen, daß B genau ein Einselement besitzt. Man nehme an, daß B zwei Einselemente 1 und $1'$ hat. Dann folgt mit Hilfe von (2)(a) und der Kommutativität von $\sqcup$, daß $1 = 1' \sqcup 1 = 1 \sqcup 1' = 1'$ ist. Es muß noch gezeigt werden, daß überhaupt ein Einselement in B existiert. Für beliebige Elemente $a, b \in A$ gilt wegen (5)(b) und (1)(b) von Definition 1.3

$$a \sqcup \bar{a} = (a \sqcup \bar{a}) \sqcap (b \sqcup \bar{b}) = (b \sqcup \bar{b}) \sqcap (a \sqcup \bar{a}) = b \sqcup \bar{b}$$

und dual

$$a \sqcap \bar{a} = (a \sqcap \bar{a}) \sqcup (b \sqcap \bar{b}) = (b \sqcap \bar{b}) \sqcup (a \sqcap \bar{a}) = b \sqcap \bar{b}.$$

Wir weisen nach, daß $a \sqcup \bar{a}$ Einselement ist. Für ein beliebiges $b \in A$ gilt nämlich

$$b \sqcup (a \sqcup \bar{a}) = b \sqcup (b \sqcup \bar{b}) = (b \sqcup b) \sqcup \bar{b} = b \sqcup \bar{b} = a \sqcup \bar{a}$$

sowie mit Hilfe von (5)(b) von Definition 1.3

$$b \sqcap (a \sqcup \bar{a}) = b \sqcap (b \sqcup \bar{b}) = b.$$

Dual erhalten wir, daß $a \sqcap \bar{a}$ das Nullelement ist. □

1. Boolesche Algebra, Schaltalgebra und Schaltfunktionen

Satz 1.3: Es sei $B = (A, \sqcup, \sqcap, ^-)$ eine Boolesche Algebra. Zu jedem $a \in A$ existiert genau ein $b \in A$, für das
 (a) $a \sqcup b = 1$ und   (b) $a \sqcap b = 0$
gilt, und zwar ist dies $b = \bar{a}$ (das *Komplement* von a).

Beweis: Nach dem Beweis von Satz 1.2 ist $b = \bar{a}$ eine Lösung. Wir zeigen, daß sie eindeutig ist. Es sei b eine beliebige Lösung. Wegen $\bar{a} \sqcup a = a \sqcup \bar{a} = 1$ (siehe Beweis von Satz 1.2) und $a \sqcap b = 0$ gilt einerseits

$$b = 1 \sqcap b = (\bar{a} \sqcup a) \sqcap b = (\bar{a} \sqcap b) \sqcup (a \sqcap b) = (\bar{a} \sqcap b) \sqcup 0 = \bar{a} \sqcap b.$$

Andererseits ergibt sich wegen $a \sqcap \bar{a} = 0$ (siehe Beweis von Satz 1.2) und $a \sqcup b = 1$ die Gleichung

$$\bar{a} = 1 \sqcap \bar{a} = (a \sqcup b) \sqcap \bar{a} = (a \sqcap \bar{a}) \sqcup (b \sqcap \bar{a}) = 0 \sqcup (b \sqcap \bar{a}) = \bar{a} \sqcap b.$$

Insgesamt folgt $b = \bar{a}$. □

Eine Boolesche Algebra ist ein *komplementärer, distributiver Verband*. Dabei sind die Verbandseigenschaften durch Definition 1.3 (1), (2) und (3) gegeben. Definition 1.3(4) bedeutet die Distributivität. Die Eigenschaften aus Satz 1.3 sind die Eigenschaften eines komplementären Verbandes, wobei für einen nichtdistributiven Verband das Wort „genau" entfällt.

Satz 1.4: Es sei $B = (A, \sqcup, \sqcap, ^-)$ eine Boolesche Algebra. Dann gilt $\bar{\bar{a}} = a$ für alle $a \in A$.

Beweis: Nach Satz 1.3 existiert zu $\bar{a}$ genau das Element $\bar{\bar{a}}$ mit $\bar{a} \sqcup \bar{\bar{a}} = 1$ und $\bar{a} \sqcap \bar{\bar{a}} = 0$. Da jedoch auch $\bar{a} \sqcup a = 1$ und $\bar{a} \sqcap a = 0$ gilt, muß die Behauptung folgen. □

Satz 1.5: (Satz von *de Morgan*) Es sei $B = (A, \sqcup, \sqcap, ^-)$ eine Boolesche Algebra. Für $a, b \in A$ gilt dann
 (a) $\overline{a \sqcup b} = \bar{a} \sqcap \bar{b}$ und (b) $\overline{a \sqcap b} = \bar{a} \sqcup \bar{b}$.

Beweis: Wegen

$$(a \sqcap b) \sqcap (\bar{a} \sqcup \bar{b}) = (a \sqcap \bar{a} \sqcap b) \sqcup (a \sqcap b \sqcap \bar{b}) = (0 \sqcap b) \sqcup (a \sqcap 0) = 0$$

und
$$(a \sqcap b) \sqcup (\bar{a} \sqcup \bar{b}) = (a \sqcup \bar{a} \sqcup \bar{b}) \sqcap (b \sqcup \bar{a} \sqcup \bar{b}) = (1 \sqcup \bar{b}) \sqcap (\bar{a} \sqcup 1) = 1$$

folgt nach Satz 1.3 die Gleichung $\bar{a} \sqcup \bar{b} = \overline{a \sqcap b}$, also (b). (a) ergibt sich durch Dualisierung aus (b). □

Satz 1.6: Es sei $B = (A, \sqcup, \sqcap, ^-)$ eine Boolesche Algebra. Dann gilt $\bar{1} = 0$ und $\bar{0} = 1$.

Beweis: Für alle $a \in A$ gilt $\bar{1} = \overline{a \sqcup \bar{a}} = \bar{a} \sqcap \bar{\bar{a}} = 0$ und $\bar{0} = \overline{a \sqcap \bar{a}} = \bar{a} \sqcup \bar{\bar{a}} = 1$. □

Wenn A eine endliche Menge und n die Anzahl der Elemente von A ist, dann enthält die Boolesche Algebra $(\mathcal{P}(A), \cup, \cap, ^-)$ genau 2^n Elemente. Dies stellen wir so fest: Es gibt $\binom{n}{0}$ Teilmengen mit genau 0 Elementen, $\binom{n}{1}$ Teilmengen mit genau 1 Element usw. und schließlich $\binom{n}{n}$ Teilmengen mit genau n Elementen. Insgesamt gibt es also $\sum_{i=0}^{n}\binom{n}{i} = \sum_{i=0}^{n}\binom{n}{i}1^i 1^{n-i} = (1+1)^n = 2^n$ Teilmengen von A. Es läßt sich zeigen, daß jede endliche Boolesche Algebra zu einer solchen „Potenzmengenalgebra" isomorph ist (Satz von *Stone*). Daraus folgt, daß jede endliche Boolesche Algebra 2^k Elemente hat mit einer geeigneten Zahl $k \in \mathbb{N}$.

Auf jedem beliebigen Verband, also auch auf jeder Booleschen Algebra, läßt sich eine Relation „$\leq$" durch $a \leq b \iff a \sqcap b = a$ definieren (man schreibt auch $a \sqcap b = \inf(a, b)$ und $a \sqcup b = \sup(a, b)$). Diese Relation ist eine partielle Ordnung (siehe auch Definition 6.1), denn für $a, b, c \in A$ sind folgende Eigenschaften erfüllt:

$$a \leq a$$
$$a \leq b, b \leq c \implies a \leq c$$
$$a \leq b, b \leq a \implies a = b$$

Definition 1.4: Es sei $B = (A, \sqcup, \sqcap, ^-)$ eine Boolesche Algebra und $a \in A$ mit $a \neq 0$. a ist ein *Atom*, wenn für alle $b \in A$ entweder $a \sqcap b = 0$ oder $a \sqcap b = a$ gilt. □

Satz 1.7: Es sei $B = (A, \sqcup, \sqcap, ^-)$ eine endliche Boolesche Algebra. Dann ist B *atomar*, d.h., zu jedem $a \in A, a \neq 0$, existiert ein Atom $b \in A$ mit $b \leq a$.

Beweis: Es sei $a \in A$, $a \neq 0$ und a kein Atom. Nach Definition 1.4 folgt, daß ein $b \in A$ existiert mit $a \sqcap b \neq 0$ und $a \sqcap b \neq a$. Wir setzen $a_1 = a \sqcap b$ und erhalten $a \geq a_1 \geq 0$, wobei $a_1 \neq 0$ und $a_1 \neq a$ gilt. Ist a_1 kein Atom, so gibt es entsprechend ein $a_2 \in A$, das echt zwischen 0 und a_1 liegt, usw. Man erhält also eine Kette von Relationen $a \geq a_1 \geq a_2 \geq \ldots$, die aufgrund der Endlichkeit von A mit einem Atom $p = a_n$ abbrechen muß. Für dieses Atom gilt $p \leq a$. □

Endliche Boolesche Algebren sind durch *Hasse-Diagramme* übersichtlich darstellbar. Wir betrachten die Menge $A = \{0, 1\}$. Die beiden zweistelligen Operationen $\wedge$ (et, *Konjunktion*) und $\vee$ (vel, *Disjunktion*) seien definiert durch $0 \vee 0 = 0$, $0 \vee 1 = 1 \vee 0 = 1 \vee 1 = 1$, $0 \wedge 0 = 1 \wedge 0 = 0 \wedge 1 = 0$ und $1 \wedge 1 = 1$. Eine einstellige Operation „$^-$" sei durch $\bar{0} = 1$ und $\bar{1} = 0$ definiert. $(A, \vee, \wedge, ^-)$ ist eine Boolesche Algebra, da sie mit $(\{0, 1\}, d, k, ^-)$ aus Beispiel 1.5

übereinstimmt. Wir wollen nun die Operationen auf A^n erweitern. Statt eines n-Tupels $(x_1, \ldots, x_n) \in \{0,1\}^n$ schreiben wir hier kurz $x_1 \ldots x_n$. Die Erweiterung der Operationen auf A^n erfolgt durch komponentenweise Ausführung, z.B.

$$101 \wedge 011 = 001, \quad 101 \vee 011 = 111 \quad \text{oder} \quad \overline{101} = 010.$$

Es ist also $(A^n, \vee, \wedge, {}^-)$ eine Boolesche Algebra mit 2^n Elementen. Nach Definition 1.4 besitzt $(A^n, \vee, \wedge, {}^-)$ genau n Atome, und zwar $0\ldots01, 0\ldots010, \ldots, 10\ldots0$. Jedes Element aus A^n hat dann eine *atomare Summendarstellung*, z.B. $10101 = 10000 \vee 00100 \vee 00001$.

Die Hasse-Diagramme für die Boolesche Algebra $(A^n, \vee, \wedge, {}^-)$ spiegeln die oben angegebene partielle Ordnung wider. Sie werden für $n = 1, 2, 3, 4$ wie folgt dargestellt, wobei eine aufsteigende Kante der Relation $\leq$ entspricht:

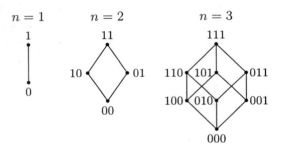

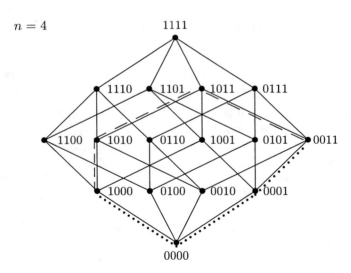

Für ein solches Hasse-Diagramm gelten die folgenden Überlegungen: Es seien $a, b \in A$, $a \neq b$. a ist genau dann durch eine aufsteigende Kante direkt mit

b verbunden, wenn $a \wedge b = a$ ($a \leq b$) gilt und wenn kein c existiert mit $c \neq a$ und $c \neq b$, für das die Gleichungen $a \wedge c = a$ ($a \leq c$) und $c \wedge b = c$ ($c \leq b$) gelten.

Man kann sich die Operationen $\vee$ und $\wedge$ dadurch veranschaulichen, daß $c = a \vee b$ das am tiefsten liegende Element ist, in dem sich die von a und b aufsteigenden Kantenwege treffen (evtl. über mehrere Kanten hinweg). Dual ist $d = a \wedge b$ das am höchsten liegende Element, in dem sich die von a und b ausgehenden absteigenden Kantenwege treffen.

Im obigen Diagramm für $n = 4$ wähle man z.B. $a = 1000$ und $b = 0011$. „– – –" bezeichnet dabei die beiden aufsteigenden Wege ($\vee$) und „· · ·" die absteigenden Wege ($\wedge$).

Beispiel 1.6: (a) Wir betrachten das folgende Hasse-Diagramm

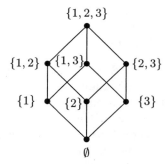

für die Boolesche Algebra $(\mathcal{P}(M), \cup, \cap, ^-)$ mit $M = \{1, 2, 3\}$ (äquivalent zum obigen Fall $n = 3$). Die Relation $\leq$ entspricht hier der Inklusion $\subset$.

(b) Als einen nicht-distributiven Verband betrachten wir

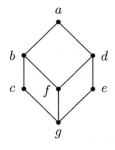

Hier gilt, wie die Skizze zeigt,

$$d \sqcap (c \sqcup e) = d \sqcap a = d \text{ und } (d \sqcap c) \sqcup (d \sqcap e) = g \sqcup e = e.$$

Dann folgt $d \sqcap (c \sqcup e) \neq (d \sqcap c) \sqcup (d \sqcap e)$. $\square$

1. Boolesche Algebra, Schaltalgebra und Schaltfunktionen

1.3 Schaltalgebra und Schaltfunktionen

In diesem Abschnitt werden zunächst Schaltfunktionen eingeführt und danach wird auf ihre Minimierung eingegangen, d.h. auf Methoden, die es erlauben, zu einer vorgegebenen Funktion eine möglichst einfache Realisierung durch digitale Bauelemente zu finden.

Kenntnisse aus der Schaltalgebra sind wichtig beim Detailentwurf digitaler Geräte (Kodiereinrichtungen, Rechner), da durch einen geschickten Entwurf Kosten gespart werden können und die Übersichtlichkeit und Mitteilbarkeit durch geeignete Beschreibungstechniken erhöht werden. Allerdings ist bei einer neueren Technologie wie beim Entwurf integrierter Schaltungen (VLSI) nicht mehr die Minimierung der Anzahl der Schaltelemente das Wichtigste. Besondere Bedeutung haben hier vielmehr Schaltzeiten, Energieverbrauch, Chipfläche sowie Länge der Leiterbahnen.

Definition 1.5: Eine Abbildung $f : \{0,1\}^n \to \{0,1\}$ heißt *Schaltfunktion* (bzw. *logische Funktion* oder *Boolesche Funktion*). □

Eine einfache Schaltfunktion wird z.B. durch die „Funktion" der Lampe in Beispiel 1.1 gegeben. Der Name Schaltfunktion rührt daher, daß solche Funktionen, wie wir sehen werden, durch *Schaltnetze* berechnet werden, d.h durch eine rückkopplungsfreie Synthese der Gatter aus Beispiel 1.2.

Die Darstellung einer Schaltfunktion durch Wertetafeln wie in Beispiel 1.1 ist völlig ausreichend, da die Wertetafel die Funktion eindeutig festlegt. Für große n ist diese Darstellung jedoch unhandlich, z.B. bei $n = 7$ hat die Wertetafel $2^7 = 128$ Zeilen. Deshalb wird die Funktion auch mit Hilfe der Booleschen Algebra $(\{0,1\}, \vee, \wedge, {}^-)$ als *logischer Ausdruck* dargestellt, so z.B. die Funktion aus Beispiel 1.1 durch

$$\alpha = (x_1 \wedge (x_2 \vee x_3)) \vee x_4.$$

Der Ausdruck wird dabei als Formel aufgefaßt, deren Variablenbelegung noch offen ist. Mit der Belegung $x_1 = 1$, $x_2 = 1$, $x_3 = 0$ und $x_4 = 0$ hat der Ausdruck α den Wert

$$(1 \wedge (1 \vee 0)) \vee 0 = (1 \wedge 1) \vee 0 = 1 \vee 0 = 1,$$

d.h., durch den Ausdruck α wird eine Funktion $f_\alpha : \{0,1\}^4 \to \{0,1\}$ festgelegt. Durch Überprüfen aller Belegungen stellt man fest, daß gemäß Beispiel 1.1 $f_\alpha(x_1, x_2, x_3, x_4) = f(x_1, x_2, x_3, x_4)$ gilt. Diese Darstellung ist allerdings nicht eindeutig, denn auch der logische Ausdruck

$$\beta = ((x_1 \vee x_4) \wedge (x_2 \vee x_3)) \vee x_4$$

legt zum Beispiel dieselbe Funktion fest. Deshalb wollen wir im folgenden eine normierte Darstellung von Schaltfunktionen geben.

1.3 Schaltalgebra und Schaltfunktionen

Den weiteren Überlegungen dieses Kapitels liegt immer die Boolesche Algebra $(\{0,1\}, \vee, \wedge, ^-)$ zugrunde. Sie wird auch, insbesondere im Zusammenhang mit technischen Realisierungen, *Schaltalgebra* genannt. Zur Vereinfachung der Schreibweise verwenden wir die

Bezeichnungen: $x_1 x_2 = x_1 \wedge x_2$, $x^1 = x$, $x^0 = \bar{x}$. □

Definition 1.6: Ein Ausdruck m der Gestalt

$$m = x_1^{\delta_1} x_2^{\delta_2} \ldots x_n^{\delta_n}, \ \delta_i \in \{0,1\}, \ 1 \leq i \leq n, \ n \in \mathbb{N},$$

heißt *Minimal-* oder *Minterm*. □

Der Name Minimalterm kommt daher, daß nur eine einzige Belegung den Wert 1 liefert. Für n Variablen gibt es wegen der verschiedenen Wahlmöglichkeiten der δ_i insgesamt 2^n verschiedene Minterme, die durch

$$m_i = x_1^{\delta_1} x_2^{\delta_2} \ldots x_n^{\delta_n}, \ i = \sum_{j=1}^{n} \delta_j 2^{n-j},$$

bezeichnet werden.

Beispiel 1.7: Für $n = 4$ gilt

$m_0 = \bar{x_1}\,\bar{x_2}\,\bar{x_3}\,\bar{x_4}$, $m_1 = \bar{x_1}\,\bar{x_2}\,\bar{x_3}\,x_4$, $m_2 = \bar{x_1}\,\bar{x_2}\,x_3\bar{x_4}$, $m_3 = \bar{x_1}\,\bar{x_2}\,x_3 x_4$ usw.

Zur Bestimmung von z.B. m_3 beachten wir dabei die Gültigkeit von

$$3 = 2 + 1 = \sum_{j=1}^{4} \delta_j 2^{4-j} = 0 \cdot 2^3 + 0 \cdot 2^2 + 1 \cdot 2^1 + 1 \cdot 2^0 \quad \square$$

Definition 1.7: Ein Ausdruck M der Gestalt

$$M = x_1^{\delta_1} \vee x_2^{\delta_2} \vee \ldots \vee x_n^{\delta_n}, \ \delta_i \in \{0,1\}, \ 1 \leq i \leq n, \ n \in \mathbb{N},$$

heißt *Maximal-* oder *Maxterm*. □

Der Name Maximalterm rührt daher, daß eine maximale Anzahl von Belegungen den Wert 1 liefert. Nur in dem Fall, daß alle Variablen mit 0 belegt sind, ergibt sich der Wert 0. Maxterme können analog zu Mintermen indiziert werden, und zwar durch

$$M_i = x_1^{\delta_1} \vee x_2^{\delta_2} \vee \ldots \vee x_n^{\delta_n}, \ i = \sum_{j=1}^{n} \delta_j 2^{n-j}.$$

Dann ergibt sich

$$\overline{m_i} = M_{2^n-1-i} \ \text{und} \ \overline{M_i} = m_{2^n-1-i}.$$

Dies erkennen wir aus dem folgenden. Es gilt $\overline{m_i} = x_1^{1-\delta_1} \vee \ldots \vee x_n^{1-\delta_n}$. Daraus erhalten wir den zugehörigen Index des Maxterms als

1. Boolesche Algebra, Schaltalgebra und Schaltfunktionen

$$\sum_{j=1}^{n}(1-\delta_j)2^{n-j} = \sum_{j=1}^{n} 2^{n-j} - \sum_{j=1}^{n}\delta_j 2^{n-j} = 2^n - 1 - i.$$

Also ist $\overline{m_i} = M_{2^n-1-i}$.

Weiter gilt $m_i m_j = 0$ und $M_i \vee M_j = 1$ für alle $i \neq j$. Die erste dieser Gleichungen wird wie folgt bewiesen: Es existiert mindestens eine Variable x_ν mit $m_i = \ldots x_\nu \ldots$ und $m_j = \ldots \overline{x_\nu} \ldots$. Wegen $x_\nu \overline{x_\nu} = 0$ folgt $m_i m_j = 0$. Dual ergibt sich die zweite Aussage mit Hilfe von $x_\nu \vee \overline{x_\nu} = 1$.

Nun wollen wir normierte Formen von Schaltfunktionen angeben. Für eine Schaltfunktion $f : \{0,1\}^n \to \{0,1\}$ wird zunächst die Wertetafel in einer festgelegten Weise aufgestellt: Die n Variablen im Kopf der Tafel werden in derselben Reihenfolge aufgeschrieben, wie sie in Min- bzw. Maxtermen auftreten. Die 2^n Wertekombinationen werden in der Reihenfolge aufgeführt, die durch den Index des Min- bzw. Maxterms gegeben ist. In einer zusätzlichen Spalte steht der Wert der Funktion f, der auch mit f_i gekennzeichnet wird, wobei i wieder der Index des Min- bzw Maxterms ist.

Beispiel 1.8: Wir betrachten die Schaltfunktion $f : \{0,1\}^3 \to \{0,1\}$ mit

x_1	x_2	x_3	$f(x_1, x_2, x_3)$
0	0	0	$1 = f_0$
0	0	1	$0 = f_1$
0	1	0	$0 = f_2$
0	1	1	$0 = f_3$
1	0	0	$1 = f_4$
1	0	1	$0 = f_5$
1	1	0	$1 = f_6$
1	1	1	$0 = f_7$

f läßt sich ausdrücken als

$$f = \overline{x_1}\,\overline{x_2}\,\overline{x_3} \vee x_1 \overline{x_2}\,\overline{x_3} \vee x_1 x_2 \overline{x_3} = m_0 \vee m_4 \vee m_6 \quad (1).$$

Wir erkennen, daß die Minterme den Zeilen der Wertetafel mit $f(x_1, x_2, x_3) = 1$ entsprechen. Da $f_0 m_0 = 1 m_0 = m_0$, $f_1 m_1 = 0 m_1 = 0$, $f_2 m_2 = 0 m_2 = 0$ usw. geschrieben werden kann, folgt damit die Darstellung

$$f = f_0 m_0 \vee f_1 m_1 \vee \ldots \vee f_7 m_7.$$

Wegen $f \vee \bar{f} = 1$ kann man $\bar{f}$ als $1 - f$ auffassen. Die Wertetabelle von $\bar{f}$ ergibt sich also aus der obigen von f durch Vertauschen von 0 und 1 in der letzten Spalte. Man erhält

$$\bar{f} = \overline{f_0} m_0 \vee \overline{f_1} m_1 \vee \ldots \vee \overline{f_7} m_7 = m_1 \vee m_2 \vee m_3 \vee m_5 \vee m_7.$$

1.3 Schaltalgebra und Schaltfunktionen

Durch nochmalige Komplementbildung nach dem Satz von *de Morgan* (Satz 1.5) folgt damit

$$f = (f_0 \vee \underbrace{\overline{m_0}}_{=M_7}) \ldots (f_7 \vee \underbrace{\overline{m_7}}_{=M_0}) = M_6 M_5 M_4 M_2 M_0 \qquad (2). \quad \square$$

Die Überlegungen des Beispiels führen wir nun allgemein durch. Analog zum Summenzeichen $\sum$ seien die Zeichen $\bigvee_{k=1}^{n}$ und $\bigwedge_{k=1}^{n}$ als Verallgemeinerung von $\vee$ und $\wedge$ definiert. Es gilt nun

$$f = \bigvee_{k=0}^{2^n-1} f_k m_k \qquad (*).$$

Wegen $f \vee \bar{f} = 1$ folgt $\bar{f} = \bigvee_{k=0}^{2^n-1} \overline{f_k} m_k$ und damit nach dem Satz von *de Morgan*

$$f = \bigwedge_{k=0}^{2^n-1} (f_k \vee \overline{m_k}) = \bigwedge_{k=0}^{2^n-1} (f_k \vee M_{2^n-1-k}) \qquad (**).$$

Bezeichnung: Wir nennen $(*)$ die Darstellung von f durch einen Ausdruck in *disjunktiver kanonischer Form* und $(**)$ die Darstellung von f durch einen Ausdruck in *konjunktiver kanonischer Form*. $\square$

Beide kanonischen Formen sind normierte Fassungen von Schaltfunktionen bzw. ihrer zugehörigen Ausdrücke. In Beispiel 1.8 ist (1) die disjunktive kanonische Form und (2) die konjunktive kanonische Form.

Schaltfunktionen von zwei Variablen

In diesem Unterabschnitt wollen wir Schaltfunktionen von nur zwei Variablen betrachten. Wir stellen zunächst einige allgemeine Überlegungen an. $\{0,1\}^n$ enthält genau 2^n verschiedene n-Tupel, d.h., bei n Variablen gibt es genau 2^n Minterme, wie im Anschluß an Definition 1.6 auf Seite 21 bemerkt wurde. Daraus folgt, daß es genau 2^{2^n} Funktionen $\{0,1\}^n \to \{0,1\}$ gibt. Um eine Vorstellung von der Anzahl der Funktionen zu bekommen, stellen wir die folgende Tabelle auf:

n (Anzahl der Variablen)	2^n	Anzahl der Funktionen $\{0,1\}^n \to \{0,1\}$
1	2	4
2	4	16
3	8	256
4	16	65536
5	32	4.294.967.296
6	64	ca. $1,84 * 10^{19}$

1. Boolesche Algebra, Schaltalgebra und Schaltfunktionen

Wir betrachten nun die Auflistung der 16 Schaltfunktionen für $n = 2$:

		übliche Verknüpfungszeichen	Namen
x_1	1 1 0 0		
x_2	1 0 1 0		
φ_0	0 0 0 0		Nullfunktion
φ_1	0 0 0 1	$\downarrow$	Peircefunktion, NOR, Peircepfeil
φ_2	0 0 1 0		
φ_3	0 0 1 1		negierte Funktion $\overline{x_1}$
φ_4	0 1 0 0		
φ_5	0 1 0 1		negierte Funktion $\overline{x_2}$
φ_6	0 1 1 0	$\oplus, \neq$	Addition modulo 2, Antivalenz
φ_7	0 1 1 1	$\mid$	Shefferfunktion, NAND, Shefferstrich
φ_8	1 0 0 0	$\wedge, \&$	Konjunktion, Und-Funktion
φ_9	1 0 0 1	$\equiv$	Äquivalenz
φ_{10}	1 0 1 0		konstante Funktion x_2
φ_{11}	1 0 1 1	$\Rightarrow, \supset$	Implikation $x_1 \Rightarrow x_2$
φ_{12}	1 1 0 0		konstante Funktion x_1
φ_{13}	1 1 0 1	$\Leftarrow$	Implikation $x_2 \Rightarrow x_1$
φ_{14}	1 1 1 0	$\vee, +$	Disjunktion, Oder-Funktion
φ_{15}	1 1 1 1		Einsfunktion

Dabei stehen in den aus Ziffern bestehenden Spalten ab der dritten Zeile die Werte $\varphi_i(x_1, x_2)$ der jeweiligen Funktionen für die in den ersten beiden Zeilen angegebenen Belegungen von x_1 und x_2. Wir bestimmen speziell die disjunktiven kanonischen Formen (DKF) von $\varphi_0, \varphi_1, \varphi_2$ und φ_{13}. Entsprechend Beispiel 1.8 entnehmen wir der Funktionstabelle

$$\varphi_0 = 0, \quad \varphi_1 = \bigvee_{k=0}^{2^2-1} \varphi_{1k} m_k = m_0 = \overline{x_1}\,\overline{x_2},$$

$$\varphi_2 = \bigvee_{k=0}^{2^2-1} \varphi_{2k} m_k = m_1 = \overline{x_1} x_2 \text{ und } \varphi_{13} = m_0 \vee m_2 \vee m_3 = \overline{x_1}\,\overline{x_2} \vee x_1 \overline{x_2} \vee x_1 x_2.$$

φ_{13} läßt sich wegen $\overline{x_2} \vee x_2 = 1$ (siehe Satz 1.3) und $x_1 = x_1 \wedge 1 = x_1 \wedge (\overline{x_2} \vee x_2) = x_1 \overline{x_2} \vee x_1 x_2$ vereinfachen zu

$$\varphi_{13} = \overline{x_1}\,\overline{x_2} \vee x_1,$$

wegen $\overline{x_1} \vee x_1 = 1$ und $\overline{x_2} = (\overline{x_1} \vee x_1)\overline{x_2} = \overline{x_1}\,\overline{x_2} \vee x_1 \overline{x_2}$ aber auch zu

$$\varphi_{13} = \overline{x_2} \vee x_1 x_2.$$

1.3 Schaltalgebra und Schaltfunktionen

Eine dritte Möglichkeit ergibt sich aus

$$\varphi_{13} = \overline{x_1}\,\overline{x_2} \vee x_1\overline{x_2} \vee x_1\overline{x_2} \vee x_1 x_2 = (\overline{x_1} \vee x_1)\overline{x_2} \vee x_1(\overline{x_2} \vee x_2) = \overline{x_2} \vee x_1.$$

Aus der Darstellung von φ_{13} durch einen Ausdruck in disjunktiver kanonischer Form lassen sich also Ausdrücke gewinnen, die weniger Variablen und Operationszeichen enthalten, die also einfacher sind als die ursprüngliche Form. Für die anderen Funktionen wollen wir dies hier nicht durchführen. Wir werden jedoch unten entsprechende Ausdrücke aller 16 Funktionen auflisten.

Man beachte noch, daß oben z.B. φ_{13} eine Funktion und $\overline{x_2} \vee x_1$ ein Ausdruck ist, der die Funktion φ_{13} darstellt. In diesem Sinn sind die oben verwendeten Gleichsetzungen eigentlich nicht korrekt. Genauer läßt sich definieren: Ist f eine Schaltfunktion, α ein Ausdruck und f_α die durch α dargestellte Funktion, so werden f und α *äquivalent* genannt ($f \simeq \alpha$), wenn $f_\alpha = f$ gilt. Für die obigen Funktionen von zwei Variablen ergibt sich damit die vollständige Liste

$\varphi_0 \simeq 0$ $\quad$ $\varphi_4 \simeq x_1\overline{x_2}$ $\quad$ $\varphi_8 \simeq x_1 x_2$ $\quad$ $\varphi_{12} \simeq x_1$
$\varphi_1 \simeq \overline{x_1}\,\overline{x_2}$ $\quad$ $\varphi_5 \simeq \overline{x_2}$ $\quad$ $\varphi_9 \simeq x_1 x_2 \vee \overline{x_1}\,\overline{x_2}$ $\quad$ $\varphi_{13} \simeq x_1 \vee \overline{x_2}$
$\varphi_2 \simeq \overline{x_1} x_2$ $\quad$ $\varphi_6 \simeq \overline{x_1} x_2 \vee x_1\overline{x_2}$ $\quad$ $\varphi_{10} \simeq x_2$ $\quad$ $\varphi_{14} \simeq x_1 \vee x_2$
$\varphi_3 \simeq \overline{x_1}$ $\quad$ $\varphi_7 \simeq \overline{x_1} \vee \overline{x_2}$ $\quad$ $\varphi_{11} \simeq \overline{x_1} \vee x_2$ $\quad$ $\varphi_{15} \simeq 1$.

Alle Funktionen $\{0,1\}^2 \to \{0,1\}$ können also durch die Operationen $\wedge$, $\vee$ und $^-$ dargestellt werden.

Wir wollen ein System von Operationen *Verknüpfungsbasis* oder *vollständige Operationenmenge* nennen, wenn alle Funktionen $\{0,1\}^n \to \{0,1\}$ daraus konstruierbar sind. Offenbar ist somit ein System von Operationen eine Verknüpfungsbasis, falls mit ihm die Operationen $\wedge$, $\vee$ und $^-$ darstellbar sind.

Beispiel 1.9: Verknüpfungsbasen sind:
(a) $\{\wedge, \vee, ^-\}$: trivial.
(b) $\{\wedge, ^-\}$: Wegen $x_1 \vee x_2 = \overline{\overline{x_1} \wedge \overline{x_2}}$ ist $\{\wedge, ^-\}$ eine Verknüpfungsbasis.
(c) $\{\vee, ^-\}$: Wegen $x_1 \wedge x_2 = \overline{\overline{x_1} \vee \overline{x_2}}$ ist $\{\vee, ^-\}$ eine Verknüpfungsbasis.
(d) Shefferstrich „$|$" (φ_7): Es gilt $\varphi_7(x_1, x_2) = x_1 \mid x_2 = \overline{x_1} \vee \overline{x_2} = \overline{x_1 \wedge x_2}$.
Wegen

$$\overline{x} = \overline{x \wedge x} = x \mid x, \quad x_1 \vee x_2 = \overline{\overline{x_1} \wedge \overline{x_2}} = \overline{x_1} \mid \overline{x_2} = (x_1 \mid x_1) \mid (x_2 \mid x_2)$$

und

$$x_1 \wedge x_2 = \overline{\overline{x_1 \wedge x_2}} = \overline{x_1 \wedge x_2} \wedge \overline{x_1 \wedge x_2} = (x_1 \mid x_2) \mid (x_1 \mid x_2)$$

ist $\{\mid\}$ eine Verknüpfungsbasis.

1. Boolesche Algebra, Schaltalgebra und Schaltfunktionen

(e) Peircepfeil „$\downarrow$" (φ_1): Es gilt $\varphi_1(x_1, x_2) = x_1 \downarrow x_2 = \overline{x_1 \vee x_2} = \overline{x_1} \wedge \overline{x_2}$.
Wegen

$$\overline{x_1} = x_1 \downarrow x_1 \,,\ x_1 \vee x_2 = \overline{\overline{x_1 \vee x_2}} = \overline{x_1 \downarrow x_2} = (x_1 \downarrow x_2) \downarrow (x_1 \downarrow x_2)$$

und

$$x_1 \wedge x_2 = \overline{\overline{x_1} \vee \overline{x_2}} = \overline{x_1} \downarrow \overline{x_2} = (x_1 \downarrow x_1) \downarrow (x_2 \downarrow x_2)$$

ist $\{\downarrow\}$ eine Verknüpfungsbasis. □

Beim Bau technischer Geräte können diese Operationen von Nutzen sein. Prinzipiell reicht ein Bausteintyp (für | oder $\downarrow$) aus, um jede Schaltfunktion zu realisieren. Im allgemeinen werden die Schaltungen dadurch jedoch umständlicher.

1.4 Minimierungsverfahren

Wir haben oben gesehen, daß man durch Umformungen einen längeren oder kürzeren Ausdruck für dieselbe Funktion erhalten kann. Daher ist die folgende Definition naheliegend:

Definition 1.8: Es seien α und α' Ausdrücke. α und α' heißen *äquivalent* ($\alpha \sim \alpha'$), wenn $f_\alpha = f_{\alpha'}$ ist. □

Zwei Ausdrücke sind gleich, wenn sie symbolweise übereinstimmen. Sie sind äquivalent, wenn sie dieselbe Bedeutung haben, also beide dieselbe Funktion darstellen. Kann ein Ausdruck in einen anderen mit Hilfe der Booleschen Operationen gemäß Definition 1.3 und den daraus folgenden Sätzen überführt werden, so sind sie äquivalent.

Außer der disjunktiven und der konjunktiven kanonischen Form werden noch weitere Ausdrücke speziell bezeichnet.

Definition 1.9: Es seien $x_1, \ldots, x_n$ Variablen, und es sei α ein Ausdruck. α heißt *disjunktive Normalform (DNF)*, wenn α eine Disjunktion von paarweise verschiedenen Konjunktionen $x'_1 \ldots x'_n$ ist, und *konjunktive Normalform (KNF)*, wenn α eine Konjunktion von paarweise verschiedenen Disjunktionen $x'_1 \vee \ldots \vee x'_n$ ist. Dabei gelte entweder $x'_i = x_i$, $x'_i = \overline{x_i}$ oder x'_i fehle. □

Beispiel 1.10: Wir geben je ein Beispiel für eine disjunktive und eine konjunktive Normalform an.
(a) $\alpha = x_1 x_3 \vee \overline{x_2}\, x_3 \vee x_1 \overline{x_2}\, \overline{x_3}$ (DNF).
(b) $\alpha = (x_2 \vee x_3 \vee x_4) \wedge (x_1 \vee x_4) \wedge x_2$ (KNF). □

1.4 Minimierungsverfahren

Es existieren im allgemeinen mehr disjunktive Normalformen als Schaltfunktionen. Die Anzahl der Konjunktionen (konjunktiven Terme) von n Variablen beträgt nämlich 3^n, da jede Variable x in der Form x oder $\bar{x}$ vorkommen oder fehlen kann (drei Möglichkeiten). Weiter kann in jeder Disjunktion einer disjunktiven Normalform ein solcher Term vorkommen oder nicht. Daraus folgt, daß bei n Variablen 2^{3^n} disjunktive Normalformen existieren. Es gibt jedoch nur 2^{2^n} Schaltfunktionen. D.h., zu jeder Schaltfunktion existieren im Mittel $2^{(3^n-2^n)}$ disjunktive Normalformen. Für $n=6$ gibt es somit $2^{665} \approx 10^{200}$ verschiedene disjunktive Normalformen für jede Schaltfunktion, also mehr, als Atome im Weltall vorhanden sind.

Bevor wir Minimierungsverfahren im einzelnen besprechen, wollen wir in den folgenden Beispielen kurz auf ihre technische Bedeutung eingehen.

Beispiel 1.11: Wir benutzen die Bauelemente aus Beispiel 1.2 und lassen dabei zusätzlich zu, daß die Gatter für die Disjunktionen und Konjunktionen mehr als zwei Eingänge besitzen. Es werde der Ausdruck

$$\alpha = (x_1 \vee \overline{(x_2 \wedge x_3)} \wedge x_4 \vee x_2) \wedge x_1 \vee x_1 \wedge \overline{x_2} \vee x_2$$

betrachtet. Das folgende Schaltnetz realisiert f_α, wobei der Ausdruck von innen nach außen abgearbeitet wird.

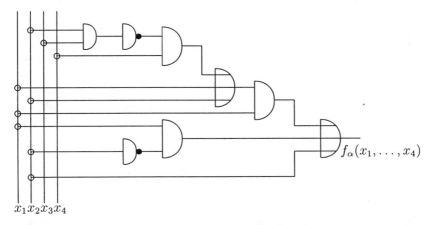

Die Schaltung ist sechsstufig, da der längste Weg, den ein Signal (jenes von x_3) zurücklegen muß, um zum Ausgang zu gelangen, sechs Gatter umfaßt. Hierbei zählt auch die Negation mit. Bei zu vielen Stufen können unerwünschte Nebeneffekte auftreten, z.B. Impulsverformung oder unterschiedliche Laufzeiten und dadurch bedingt verringerte Arbeitsgeschwindigkeit. □

Die in Beispiel 1.11 erwähnten Nebeneffekte treten bei Schaltungen mit wenigen Stufen nicht auf. Daher beschränkt man sich häufig auf zweistufige Schaltungen, z.B. unmittelbar auf Schaltungen aus der disjunktiven oder konjunktiven

Normalform. Aus technischen Gründen können Disjunktion und Konjunktion aber nicht beliebig viele Eingänge besitzen. Die zusätzliche Berücksichtigung der Negation in der Eingabe ist in Beispiel 1.12 angegeben.

Beispiel 1.12: Man betrachte die Ausdrücke
$$\alpha_1 = x_1\overline{x_2} \vee x_2 x_3 \vee \overline{x_2} \text{ und } \alpha_2 = x_2 x_3 \vee \overline{x_2}.$$
Wegen des Absorptionsgesetzes $x_1\overline{x_2} \vee \overline{x_2} = \overline{x_2}$ ist α_1 äquivalent zu α_2. Die Realisierungen der beiden Ausdrücke haben offenbar unterschiedlichen Aufwand:

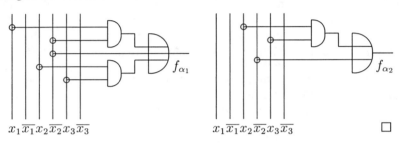

Um den Begriff „Aufwand", also die Komplexität der Schaltungen, näher fassen zu können, führen wir für Ausdrücke eine *Kostenfunktion L* ein, die je nach der verwandten Technik festgelegt wird. Wir geben zunächst drei Kostenfunktionen an.

Definition 1.10: Es sei
1. L^1 die Anzahl der aufgeschriebenen Variablenzeichen in einem Ausdruck,
2. L^2 die Anzahl der aufgeschriebenen Variablenzeichen plus Anzahl der Terme $x_1^{\delta_1} \ldots x_n^{\delta_n}$,
3. L^3 die Anzahl der konjunktiven Terme mit mehr als einer Variablen plus Anzahl der Disjunktionen. □

Beispiel 1.13: Für die Ausdrücke aus Beispiel 1.12 gilt
$L^1(\alpha_1) = 5$, $L^1(\alpha_2) = 3$,
$L^2(\alpha_1) = 5 + 3 = 8$, $L^2(\alpha_2) = 3 + 2 = 5$,
$L^3(\alpha_1) = 4$ und $L^3(\alpha_2) = 2$. □

Definition 1.11: Es sei α eine disjunktive Normalform. α heißt *disjunktive Minimalform (DMF) bzgl. der Kostenfunktion L*, wenn *keine* disjunktive Normalform α' existiert mit $\alpha \sim \alpha'$ und $L(\alpha') < L(\alpha)$. □

Es sei f_α die Schaltfunktion einer disjunktiven Minimalform α. Dann nennt man α auch disjunktive Minimalform der Schaltfunktion f_α.

Eine unsystematische Möglichkeit zur Aufwandsverminderung ist die erlaubte Umformung von Ausdrücken gemäß den Axiomen der Booleschen Algebra (Definition 1.3) und den daraus folgenden Sätzen. Es seien $\alpha, \alpha_1, \alpha_2$ Ausdrücke und x eine Variable. Dann gilt z.B.

(1) $\alpha \wedge \alpha \sim \alpha$, $\alpha \vee \alpha \sim \alpha$, $\alpha_1 \vee \alpha_2 \sim \alpha_2 \vee \alpha_1$,
(2) $\alpha \wedge x \vee \alpha \wedge \bar{x} \sim \alpha \wedge (x \vee \bar{x}) \sim \alpha$,
(3) $\alpha_1 \wedge x \vee \alpha_2 \wedge x \sim (\alpha_1 \vee \alpha_2) \wedge x$,
(4) $\alpha \wedge x \vee \bar{\alpha} \wedge x \sim (\alpha \vee \bar{\alpha}) \wedge x \sim x$,
(5) $\alpha \wedge x \vee x \sim x$,
(6) $\overline{\alpha_1 \vee \alpha_2} \sim \bar{\alpha}_1 \wedge \overline{\alpha_2}$.

Falls ein Ausdruck noch nicht in disjunktiver Normalform vorliegt, kann man ihn durch systematisches Ausmultiplizieren so umformen, daß in ihm keine Klammern mehr auftreten. Dadurch wird immer eine äquivalente disjunktive Normalform gefunden.

Beispiel 1.14: Wir betrachten den Ausdruck aus Beispiel 1.11 und erhalten

$\alpha = (x_1 \vee (\overline{x_2 \wedge x_3}) \wedge x_4 \vee x_2) \wedge x_1 \vee x_1 \wedge \overline{x_2} \vee x_2$
$\sim x_1 \wedge x_1 \vee \overline{x_2} \wedge x_4 \wedge x_1 \vee \overline{x_3} \wedge x_4 \wedge x_1 \vee x_2 \wedge x_1 \vee x_1 \wedge \overline{x_2} \vee x_2$ (DNF)
$\sim x_1 \wedge (1 \vee \overline{x_2} \wedge x_4 \vee \overline{x_3} \wedge x_4 \vee x_2 \vee \overline{x_2}) \vee x_2$
$\sim x_1 \vee x_2$.

Statt der Schaltung aus Beispiel 1.11 reicht also das folgende Schaltnetz aus:

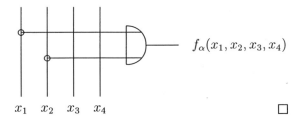

x_1 x_2 x_3 x_4 $\hspace{4cm}$ □

1.5 Das Verfahren von Karnaugh und Veitch

Das Verfahren von *Karnaugh* und *Veitch* ist ein graphisches Minimierungsverfahren, das wir hier für vier oder weniger Variablen darstellen. Es kann auch für mehr Variablen durchgeführt werden. Es sei α ein Ausdruck in disjunktiver Normalform mit $n \leq 4$ Variablen. Dann wird wie folgt vorgegangen:

(1) Zunächst wird ein Quadrat bzw. für $n = 3$ ein Rechteck gezeichnet, das in 2^n Teilquadrate unterteilt ist (siehe Beispiel 1.15). Jedem Teilquadrat ist eine Konjunktion zugeordnet. Konjunktionen, die sich in ihrer Darstellung nur an einer Stelle unterscheiden, heißen benachbart (z.B. $x_1 x_2 x_3$ und $x_1 x_2 \overline{x_3}$). Die Unterteilung wird so vorgenommen, daß benachbarten Konjunktionen Teilquadrate zugeordnet werden, die eine gemeinsame Grenze besitzen. Bezogen auf diese Nachbarschaftsbeziehung werden die

1. Boolesche Algebra, Schaltalgebra und Schaltfunktionen

gegenüberliegenden Seiten des äußeren Quadrats (Rechtecks) jeweils als gleich angesehen.

(2) Als nächstes wird jedes Teilquadrat, dessen zugeordnete Konjunktion ganz im Ausdruck α enthalten ist, schraffiert.

(3) Zwei benachbarte schraffierte Teilquadrate werden zusammengefaßt zu einem Rechteck, das einem Term der Länge $n - 1$ entspricht.

(4) Vier benachbarte schraffierte Teilquadrate in einer Zeile oder Spalte werden zusammenfaßt zu einem Rechteck, das einem Term der Länge $n - 2$ entspricht.

(5) Vier benachbarte schraffierte Teilquadrate in zwei benachbarten Zeilen und Spalten werden zusammenfaßt zu einem Quadrat, das einem Term der Länge $n - 2$ entspricht.

(6) Acht benachbarte schraffierte Teilquadrate in zwei benachbarten Zeilen oder Spalten werden zusammenfaßt zu einem Rechteck, das einem Term der Länge $n - 3$ entspricht.

Beispiel 1.15: Für $n = 2$, $n = 3$ und $n = 4$ betrachten wir jeweils ein Beispiel.

(a) Es sei $n = 2$. Wir wählen den Ausdruck $\alpha = x_1 x_2 \vee x_1 \bar{x}_2 \vee \bar{x}_1 \bar{x}_2$. Gemäß (1) erhalten wir das Quadrat

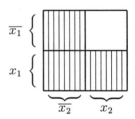

Das schraffierte Quadrat der oberen Zeile ist der Konjunktion $\bar{x}_1\,\bar{x}_2$ zugeordnet, die Quadrate der unteren Zeile den Konjunktionen $x_1 \bar{x}_2$ und $x_1 x_2$. Nach (3) entspricht die erste Spalte dem Term $\bar{x}_2$ und die zweite Zeile dem Term x_1. Dies ist der obigen graphischen Darstellung sofort zu entnehmen. Folglich erhalten wir $x_1 \vee \bar{x}_2$ als minimalen Term. Wir weisen darauf hin, daß für $n = 2$ die Fälle (4) und (6) nicht vorkommen können. Wären alle Quadrate schraffiert, so würde (5) den Term 1 liefern.

Nach dem letzten Satz von (1) können die linke und rechte Seite des Quadrats miteinander identifiziert werden. Wenn zusätzlich die obere und untere Seite zu je einem Punkt zusammengezogen werden, so ergibt sich topologisch äquivalent eine Kugeloberfläche mit einer Einteilung in vier Teilflächen. In der folgenden bildlichen Darstellung steht dabei 10 für das Viertel der Kugeloberfläche mit der zugeordneten Konjunktion $x_1 \bar{x}_2$ und 11 für das mit $x_1 x_2$ usw. Wir erhalten:

1.5 Das Verfahren von Karnaugh und Veitch

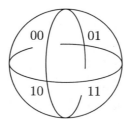

(b) Für $n = 3$ betrachten wir den Ausdruck $\alpha = x_1 x_2 x_3 \vee x_1 x_2 \vee \bar{x}_1 x_2$. Gemäß (1) erhalten wir das Rechteck

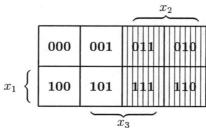

Hier bedeutet z.B., daß das mit 101 gekennzeichnete Quadrat der Konjunktion $x_1 \bar{x}_2 x_3$ zugeordnet ist. Nach (5) entsprechen die schraffierten Quadrate dem Term x_2. Auch dies können wir sofort der graphischen Darstellung entnehmen. Der Term x_2 ist offensichtlich minimal.

Bei derselben Identifizierung wie in (a) ergibt sich topologisch äquivalent wieder eine Kugeloberfläche, und zwar hier mit einer Einteilung in acht Teilflächen:

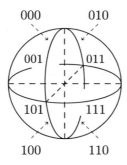

Die Pfeile zeigen zu den rückseitigen Teilflächen der Kugel.

(c) Für $n = 4$ betrachten wir den Ausdruck

$$\alpha = \overline{x_1}\, \overline{x_2}\, \overline{x_3} \vee \overline{x_1}\, x_3\, \overline{x_4} \vee x_3 \overline{x_4} \vee x_1 x_2 \overline{x_3}\, \overline{x_4} \vee x_1 x_2 x_4 \vee \overline{x_1}\, \overline{x_2}\, x_4.$$

Gemäß (1) erhalten wir daraus das Quadrat

31

1. Boolesche Algebra, Schaltalgebra und Schaltfunktionen

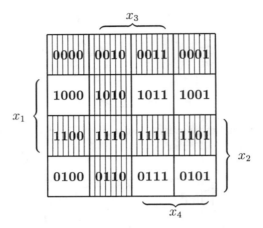

Die Anwendung der Regel (4) liefert für die erste Zeile $\overline{x_1}\,\overline{x_2}$, für die dritte Zeile $x_1 x_2$ und für die zweite Spalte $x_3\overline{x_4}$. Als minimalen Ausdruck erhalten wir $\overline{x_1}\,\overline{x_2} \vee x_1 x_2 \vee x_3\overline{x_4}$.

Bei Identifizierung des oberen mit dem unteren sowie des rechten mit dem linken Rand ergibt sich topologisch äquivalent die Fläche des folgenden Torus. Dabei zeigen die Pfeile zu den rückseitigen Teilflächen des Torus.

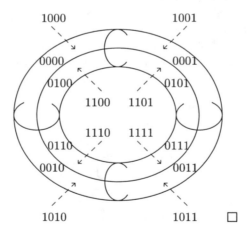

1.6 Das Minimierungsverfahren von Quine-McCluskey

Im allgemeinen sind graphische Minimierungsverfahren wie das eben beschriebene von *Karnaugh* und *Veitch* nicht für eine größere Anzahl von Variablen geeignet. Deshalb werden algorithmische Verfahren verwendet. Diese müssen

1.6 Das Minimierungsverfahren von Quine-McCluskey

ohnehin für die Ausführung an einem Rechner benutzt werden. Im folgenden verstehen wir unter einer Konjunktion (Term) einen Ausdruck der Gestalt

$$x_1^{\delta_1} \ldots x_n^{\delta_n} \quad \text{mit} \quad \delta_i \in \{0, 1, 2\},$$

wobei $x^0 = \bar{x}$, $x^1 = x$ und $x^2 = 1$ gilt, z.B. $x^0 y^1 z^2 = \bar{x}y$. Außerdem werde $\mathbb{B} = \{0, 1\}$ gesetzt.

Definition 1.12: Es seien $f, g : \mathbb{B}^n \to \mathbb{B}$ Schaltfunktionen.
(a) g heißt *ganz in f enthalten* ($g < f$), wenn für alle $a \in \mathbb{B}^n$ aus $g(a) = 1$ die Gleichung $f(a) = 1$ folgt.
(b) Es seien A_1 und A_2 Ausdrücke. A_1 heißt *ganz enthalten in A_2* ($A_1 < A_2$), wenn $f_{A_1} < f_{A_2}$ gilt.
(c) $p = x_1^{\delta_1} \ldots x_n^{\delta_n}$, $\delta_i \in \{0, 1, 2\}$, heißt *Primimplikant* von f, wenn gilt:
  (1) $f_p < f$.
  (2) Wird aus p die Variable x_i mit $\delta_i \in \{0, 1\}$ gestrichen, so gilt für jeden so erhaltenen neuen Term p' die Beziehung $f_{p'} \not< f$. □

Beispiel 1.16: Wir betrachten die Schaltfunktion $f \simeq a\bar{b} \vee \bar{a}b \vee \bar{a}bc$ mit den Variablen a, b und c. Dafür erhalten wir die Tabelle

a	b	c	$a\bar{b}$	$\bar{a}b$	$\bar{a}bc$	f
0	0	0	0	0	0	0
0	0	1	0	0	0	0
0	1	0	0	1	0	1
0	1	1	0	1	0	1
1	0	0	1	0	0	1
1	0	1	1	0	1	1
1	1	0	0	0	0	0
1	1	1	0	0	0	0

Aus der Tafel ergibt sich unmittelbar $f_{a\bar{b}} < f$, $f_{\bar{a}b} < f$ und $f_{\bar{a}bc} < f$. Weiter erkennen wir $f_a \not< f$, $f_{\bar{a}} \not< f$, $f_b \not< f$ und $f_{\bar{b}} \not< f$, so daß $a\bar{b}$ und $\bar{a}b$ Primimplikanten sind. Wegen $f_{a\bar{b}} < f$ ist jedoch Definition 1.12(c)(2) für $\bar{a}bc$ nicht erfüllt, folglich ist $\bar{a}bc$ kein Primimplikant. □

Satz 1.8: (Primimplikantensatz) Es sei f eine Schaltfunktion. Falls die Kosten einer disjunktiven Normalform echt verringert werden, wenn in einer Konjunktion eine Variable gestrichen wird, dann setzt sich jede disjunktive Minimalform disjunktiv aus Primimplikanten zusammen.

Beweis: Zunächst stellen wir fest, daß die Voraussetzung bei den Kostenfunktionen L^1 und L^2 aus Definition 1.10 erfüllt ist, jedoch im allgemeinen nicht bei L^3. Für $\alpha = x_1 x_2 x_3$ gilt nämlich $L^3(\alpha) = 1$. Das Streichen einer Variablen, z.B. x_2, ergibt keine echte Verringerung der Kosten.

1. Boolesche Algebra, Schaltalgebra und Schaltfunktionen

Nun zum Beweis. Es sei $A = p_1 \vee \ldots \vee p_s$ eine disjunktive Minimalform der Funktion $f = f_A$, und alle p_j, $j = 1, \ldots, s$, seien Terme. Wir nehmen im Widerspruch zur Aussage des Satzes an, daß $p_i = x_1^{\delta_1} \ldots x_n^{\delta_n}$ mit festem i ein Term von A ist, der kein Primimplikant von $f = f_A$ ist. Wir müssen dann zeigen, daß die disjunktive Normalform A keine disjunktive Minimalform sein kann.

Offenbar gilt $A \sim p_i \vee \bigvee\limits_{j=1, j\neq i}^{s} p_j$. Nach Definition 1.12(a) folgt somit $f_{p_i} < f_A = f$, also auch $p_i < A$. Aus der Voraussetzung, daß p_i kein Primimplikant ist, ergibt sich, daß ein k, $1 \leq k \leq n$, existiert mit $\delta_k \neq 2$, so daß ein Term p' aus p_i durch Streichen von $x_k^{\delta_k}$ hervorgeht und die Relation $f_{p'} < f_A$ gilt. Dabei hat p' die Darstellung $p' = x_1^{\delta_1} \ldots x_{k-1}^{\delta_{k-1}} x_k^2 x_{k+1}^{\delta_{k+1}} \ldots x_n^{\delta_n}$. Offenbar gilt $p_i \sim p' x_k^{\delta_k}$ und damit $p_i \vee p' \sim p' x_k^{\delta_k} \vee p' \sim p'$. Die Beziehung $f_{p'} < f$ liefert nun die erste und die Beziehung $p_i \vee p' \sim p'$ die letzte Äquivalenz der folgenden Umformungen:

$$p_1 \vee \ldots \vee p_s \sim p_1 \vee \ldots \vee p_s \vee p' \sim (\bigvee_{j=1, j\neq i}^{s} p_j) \vee p_i \vee p' \sim (\bigvee_{j=1, j\neq i}^{s} p_j) \vee p'.$$

Wird $A' = (\bigvee\limits_{j=1, j\neq i}^{s} p_j) \vee p'$ gesetzt, so ergibt sich $f_A = f_{A'}$.

Die Kosten von A' sind geringer als die von A, da in A' ein Variablenzeichen weniger als in A steht, nämlich das in p_i gestrichene $x_k^{\delta_k}$. Das steht im Widerspruch zur Minimalität von A. □

Die Voraussetzungen von Satz 1.8 sind nicht für die Kostenfunktion L^3 erfüllt. Eine disjunktive Minimalform bezüglich L^3 setzt sich im allgemeinen nicht disjunktiv aus Primimplikanten zusammen. Es gilt jedoch

Satz 1.9: (Verallgemeinerung des Primimplikantensatzes) Es sei f eine Schaltfunktion, und es gelte, daß die Kosten eines Ausdrucks nicht steigen können, wenn eine Variable gestrichen wird. Dann existiert mindestens eine disjunktive Minimalform für f, die Disjunktion von Primimplikanten ist.

Beweis: Die Voraussetzung ist für die Kostenfunktionen L^1, L^2 und L^3 erfüllt. Wie im Beweis von Satz 1.8 sei $A = p_1 \vee \ldots \vee p_s$ eine disjunktive Minimalform einer Funktion $f = f_A$, in der nicht alle p_j, $j = 1, \ldots, s$, Primimplikanten sind. Wir haben oben gesehen, daß das Wegstreichen einer überflüssigen Variablen in einem p_i, das kein Primimplikant ist, zu einem Ausdruck A' mit $f_{A'} = f_A = f$ führt. Dieses Wegstreichen kann wiederholt werden, bis alle Terme p_j durch Primimplikanten ersetzt sind. Man erhält also einen Ausdruck A'', der aus lauter Primimplikanten besteht und für den $f = f_{A''}$ gilt. Nach Voraussetzung erhöht ein Wegstreichen die Kosten nicht. Daraus folgt, daß A'' ebenfalls eine disjunktive Minimalform von f ist. □

1.6 Das Minimierungsverfahren von Quine-McCluskey

Zum Abschluß dieses Kapitels wollen wir das Minimierungsverfahren von *Quine-McCluskey* darstellen. Das Verfahren beruht auf den eben bewiesenen Primimplikantensätzen. Das bedeutet, daß zunächst alle Primimplikanten der vorgelegten Schaltfunktion gesucht werden und danach eine minimale Disjunktion dieser Primimplikanten konstruiert wird. Zum besseren Verständnis der folgenden Beschreibung empfehlen wir, bereits parallel dazu das unten stehende Beispiel 1.17 zu betrachten.

Das Minimierungsverfahren von Quine-McCluskey: Wir gehen bei dem Verfahren von einem beliebigen Ausdruck A mit n Variablen $x_1, \ldots, x_n$ und damit von einer Schaltfunktion $f_A : \{0,1\}^n \to \{0,1\}$ aus. Für f_A wird durch die folgenden Schritte eine disjunktive Minimalform bestimmt.

(1) Aus A werden durch Ausmultiplizieren und Umformungen gemäß den Regeln einer Booleschen Algebra alle Klammern entfernt, und es wird dafür gesorgt, daß in jedem Term (Konjunktion) jede Variable höchstens einmal auftritt. In jedem Term des so entstandenen Ausdrucks wird jede darin nicht vorkommende Variable x_i durch $x_i \vee \overline{x_i}$ „ersetzt". Dieser neue Ausdruck wird durch Ausmultiplizieren und Weglassen von mehrfach auftretenden Termen schließlich in eine äquivalente disjunktive kanonische Form $\bar{A}$ (Disjunktion von Mintermen) umgeformt.

(2) Für jeden Minterm $m = x_1^{\delta_1} \ldots x_n^{\delta_n}$, $\delta_i \in \{0,1\}$, wird sein „Gewicht" gleich der Zahl $g(m) = \delta_1 + \cdots + \delta_n$ gesetzt. Die Minterme m werden nach aufsteigendem Gewicht in die dritte Spalte einer Tabelle eingetragen, wobei in der Tabelle jeder Minterm durch $\delta_1 \ldots \delta_n$ repräsentiert wird. In der ersten Spalte der Tabelle steht das Gewicht des jeweiligen Minterms, in der zweiten sein Dezimalwert als seine Bezeichnung, wenn der Minterm als n-stellige Dualzahl interpretiert wird.

(3) Alle Paare von Mintermen (m, m') mit $m = x_1^{\delta_1} \ldots x_n^{\delta_n}$ und $m' = x_1^{\delta_1'} \ldots x_n^{\delta_n'}$ werden betrachtet. Die beiden Minterme können genau dann zu einem Term $m'' = x_1^{\delta_1^*} \ldots x_n^{\delta_n^*}$ „verschmolzen" werden, wenn für ein festes k, $1 \leq k \leq n$, die Ungleichung $\delta_k \neq \delta_{k'}$ gilt und weiter $\delta_i = \delta_i'$ für alle i mit $i \neq k$ erfüllt ist. Dabei gilt $\delta_i^* = \delta_i = \delta_i'$ für alle i mit $i \neq k$ und außerdem $\delta_k^* = 2$. In die vierte Spalte der Tabelle werden alle Terme eingetragen, die sich durch eine Verschmelzung aus je zwei Mintermen ergeben. Dabei wird in der Darstellung $\delta_1 \ldots \delta_n$ statt $\delta_k^* = 2$ die Schreibweise $\delta_k^* = -$ verwendet. Ein fester Minterm muß bei diesem Verschmelzungsprozeß, falls möglich, mehrfach benutzt werden. Durch Häkchen werden die Minterme markiert, die verschmolzen worden sind, für die also äquivalent neue Terme konstruiert wurden. Zwei Minterme m und m' können höchstens dann verschmolzen werden, wenn $|g(m) - g(m')| = 1$ gilt.

(4) Durch den Verschmelzungsprozeß sind genau alle Terme q mit $f_q < f_A$ entstanden, die genau $n-1$ auftretende Variablen haben. Diese erscheinen

1. Boolesche Algebra, Schaltalgebra und Schaltfunktionen

in der vierten Spalte der Tabelle. Die Disjunktion dieser Terme mit den nicht verschmolzenen Mintermen ist offenbar ein zu A äquivalenter Ausdruck. Im folgenden wird als Verallgemeinerung der Regel in (3) die allgemeine Verschmelzungsregel benötigt. Es sei x eine Variable, und q und q' seien beliebige Terme ohne Vorkommen von x. Dann werden qxq' und $q\bar{x}q'$ verschmolzen zu q-q'. Der Verschmelzungsprozeß wird nun entsprechend fortgeführt. Durch Verschmelzung der Terme der j-ten Spalte ($j = 4, 5, \ldots$) werden genau jene Terme q erzeugt, die genau $n - j + 2$ auftretende Variablen besitzen und für die $f_q < f_A$ gilt. Diese Terme werden in die $(j + 1)$-te Spalte eingetragen.

(5) Der Prozeß unter (4) bricht ab, wenn sich keine Terme mehr verschmelzen lassen. Dies ist spätestens mit der Spalte $n + 3$ der Fall, wenn als Verschmelzungsergebnis von zwei Termen von je einer Variablen die 1 eingetragen würde. Insgesamt ergibt sich, daß die Disjunktion aller nicht abgehakten Terme der Tabelle einen zu A äquivalenten Ausdruck liefert. Diese Terme sind genau alle Primimplikanten von f_A.

Dies sehen wir wie folgt ein. Wäre ein nicht abgehakter Term q kein Primimplikant, so würde sich nach Definition 1.12(c) durch Streichen einer Variablen, was äquivalent zum Verschmelzen mit einem Term q' ist, ein Term $p' \sim q \vee q'$ mit $f_{p'} < f_A$ ergeben. Dann müßte aber auch $f_{q'} < f_A$ gelten, und nach den Überlegungen in (4) muß q' in derselben Spalte der Tabelle wie q aufgelistet sein, was ein Widerspruch ist. Weiter kommen in der Tabelle alle Terme q mit $f_q < f_A$ vor, speziell also auch alle Primimplikanten von f_A. Diese dürfen nicht abgehakt sein, da eine Verschmelzung im Widerspruch zu Definition 1.12(c) stehen würde.

(6) Als nächstes müssen solche Primimplikanten ausgewählt werden, die eine disjunktive Minimalform der Funktion f_A liefern. Wir müssen also überflüssige Primimplikanten entfernen. Um dies zu erreichen, wird zunächst die Relation $m_j < p_i$ aus Definition 1.12(b) (m_j echt enthalten in p_i) für alle Minterme m_j und alle Primimplikanten p_i überprüft. Wir erhalten damit die folgende *Überdeckungsmatrix*:

	m_1	m_2	m_3	$\ldots$	m_r
p_1	1	0	1	$\ldots$	1
p_2	1	1			.
p_3	.				.
.	.		$e(m_j, p_i)$		.
.	.				
p_s	0	1	.	.	0

Die p_i sind die Primimplikanten, die m_j die Minterme von f_A.

1.6 Das Minimierungsverfahren von Quine-McCluskey

Dabei ist

$$e(m_j, p_i) = \begin{cases} 1, & \text{falls } m_j < p_i \\ 0 & \text{sonst} \end{cases}$$

das durch die Zeile p_i und die Spalte m_j bestimmte Element der Matrix. Falls dieser Wert 1 ist, sagen wir auch, daß der Primimplikant p_i den Minterm m_i überdeckt.

(7) Wir nennen einen Primimplikanten p_i *wesentlich*, wenn ein Minterm m_j von f_A existiert, der nur in p_i ($m_j < p_i$) und in keinem anderen Primimplikanten enthalten ist. Allgemein gilt für einen beliebigen Minterm m und beliebige Terme p'_1 und p'_2, daß aus $m < p'_1 \vee p'_2$ offenbar mindestens eine der Relationen $m < p'_1$ oder $m < p'_2$ folgt. Bei Betrachtung der Kontraposition dieser Aussage erkennen wir sofort, daß wir auf einen wesentlichen Primimplikanten p_i nicht verzichten können, um f_A als disjunktive Normalform darzustellen, die nur aus Primimplikanten besteht. Man bestimmt die wesentlichen Primimplikanten, indem man die Spalten sucht, in denen nur *eine* 1 vorkommt. Die zu einer solchen 1 gehörende Zeile der Matrix bestimmt einen wesentlichen Primimplikanten. Die wesentlichen Primimplikanten werden auf jeden Fall, wie eben festgestellt, zur Bildung der disjunktiven Minimalform herangezogen und müssen entsprechend notiert werden. Zur Bestimmung der übrigen benötigten Primimplikanten werden dann die zu wesentlichen Primimplikanten gehörenden Zeilen und alle in wesentlichen Primimplikanten enthaltenen Minterme aus der Überdeckungsmatrix gestrichen.

(8) Für diese Restmatrix gilt, daß ihre Zeilen zu den Primimplikanten gehören, die nicht wesentlich sind, und ihre Spalten zu den Mintermen von f_A, die nicht in einem wesentlichen Primimplikanten enthalten sind. Wir betrachten nun alle Disjunktionen $p_{i_1} \vee \ldots \vee p_{i_r}$ solcher Primimplikanten der Restmatrix, in denen alle restlichen Minterme enthalten sind. Dabei muß eine solche Disjunktion ausgewählt werden, die minimale Kosten hat, die sogenannte minimale *Restüberdeckung*. Diese ist nicht in jedem Fall eindeutig bestimmt. Es sei $p_{i_1} \vee \ldots \vee p_{i_r}$ eine derartige Restüberdeckung. Dann ist $A' = p'_{i_1} \vee \ldots \vee p'_{i_s} \vee p_{i_1} \vee \ldots \vee p_{i_r}$ mit allen wesentlichen Primimplikanten $p'_{i_1}, \ldots, p'_{i_s}$ und den ausgewählten Primimplikanten $p_{i_1}, \ldots, p_{i_r}$ eine gesuchte disjunktive Minimalform. Es gilt also $f_A = f_{A'}$. □

Es ist klar, daß man eine minimale Restüberdeckung findet, indem man alle möglichen Überdeckungen betrachtet und die kürzeste heraussucht. Dies ist eine einfache Methode, die leicht zu programmieren ist. Der Nachteil dieser Methode ist jedoch ihr ziemlich großer Rechenaufwand. Es gibt verbesserte Algorithmen, bei denen eine minimale Restüberdeckung im allgemeinen schneller gefunden wird. Diese wollen wir hier jedoch nicht untersuchen.

1. Boolesche Algebra, Schaltalgebra und Schaltfunktionen

Beispiel 1.17: Wir betrachten die Funktion f von fünf Variablen a, b, c, d und e, die durch den Ausdruck

$$A = a\bar{b}c(e \vee d) \vee \bar{a}\bar{b}\bar{c}\bar{e} \vee ab\bar{c}\bar{d}\bar{e} \vee a\bar{b}c\bar{d}\bar{e} \vee \bar{a}b\bar{c}d\bar{e} \vee (a\bar{b} \vee b \vee ab)\bar{c}de$$

gegeben ist. Durch Ausmultiplizieren erhalten wir einen Ausdruck, der noch auf die disjunktive kanonische Form erweitert werden muß. Unter anderem wird dabei der erste Term $a\bar{b}ce$ mit $d \vee \bar{d} = 1$ auf $a\bar{b}cde \vee a\bar{b}c\bar{d}e$ erweitert. Insgesamt erhalten wir

$$a\bar{b}cde \vee a\bar{b}c\bar{d}e \vee a\bar{b}cde \vee a\bar{b}cd\bar{e} \vee \bar{a}\bar{b}\bar{c}\bar{d}\bar{e} \vee \bar{a}b\bar{c}\bar{d}\bar{e} \vee ab\bar{c}\bar{d}\bar{e} \vee a\bar{b}c\bar{d}\bar{e} \vee \bar{a}b\bar{c}d\bar{e}$$

$$\vee a\bar{b}\bar{c}de \vee \bar{a}b\bar{c}de \vee ab\bar{c}de.$$

Zwei Terme, nämlich $ab\bar{c}de$ und $a\bar{b}cde$, treten doppelt auf und brauchen nur einmal berücksichtigt zu werden. Wir bilden als nächstes die Tabelle gemäß (2) bis (5), um alle Primimplikanten zu ermitteln:

Gewicht	Bezeich- nung	Minterme $abcde$	Terme mit 4 Variablen	Terme mit 3 Variablen
0	0	00000 ✓	000-0	101--
1	2	00010 ✓	0-010	
2	24	11000	1010- ✓	
	20	10100 ✓	101-0 ✓	
	10	01010 ✓	0101-	
3	21	10101 ✓	101-1 ✓	
	22	10110 ✓	1011- ✓	
	19	10011 ✓	10-11	
	11	01011 ✓	1-011	
4	23	10111 ✓	-1011	
	27	11011 ✓		

Man beachte, daß beim Verschmelzen der Terme mit vier Variablen höchstens solche verschmolzen werden können, die den Strich an derselben Stelle haben. Wir sehen, daß sich sowohl in der dritten, vierten und fünften Spalte Terme befinden, die nicht abgehakt sind, die also nicht verschmolzen werden konnten. Dies sind gerade die gesuchten Primimplikanten.

Danach wird gemäß (6) die Überdeckungsmatrix aufgestellt:

1.6 Das Minimierungsverfahren von Quine-McCluskey

Minterme / Primimplikanten	0	2	24	20	10	21	22	19	11	23	27	
11000	0	0	1	0	0	0	0	0	0	0	0	√
000-0	1	1	0	0	0	0	0	0	0	0	0	√
0-010	0	1	0	0	1	0	0	0	0	0	0	
0101-	0	0	0	0	1	0	0	0	1	0	0	
10-11	0	0	0	0	0	0	0	1	0	1	0	
1-011	0	0	0	0	0	0	0	1	0	0	1	
-1011	0	0	0	0	0	0	0	0	1	0	1	
101--	0	0	0	1	0	1	1	0	0	1	0	√

Die Zeilen, die zu einem wesentlichen Primimplikanten gehören (siehe (7)), sind mit einem Haken versehen. Diese Primimplikanten sind

$$a\bar{b}\bar{c}\bar{d}\bar{e}, \quad \bar{a}\bar{b}\bar{c}\bar{e} \quad \text{und} \quad a\bar{b}c.$$

Nur die Minterme 10, 19, 11 und 27 sind nicht in einem wesentlichen Primimplikanten enthalten. Nach (8) müssen wir eine Überdeckung dieser Minterme durch eine sogenannte *Restüberdeckung* mit minimalen Kosten finden. Dazu betrachten wir die Restmatrix

Minterme / Primimplikanten	10	19	11	27
0-010	1	0	0	0
0101-	1	0	1	0
10-11	0	1	0	0
1-011	0	1	0	1
-1011	0	0	1	1

Kein Primimplikant allein überdeckt alle vier verbleibenden Minterme. Die einzige Disjunktion, die aus zwei Primimplikanten besteht und alle diese Minterme überdeckt, ist 0101- ∨ 1-011. Die übrigen Primimplikanten sind darin enthalten und brauchen folglich nicht mehr berücksichtigt zu werden. Damit ist die Restüberdeckung mit minimalen Kosten gefunden. Insgesamt wird also die gegebene Schaltfunktion f durch die disjunktive Minimalform

$$\underbrace{a\bar{b}\bar{c}\bar{d}\bar{e} \vee \bar{a}\bar{b}\bar{c}\bar{e} \vee a\bar{b}c}_{\text{wesentliche Primimplikanten}} \quad \vee \quad \underbrace{\bar{a}\bar{b}cd \vee a\bar{c}de}_{\text{minim. Restüberd.}}$$

beschrieben. □

2. Endliche Automaten

2.1 Einführung

Bei der Besprechung von Schaltnetzen war vielleicht auffallend, daß wir überhaupt nicht auf den Zeitbedarf eingegangen sind (außer an einer Stelle bei der Erwähnung von Laufzeiten, siehe Beispiel 1.11 auf Seite 27). Idealisierend können wir annehmen, daß nach dem Anlegen des n-Tupels von Eingabewerten das Ergebnis, d.h. der Funktionswert, nach einem sehr kurzen Zeitintervall ausgegeben wird. Verallgemeinernd kann man bei m parallelen Schaltnetzen auch ein m-Tupel als Ausgabewert erhalten. Beim Anlegen eines weiteren n-Tupels von Eingabewerten erfolgt eine weitere Ausgabe, die nicht vom früheren Verhalten des Schaltnetzes beeinflußt wird. Durch Schaltnetze sind also Vorgänge, die vom früheren Verhalten abhängig sind und somit ein „Gedächtnis" erfordern, nicht realisierbar. Dies leisten jedoch, wenn auch nicht für alle Probleme, endliche Automaten. Mit ihnen kann somit eine umfassendere Klasse von Funktionen berechnet werden.

Beispiel 2.1: Anhand einiger einfacher Probleme und ihrer Lösungen wollen wir die Definition von endlichen Automaten motivieren, die dann im Abschnitt 2.2 formal angegeben wird.

(a) Wir betrachten die serielle Addition. Als Eingabefluß kommen nacheinander die Paare von Bits $\binom{i_0}{j_0}, \binom{i_1}{j_1}, \binom{i_2}{j_2}, \ldots, \binom{i_n}{j_n}$, $i_k, j_k \in \{0,1\}$, $k = 0, \ldots, n$, $n \in I\!N_0$, in dieser Reihenfolge an. Als Ausgabe soll die Dualsumme $i_n \ldots i_0 + j_n \ldots j_0$ geliefert werden, die bitweise, von hinten nach vorn, ausgegeben wird. Dazu ist eine Übertragsverarbeitung notwendig, die durch die Einführung von Zuständen möglich wird. Durch die folgende Tabelle wird die Arbeit eines solchen Additionsautomaten beschrieben:

Eingänge	x_1	0	0	1	1	
Zustand	x_2	0	1	0	1	
z_0		z_0	z_0	z_0	z_1	nächster Zustand
		0	1	1	0	Ausgabe
z_1		z_0	z_1	z_1	z_1	
		1	0	0	1	

Die Arbeit beginnt im Zustand z_0. Dieser Zustand zeigt an, daß zuvor kein Übertrag stattgefunden hat. Befindet sich der Automat im Zustand z_0 und wird $\binom{0}{1}$ eingegeben, so wird der Wert 1 ausgegeben, und der Automat

2. Endliche Automaten

bleibt im Zustand z_0, da bei der Addition $0+1$ kein Übertrag stattgefunden hat. Wird jedoch $\binom{1}{1}$ im Zustand z_0 eingegeben, so wird 0 ausgegeben, und es findet ein Übergang in den Zustand z_1 statt. Mit Hilfe von z_1 wird sich also gemerkt, daß ein Übertrag stattgefunden hat.

(b) Es soll jetzt ein Modulo-m-Zähler konstruiert werden. Gegeben sei die Menge $\mathbb{Z}_m = \{0, 1, \ldots, m-1\}$, $m \geq 1$. Die Funktion $\sigma : \mathbb{Z}_m \to \mathbb{Z}_m$, die durch

$$\sigma(n) = \begin{cases} n+1, & \text{falls } 0 \leq n < m-1 \\ 0, & \text{falls } n = m-1 \end{cases}$$

definiert ist, beschreibt das Zählen modulo m. σ wird für jeden Zählimpuls angewendet. Der Modulo-m-Zähler C_m ist ein Gerät mit m Zuständen $0, 1, \ldots, m-1$ und zwei möglichen Eingaben 0 und 1, das modulo m die 1-Eingaben zählt, und zwar mit Hilfe der Zustände. C_m ist durch einen gerichteten Graphen (auch Zustandsdiagramm oder Zustandsgraph genannt) beschreibbar. Speziell erhalten wir für C_{10} den folgenden Graphen:

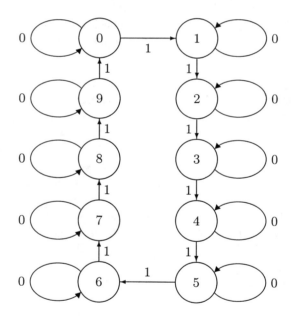

Die Knoten dieses Graphen sind mit den Zuständen markiert. Die Pfeile sind mit der Eingabe bezeichnet, wobei die Pfeilrichtung den zugehörigen Zustandsübergang angibt. Dieser Gesamtautomat „merkt" sich, wieviele Einsen er erhalten hat, seitdem er zuletzt im Zustand 0 war. Er hat also ein beschränktes (endliches) Gedächtnis. Als Ausgabe können wir den jeweiligen aktuellen Zustand verwenden.

(c) Aus C_{10} soll jetzt ein Modulo-1000-Zähler aufgebaut werden. Dafür installieren wir je einen Zähler für die Einer-, Zehner- und Hunderterstelle. Der Eingang von außen führt nur zum „Einerautomaten". Ein Übertrag vom Einerautomaten zum Zehnerautomaten erfolgt genau dann, wenn der Einerautomat im Zustand 9 ist und eine 1 eintrifft. Dann wird eine 1 als Ausgabe des Einerautomaten geliefert, die vom Zehnerautomaten als Eingabe verarbeitet wird. Dieser Aufbau wird durch

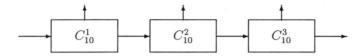

verdeutlicht. Im Detail wird ein einzelner Automat durch

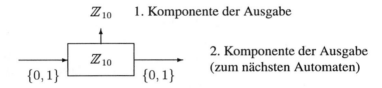

dargestellt. Dabei ist er formal durch die folgenden fünf Größen spezifiziert:
(1) Die Menge Z der (internen) Zustände, hier speziell $Z = \mathbb{Z}_{10}$.
(2) Die Menge X der möglichen Eingabesymbole, hier $X = \{0, 1\}$.
(3) Die Menge Y der möglichen Ausgabesymbole, hier $Y = \mathbb{Z}_{10} \times \{0, 1\}$.
(4) Eine Funktion $\delta : Z \times X \to Z$, die in Abhängigkeit vom gegenwärtigen Zustand und der gegenwärtigen Eingabe den nächsten Zustand festlegt. Diese Zustandsüberführungsfunktion wird in unserem Beispiel durch

$$\delta : \mathbb{Z}_{10} \times \{0, 1\} \to \mathbb{Z}_{10} \text{ mit } \delta(k, x) = \begin{cases} k, & \text{falls } x = 0 \\ \sigma(k), & \text{falls } x = 1 \end{cases}$$

definiert.
(5) Eine Funktion $\lambda : Z \times X \to Y$, die in Abhängigkeit vom gegenwärtigen Zustand und der gegenwärtigen Eingabe die Ausgabe festlegt. Diese Ausgabefunktion ist hier durch

$$\lambda : \mathbb{Z}_{10} \times \{0, 1\} \to \mathbb{Z}_{10} \times \{0, 1\}$$

bestimmt. Dabei ist

$$\lambda(k, x) = (k, y) \text{ mit } y = \begin{cases} 1, & \text{falls } k = 9 \text{ und } x = 1 \\ 0 & \text{sonst.} \end{cases}$$
□

2. Endliche Automaten

Es gibt auch Probleme, die mit endlichen Automaten nicht gelöst werden können. Es sei z.B. eine Zeichenkette gegeben, die aus Symbolen a und b besteht. Wir wollen entscheiden, ob sie mit lauter a's beginnt, gefolgt von einem b und schließlich mit ebensovielen a's wie am Anfang endet. Wir können uns vorstellen, daß die Zeichenkette ein Symbol nach dem anderen dem Automaten als Eingabe angeboten wird. Diese Aufgabe ist jedoch durch einen endlichen Automaten nicht lösbar, wie wir in Beispiel 2.6 sehen werden.

2.2 Mealy- und Moore-Automaten

Definition 2.1: Ein 5-Tupel $M = (Z, X, Y, \delta, \lambda)$ heißt *(endlicher) Mealy-Automat* (kurz *(endlicher) Automat*), wenn Z, X und Y endliche nichtleere Mengen (*Zustands-*, *Eingabe-* bzw. *Ausgabemenge*) und $\delta : Z \times X \to Z$ und $\lambda : Z \times X \to Y$ Abbildungen sind (*Zustandsüberführungs-* bzw. *Ausgabefunktion*). □

Anschaulich können wir einen Mealy-Automaten so interpretieren, daß er, falls er sich im Zustand $z \in Z$ befindet und die Eingabe $x \in X$ erhält, in den Folgezustand $\delta(z, x)$ übergeht und dabei die Ausgabe $\lambda(z, x)$ liefert. Erhält er anschließend eine neue Eingabe x', so geht er in den Zustand $\delta(\delta(z, x), x')$ über usw. Diese verallgemeinerte Arbeitsweise werden wir in Definition 2.5 formalisieren.

Wir erkennen sofort, daß Mealy-Automaten *deterministisch* sind, daß also der Folgezustand und die Ausgabe eindeutig bestimmt sind. Das liegt daran, daß δ und λ Abbildungen sind und daher für jedes Paar $(z, x) \in Z \times X$ einen eindeutigen Wert $\delta(z, x)$ bzw. $\lambda(z, x)$ liefern. Nichtdeterministische Automaten sind dagegen unvollständig oder nicht eindeutig definiert, es können z.B. zwei mögliche Folgezustände zu einem Paar (z, x) existieren. Auf nichtdeterministische Automaten werden wir im Zusammenhang mit endlichen erkennenden Automaten in Kapitel 5 zurückkommen.

Gelegentlich wird in der Literatur auf die Forderung der Endlichkeit der Mengen Z, X und Y verzichtet. In diesem Buch sollen sie jedoch prinzipiell endlich sein.

Für jeden Mealy-Automaten kann implizit ein Taktgeber angenommen werden. Das bedeutet, daß der Automat nur zu diskreten Zeitpunkten betrachtet wird. Werden diese diskreten Zeitpunkte, wie üblich, mit der Menge $I\!N_0$ identifiziert, also mit der Menge der natürlichen Zahlen einschließlich der 0, so ist das Übergangsverhalten des Automaten durch

$$\delta(z(t), x(t)) = z(t+1) \quad \text{und} \quad \lambda(z(t), x(t)) = y(t)$$

für $t \in I\!N_0$ gegeben. Dabei bedeutet $z(t)$ den Zustand zur Zeit t, $x(t)$ die Eingabe und $y(t)$ die Ausgabe zur Zeit t. Die Ausgabefunktion wird gelegentlich auch als $\lambda(z(t), x(t)) = y(t+1)$ interpretiert. Wir wollen jedoch in diesem Buch die vorhergehende Form vorziehen.

Jede Schaltfunktion $f : \{0,1\}^n \to \{0,1\}$ kann offenbar durch einen Mealy-Automaten berechnet werden. Man wähle einfach $X = \{0,1\}^n$, $Y = \{0,1\}$ und $Z = \{z\}$. Weiter werde $\lambda(z,(x_1,\ldots,x_n)) = f(x_1,\ldots,x_n)$ und $\delta(z,(x_1,\ldots,x_n)) = z$ für jedes $(x_1,\ldots,x_n) \in \{0,1\}^n$ gesetzt. Die Berechnung der Ausgabe hängt somit nicht vom Zustand ab, da es nur einen gibt. Dies entspricht unserer früheren Bemerkung, daß die Berechnung einer Schaltfunktion unabhängig ist von dem vorhergehenden Verhalten des Schaltnetzes.

Ein Mealy-Automat kann durch Angabe seiner *Wertetabellen* für die Funktionen δ und λ der Form

δ	x_1	$\cdots$	x_j	$\cdots$	x_n
z_1					
$\vdots$			$\vdots$		
z_i		$\cdots$	$\delta(z_i, x_j)$	$\cdots$	
$\vdots$			$\vdots$		
z_m					

und

λ	x_1	$\cdots$	x_j	$\cdots$	x_n
z_1					
$\vdots$			$\vdots$		
z_i		$\cdots$	$\lambda(z_i, x_j)$	$\cdots$	
$\vdots$			$\vdots$		
z_m					

festgelegt werden. Dabei sind $X = \{x_1,\ldots,x_n\}$ und $Z = \{z_1,\ldots,z_m\}$ implizit durch die Tabellen gegeben. Y kann außer den in der rechten Tabelle vorkommenden Elementen $\lambda(z_i, x_j)$ noch weitere, aber niemals ausgegebene und somit überflüssige Ausgabesymbole enthalten. Eine ähnliche Beschreibung haben wir bereits in Beispiel 2.1(a) gewählt.

Optisch übersichtlicher ist eine Darstellung als Zustandsdiagramm oder Zustandsgraph wie in Beispiel 2.1(b). Wir erhalten

Definition 2.2: Es sei $M = (Z, X, Y, \delta, \lambda)$ ein Mealy-Automat. Ein *Zustandsdiagramm* oder *Zustandsgraph* ist ein markierter gerichteter Graph, durch den M wie folgt beschrieben wird. Die Zustände des Automaten und die Knoten des Graphen werden einander bijektiv zugeordnet. Die Knoten sind durch die Zustände bezeichnet. Zwei Knoten z und z' werden durch eine gerichtete Kante (Pfeil) von z nach z' verbunden, wenn ein $x \in X$ existiert mit $\delta(z, x) = z'$. Die Markierung einer solchen Kante ist $x \mid \lambda(z, x)$. □

Beispiel 2.2: Wir geben zunächst Zustandsdiagramme für drei Mealy-Automaten an. Für einen von ihnen notieren wir auch die Wertetabelle. Wir werden sehen, daß der Automat (b) eine eingeschränkte Form besitzt. Als Verallgemeinerung dieser Einschränkung führen wir anschließend in Definition 2.3 einen entsprechenden Automatentyp ein.

2. Endliche Automaten

(a)

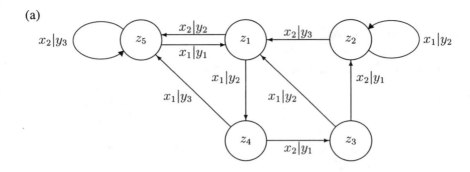

(b)

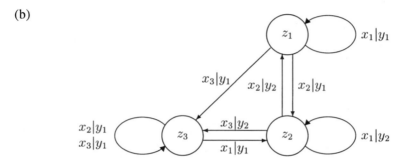

(c)

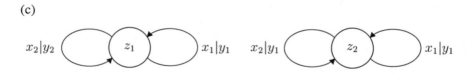

Für den Automaten aus (b) geben wir zusätzlich die beiden Wertetabellen an:

δ	x_1	x_2	x_3
z_1	z_1	z_2	z_3
z_2	z_2	z_1	z_3
z_3	z_2	z_3	z_3

λ	x_1	x_2	x_3
z_1	y_1	y_1	y_1
z_2	y_2	y_2	y_2
z_3	y_1	y_1	y_1

Er unterscheidet sich von denen aus (a) und (c) dadurch, daß seine Ausgabe nur vom Zustand abhängt. Statt der Abbildung λ würde eine Abbildung $\beta : Z \to Y$ mit $\beta(z_1) = y_1$, $\beta(z_2) = y_2$ und $\beta(z_3) = y_1$ genügen. λ kann formal aus β mit Hilfe der Projektionsabbildung $pr_1 : Z \times X \to Z$, die durch $pr_1(z, x) = z$ definiert ist, gewonnen werden. Es gilt dann nämlich

$$\lambda(z, x) = (\beta \circ pr_1)(z, x) = \beta(z) = y.$$

2.2 Mealy- und Moore-Automaten

Aufgrund dieser Abbildung β kann (b) auch durch seinen *Zustand-Ausgabe-Graphen* dargestellt werden:

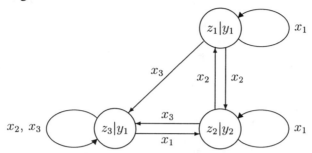

Im Zustand-Ausgabe-Graphen sind die Knoten durch $z|y$ bezeichnet, d.h. durch einen Zustand z wie im Zustandsdiagramm und die zugehörige Ausgabe. Entsprechend entfällt bei den Kanten die Markierung durch die Ausgaben. □

Definition 2.3: Es sei $M = (Z, X, Y, \delta, \lambda)$ ein Automat. M heißt *Moore-Automat (Zustand-Ausgabe-Automat)*, wenn eine Funktion $\beta : Z \to Y$ existiert, so daß das Diagramm

$$Z \times X \xrightarrow{\lambda} Y$$
$$pr_1 \searrow \quad \nearrow \beta$$
$$Z$$

kommutativ ist, also $\lambda = \beta \circ pr_1$ gilt. Man schreibt auch $M = (Z, X, Y, \delta, \beta)$. □

Die Funktion β wird auch *Ausgabefunktion* des Moore-Automaten genannt. Die Taktung eines Moore-Automaten ergibt sich unter Beachtung des Diagramms von Definition 2.3 aus der eines Mealy-Automaten auf Seite 44, also

$$\delta(z(t), x(t)) = z(t+1) \,, \quad \beta(z(t)) = y(t).$$

Auf den ersten Blick ist ein Moore-Automat eingeschränkter als ein Mealy-Automat. Wir werden jedoch zeigen, daß zu jedem Mealy- ein Moore-Automat existiert mit im allgemeinen größerer Zustandszahl, der auf die Eingabe einer Folge von Eingabesymbolen mit der gleichen Folge von Ausgabesymbolen wie der Mealy-Automat antwortet. Allerdings hinkt er gegenüber dem Mealy-Automaten um einen Takt hinterher, was wir durch die folgende Skizze andeuten:

Mealy-Automat: $\quad y(t), \quad\quad y(t+1), \quad\quad y(t+2), \quad\quad \ldots$

Moore-Automat: $\quad\quad\quad\quad \hat{y}(t+1), \quad\quad \hat{y}(t+2), \quad\quad \hat{y}(t+3), \ldots$

2. Endliche Automaten

Da Automaten Folgen von Eingabesymbolen, also sogenannte Wörter, verarbeiten sollen, wird zunächst dieser Begriff definiert.

Definition 2.4: (a) Es sei A eine endliche nichtleere Menge. Dann heißt $A^* = \{x_1 \ldots x_n \mid x_i \in A, 1 \leq i \leq n, n \in \mathbb{N}_0\}$ die *Menge der Wörter über A*. $w = x_1 \ldots x_n$ heißt *Wort über A*, es hat die *Länge* $|w| = n$. Für $n = 0$ erhalten wir das *leere Wort* ε mit $|\varepsilon| = 0$.
(b) Es seien $w_1 = x_1 \ldots x_n$ und $w_2 = y_1 \ldots y_m$ zwei Wörter über A. Dann wird $w_1 w_2 = x_1 \ldots x_n y_1 \ldots y_m$ die *Konkatenation* von w_1 und w_2 genannt.
(c) Es werde $A^+ = A^* - \{\varepsilon\}$ gesetzt. □

Aus der Algebra ist bekannt, daß eine Menge $H \neq \emptyset$ mit einer Verknüpfung $\circ : H \times H \to H$ *Halbgruppe* heißt, wenn für alle $h_1, h_2, h_3 \in H$ das Assoziativgesetz

$$(h_1 \circ h_2) \circ h_3 = h_1 \circ (h_2 \circ h_3)$$

gilt. Eine Halbgruppe ist ein *Monoid*, wenn zusätzlich ein Einselement $e \in H$ existiert mit

$$e \circ h = h$$

für alle $h \in H$. Wir stellen fest, daß A^* ein Monoid ist, wenn wir als Verknüpfung die Konkatenation und als Einselement das leere Wort ε wählen. Wir nennen A^* auch *freies Monoid* über A. A^+ ist eine Halbgruppe, die *freie Halbgruppe* über A.

Oben wurde bemerkt, daß Automaten Wörter verarbeiten sollen. Zur Beschreibung dieser Arbeitsweise wird die Abbildung δ erweitert.

Definition 2.5: Es seien Z und X endliche Mengen, und $\delta : Z \times X \to Z$ sei eine Abbildung. Die *X^*-Erweiterung von δ* ist durch die Abbildung $\delta^* : Z \times X^* \to Z$ mit

$$\delta^*(z, \varepsilon) = z \quad \text{und} \quad \delta^*(z, wx) = \delta(\delta^*(z, w), x)$$

für alle $z \in Z, w \in X^*, x \in X$ gegeben. □

Aus dieser Definition ergibt sich, daß jedes Wort von links nach rechts abgearbeitet wird. Als Folgerung der Definition erhalten wir

Satz 2.1: Für alle $z \in Z$, $x \in X$ und $w, w' \in X^*$ gilt

$$\delta^*(z, x) = \delta(z, x) \quad \text{und} \quad \delta^*(z, w'w) = \delta^*(\delta^*(z, w'), w).$$

Beweis: Die erste Gleichung folgt aus

$$\delta^*(z, x) = \delta^*(z, \varepsilon x) = \delta(\delta^*(z, \varepsilon), x) = \delta(z, x).$$

2.2 Mealy- und Moore-Automaten

Die zweite wird durch Induktion über die Länge von w bewiesen. Für $|w| = 0$ gilt $w = \varepsilon$, und aus Definition 2.5 folgt dann

$$\delta^*(z, w'\varepsilon) = \delta^*(z, w') = \delta^*(\delta^*(z, w'), \varepsilon)$$

für alle $z \in Z$, $w' \in X^*$. Die Behauptung sei nun für alle $z \in Z$, $w' \in X^*$ und alle Wörter $w_1 \in X^*$ einer festen Länge erfüllt. Dann gilt für $w = w_1 x$ mit $x \in X$

$$\begin{aligned}
\delta^*(z, w'w_1 x) &= \delta(\delta^*(z, w'w_1), x_1) \\
&= \delta(\delta^*(\delta^*(z, w'), w_1), x) \\
&= \delta^*(\delta^*(z, w'), w_1 x).
\end{aligned}$$

Das erste und das letzte Gleichheitszeichen gelten aufgrund Definition 2.5, das zweite wegen der Induktionsannahme. □

Der nächste Satz zeigt, daß Moore- und Mealy-Automaten im wesentlichen dasselbe leisten und in diesem Sinn als äquivalent aufgefaßt werden können.

Satz 2.2: Es sei $M = (Z, X, Y, \delta, \lambda)$ ein Mealy-Automat. Dann existiert ein Moore-Automat $\bar{M} = (\bar{Z}, X, Y, \bar{\delta}, \beta)$ und eine injektive Abbildung $k : Z \to \bar{Z}$ mit

$$\lambda(\delta^*(z, w), x) = \beta(\bar{\delta}^*(k(z), wx)) \quad (1)$$

für alle $z \in Z, w \in X^*, x \in X$.

Beweis: Es sei ein Mealy-Automat $M = (Z, X, Y, \delta, \lambda)$ gegeben. Wir definieren $\bar{M} = (\bar{Z}, X, Y, \bar{\delta}, \beta)$ durch

$$\bar{Z} = Z \times Y,$$

$$\bar{\delta} : \bar{Z} \times X \to \bar{Z} \text{ mit } \bar{\delta}((z, y), x) = (\delta(z, x), \lambda(z, x)) \text{ und}$$

$$\beta : \bar{Z} \to Y \text{ mit } \beta(z, y) = y.$$

Außerdem setzen wir für ein beliebiges, aber festes $y' \in Y$

$$k : Z \to \bar{Z} \text{ mit } k(z) = (z, y').$$

Zu zeigen ist, daß (1) gilt. Dazu beweisen wir durch vollständige Induktion für alle $z \in Z, y \in Y, w \in X^*, x \in X$ die stärkere Aussage

$$\lambda(\delta^*(z, w), x) = \beta(\bar{\delta}^*((z, y), wx)) \quad (2).$$

Dabei benutzen wir Definition 2.5 und Satz 2.1 sowie die Definitionen von β und $\bar{\delta}$. Für den Induktionsbeginn setzen wir $w = \varepsilon$. Dann gilt

$$\lambda(\delta^*(z, \varepsilon), x) = \lambda(z, x) = \beta(\delta(z, x), \lambda(z, x))$$

2. Endliche Automaten

$$= \beta(\bar{\delta}^*((z,y),x)) = \beta(\bar{\delta}^*((z,y),\varepsilon x)).$$

Für den Induktionsschluß nehmen wir an, daß (2) für $w = w_1$ und alle $z \in Z$, $y \in Y$ und $x \in X$ bewiesen ist. Zu zeigen ist, daß (2) auch für $w = x_1 w_1$ mit beliebigem $x_1 \in X$ gilt. Wir erhalten in der Tat

$$\begin{aligned}
\beta(\bar{\delta}^*((z,y),x_1 w_1 x)) &= \beta(\bar{\delta}^*(\bar{\delta}((z,y),x_1),w_1 x)) \\
&= \beta(\bar{\delta}^*((\delta(z,x_1),\lambda(z,x_1)),w_1 x)) \\
&= \lambda(\delta^*(\delta(z,x_1),w_1),x) \\
&= \lambda(\delta^*(z,x_1 w_1),x). \quad \Box
\end{aligned}$$

Beispiel 2.3: Wir geben zunächst einen Mealy-Automaten M an:

$M:$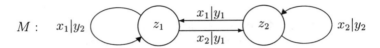

Zu diesem Automaten konstruieren wir gemäß dem Beweis von Satz 2.2 einen Moore-Automaten $\bar{M}$:

$\bar{M}:$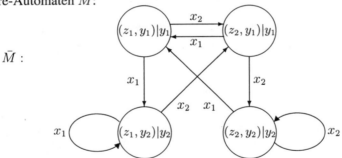

Wir wollen die Arbeitsweise der beiden Automaten bei Eingabe von $x_1 x_2 x_1 x_2$ betrachten, wenn wir zur Zeit 0 bei M im Zustand z_1 und bei $\bar{M}$ im Zustand (z_1, y_1) starten. Der Mealy-Automat M liefert zu den Zeiten 0 bis 3 die Ausgaben y_2, y_1, y_1, y_1, der Moore-Automat $\bar{M}$ zu den Zeiten 0 bis 4 die Ausgaben y_1, y_2, y_1, y_1, y_1. Wir erkennen die Verzögerung um einen Zeittakt. $\Box$

Definition 2.6: Es sei $M = (Z, X, Y, \delta, \beta)$ ein Moore-Automat und $z \in Z$. Die Funktion $M_z : X^* \to Y$ mit $M_z(w) = \beta(\delta^*(z,w))$ für alle $w \in X^*$ heißt *Antwortfunktion* oder *Verhalten* von M beim Anfangszustand $z \in Z$.

Die Antwortfunktion M_z liefert, ausgehend vom Zustand z, das Ausgabesymbol, das sich nach Eingabe des Wortes w ergibt. Die zuvor bei der schrittweisen

2.2 Mealy- und Moore-Automaten

Abarbeitung der eingegebenen Symbole von w erhaltenen Ausgaben werden dabei nicht berücksichtigt. Man kann jedoch M_z zu einer Funktion $M'_z : X^* \to Y^*$ durch

$$M'_z(\varepsilon) = M_z(\varepsilon) = \beta(z) \text{ und } M'_z(wx) = M'_z(w)M_z(wx)$$

für alle $w \in X^*, x \in X$ erweitern. Offenbar beschreibt M'_z das gesamte Verhalten von M und nicht nur die letzte Ausgabe. Für den Automaten $\bar{M}$ aus Beispiel 2.3 gilt so

$$\bar{M}_{(z_1,y_1)}(x_1x_2x_1x_2) = y_1 \text{ und } \bar{M}'_{(z_1,y_1)}(x_1x_2x_1x_2) = y_1y_2y_1y_1y_1.$$

Definition 2.7: Eine beliebige Funktion $f : X^* \to Y$ heiße *Verhaltensfunktion*. Das *Realisierungsproblem* ist dann wie folgt definiert: Gegeben sei eine Verhaltensfunktion $f : X^* \to Y$. Gibt es einen Moore-Automaten M und einen Zustand z von M (Anfangszustand) mit $M_z = f$? Falls ein solches Paar (M, z) existiert, heißt es *Realisierung* von f. □

Wir werden sehen, daß die meisten Verhaltensfunktionen $f : X^* \to Y$ keine Realisierung durch einen Automaten mit endlicher Zustandsmenge besitzen. Im folgenden Satz wie auch später wird die Anzahl der Elemente einer Menge X mit $|X|$ bezeichnet.

Satz 2.3: Es seien X und Y endliche Mengen mit $|Y| \geq 2$. Dann gibt es eine Verhaltensfunktion $f : X^* \to Y$, für die *keine* Realisierung (M, z) von f existiert.

Beweis: Es genügt zu zeigen, daß mehr Funktionen $f : X^* \to Y$ existieren als Antwortfunktionen von Moore-Automaten mit Eingabemenge X und Ausgabemenge Y. Es sei $w_0, w_1, \ldots$ eine fest gewählte Aufzählung von X^* (Für $X = \{x_1, \ldots, x_n\}$ kann man z.B. die spezielle Aufzählung $\varepsilon \mapsto 0$, $x_{i_m}x_{i_{m-1}} \ldots x_{i_1} \mapsto \sum_{j=1}^{m} i_j n^{j-1}$ wählen. Anschaulich bedeutet das die Auflistung der Wörter aus X^* der Länge nach und bei gleicher Länge in lexikographischer Reihenfolge). Jede Funktion $f : X^* \to Y$ kann bezüglich dieser Aufzählung eindeutig durch die unendliche Folge

$$f(w_0)f(w_1)\ldots \text{ mit } f(w_i) \in Y, i = 0, 1, \ldots,$$

dargestellt werden. Gilt $Y = \{y_0, \ldots, y_{N-1}\}$, so ist eine beliebige Folge $y_{i_1}y_{i_2}\ldots$ mit $i_1, i_2, \ldots \in \{0, \ldots, N-1\}$ als N-adische Zahl $0, i_1i_2\ldots$ auffaßbar. Da $|Y| \geq 2$ ist, heißt dies, daß jede reelle Zahl r mit $0 \leq r \leq 1$ eine Verhaltensfunktion festlegt (ggf. auch zwei Verhaltensfunktionen, z.B. $0, 1 = 0,0999\ldots$ für $N = 10$). Somit ist die Mächtigkeit der Menge der Verhaltensfunktionen gleich der der

2. Endliche Automaten

Menge der reellen Zahlen zwischen 0 und 1. Wir wissen, daß diese Mächtigkeit überabzählbar ist.

Weiter wird gezeigt, daß nur abzählbar viele Funktionen M_z existieren. Es sei $M = (Z, X, Y, \delta, \beta)$ ein endlicher Moore-Automat. Dann hat die Bezeichnung der Zustände offenbar keinen Einfluß auf das Verhalten des Automaten. So können wir die Zustandsmenge für $|Z| = n$ stets mit $\{z_0, \ldots, z_{n-1}\}$ benennen. Dabei sei M_{z_0} immer das Verhalten von M. Da X und Y fest vorgegebene endliche Mengen sind, existieren bis auf die Isomorphie, die durch die verschiedenen Bezeichnungen gegeben ist, nur endlich viele Automaten mit genau n Zuständen. Es sei α_n die Anzahl dieser Automaten. Ihre Auflistung sei $M^{n1}, \ldots, M^{n\alpha_n}$. Wir erhalten dann bis auf Isomorphie die Aufzählung aller Moore-Automaten mit den endlichen Mengen X und Y als Ein- bzw. Ausgabemenge durch

$$\underbrace{M^{11}, \ldots, M^{1\alpha_1}}_{1-Zustandsautom.}, \underbrace{M^{21}, \ldots, M^{2\alpha_2}}_{2-Zustandsautom.}, \underbrace{M^{31}, \ldots, M^{3\alpha_3}}_{3-Zustandsautom.}, \ldots$$

Damit existieren auch nur abzählbar viele Realisierungen (M, z). □

Der Beweis von Satz 2.3 zeigt, daß sogar überabzählbar viele Verhaltensfunktionen nicht durch einen endlichen Moore-Automaten realisiert werden können. Die schwächere Aussage des Satzes 2.3 wird auch jeweils durch die folgenden Beispiele 2.5 und 2.6 bewiesen. Dabei handelt es sich um intuitiv berechenbare Funktionen, die nicht durch einen Moore-Automaten realisierbar sind. Wir sehen somit, daß auch Moore-Automaten noch nicht geeignet sind, alle berechenbaren Probleme zu lösen.

Beispiel 2.4: Gegeben sei die Funktion $f : \{0, 1\}^* \to \{0, 1\}$ mit

$$f(w) = \begin{cases} 1, & \text{falls } w = w'11, w' \in \{0, 1\}^* \\ 0 & \text{sonst.} \end{cases}$$

Offenbar wird f durch den folgenden Automaten M mit Anfangszustand z_0 realisiert:

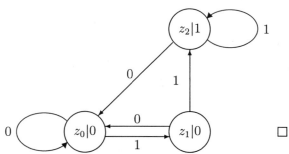

□

Beispiel 2.5: Es sei $X = \{\binom{0}{0}, \binom{0}{1}, \binom{1}{0}, \binom{1}{1}\}$ und $Y = \{0, 1\}$. Wir betrachten die Verhaltensfunktion $f : X^* \to Y$ mit

2.2 Mealy- und Moore-Automaten

$$f(\begin{pmatrix}x_1\\y_1\end{pmatrix} \cdots \begin{pmatrix}x_n\\y_n\end{pmatrix}) = \text{Koeffizient von } 2^{n-1} \text{ im Produkt } (\sum_{j=1}^{n} x_j 2^{j-1})(\sum_{k=1}^{n} y_k 2^{k-1}),$$

wobei $x_1 \ldots x_n$ die umgekehrte Binärcodierung von $\sum_{j=1}^{n} x_j 2^{j-1}$ ist. Wir stellen fest, daß $f(\begin{pmatrix}x_1\\y_1\end{pmatrix})$ den Koeffizienten von 2^0 im angegebenen Produkt liefert, da die Summanden für $j = 2, \ldots, n$ bei diesem Koeffizienten nicht berücksichtigt werden. Allgemein wird durch $f(\begin{pmatrix}x_1\\y_1\end{pmatrix} \cdots \begin{pmatrix}x_i\\y_i\end{pmatrix})$, $i = 1, \ldots, n$, der Koeffizient von 2^{i-1} im Produkt bestimmt. Schließlich wird durch $f(\begin{pmatrix}x_1\\y_1\end{pmatrix} \cdots \begin{pmatrix}x_n\\y_n\end{pmatrix}\begin{pmatrix}0\\0\end{pmatrix}^r)$ der Koeffizient von 2^{n+r-1} berechnet. Wir erkennen somit, daß f die Produktbildung der Dualzahlen $x_n \ldots x_1$ und $y_n \ldots y_1$ darstellt.

Wir nehmen nun an, daß f das Verhalten eines Moore-Automaten M ist, M also das Produkt von Dualzahlen berechnen kann. M muß X als Eingabemenge und Y als Ausgabemenge besitzen. Ohne Beschränkung der Allgemeinheit sei z_0 ein Zustand mit $M_{z_0} = f$. Der Automat M besitze r Zustände. Es sei $r' > r$, und wir betrachten $2^{r'} 2^{r'} = 2^{2r'}$. Dann muß

$$M_{z_0}(\begin{pmatrix}0\\0\end{pmatrix}^{r'}\begin{pmatrix}1\\1\end{pmatrix}\begin{pmatrix}0\\0\end{pmatrix}^{j}) = \begin{cases} 1, & \text{falls } j = r' \\ 0 & \text{sonst} \end{cases}$$

gelten, da genau für $j = r'$ der Koeffizient von $2^{2r'}$ im Produkt bestimmt wird, der in diesem Fall gleich 1 ist. Wir setzen $z'_j = \delta^*(z_0, \begin{pmatrix}0\\0\end{pmatrix}^{r'}\begin{pmatrix}1\\1\end{pmatrix}\begin{pmatrix}0\\0\end{pmatrix}^{j})$. Für $j < r'$ ergibt sich dann

$$M_{z'_j}(\begin{pmatrix}0\\0\end{pmatrix}^k) = \beta(\delta^*(z'_j, \begin{pmatrix}0\\0\end{pmatrix}^k)) = \beta(\delta^*(\delta^*(z_0, \begin{pmatrix}0\\0\end{pmatrix}^{r'}\begin{pmatrix}1\\1\end{pmatrix}\begin{pmatrix}0\\0\end{pmatrix}^{j}), \begin{pmatrix}0\\0\end{pmatrix}^k))$$

$$= M_{z_0}(\begin{pmatrix}0\\0\end{pmatrix}^{r'}\begin{pmatrix}1\\1\end{pmatrix}\begin{pmatrix}0\\0\end{pmatrix}^{j+k}) = \begin{cases} 1, & \text{falls } k = r' - j \\ 0 & \text{sonst.} \end{cases}$$

Daraus folgt, daß für alle $j = 0, 1, \ldots, r' - 1$ die Verhaltensfunktionen $M_{z'_j}$ paarweise verschieden sind. Somit sind auch die Zustände $z'_0, \ldots, z'_{r'-1}$ paarweise verschieden, d.h., M besitzt mindestens $r' > r$ Zustände. Dies steht im Widerspruch zur Annahme über die Anzahl der Zustände von M. Das Produkt von zwei beliebigen Zahlen kann also von keinem Moore-Automaten berechnet werden. □

Beispiel 2.6: Gegeben sei die Funktion $f : \{a, b\}^* \to \{0, 1\}$ mit

$$f(w) = \begin{cases} 1, & \text{falls } w = a^n b a^n, n \in I\!N \\ 0 & \text{sonst.} \end{cases}$$

Wir nehmen an, daß es einen Moore-Automaten $M = (Z, X, Y, \delta, \beta)$ gibt mit $|Z| < \infty$ und $M_{z_0} = f$. Ohne Beschränkung der Allgemeinheit gelte $Z =$

2. Endliche Automaten

$\{z_0, \ldots, z_r\}$, $r \in \mathbb{N}$. Wir nehmen weiter an, daß $i, j \in \mathbb{N}$, $i \neq j$, existieren mit $\delta^*(z_0, a^i) = \delta^*(z_0, a^j)$. Damit erhalten wir

$$\delta^*(z_0, a^i b a^i) = \delta^*(\delta^*(z_0, a^i), b a^i) = \delta^*(\delta^*(z_0, a^j), b a^i) = \delta^*(z_0, a^j b a^i).$$

Nach der Definition von $f = M_{z_0}$ folgt dann jedoch

$$1 = M_{z_0}(a^i b a^i) = \beta(\delta^*(z_0, a^i b a^i)) = \beta(\delta^*(z_0, a^j b a^i)) = M_{z_0}(a^j b a^i) = 0,$$

ein Widerspruch. Es muß also $\delta^*(z_0, a^i) \neq \delta^*(z_0, a^j)$ für alle Paare $i, j \in \mathbb{N}$, $i \neq j$, gelten. Für $|Z| < \infty$ ist diese Bedingung nach dem Schubfachprinzip jedoch nicht erfüllbar. Folglich ist f durch keinen endlichen Moore-Automaten realisierbar. □

2.3 Reduktion von Automaten

Wie bei Schaltnetzen ist man auch bei Moore-Automaten daran interessiert, Verhaltensfunktionen mit möglichst geringem Aufwand zu realisieren. Als Maß der Komplexität kann die Anzahl der Zustände verwendet werden.

Definition 2.8: Es sei $S \neq \emptyset$ eine Menge, auf der eine Relation $\equiv$ erklärt ist. Das bedeutet, daß für je zwei Elemente $x, y \in S$ feststeht, ob $x \equiv y$ gilt oder nicht. Diese Relation heißt *Äquivalenzrelation*, wenn für alle $x, y, z \in S$ die folgenden Bedingungen erfüllt sind:
 (a) $x \equiv x$ (Reflexivität).
 (b) Aus $x \equiv y$ folgt $y \equiv x$ (Symmetrie).
 (c) Aus $x \equiv y$ und $y \equiv z$ folgt $x \equiv z$ (Transitivität).
Dann heißt $[x]_\equiv = \{y \mid y \in S \land y \equiv x\}$ die *Äquivalenzklasse von x modulo* $\equiv$ und $S/\equiv \ = \{[x]_\equiv \mid x \in S\}$ die *Faktormenge von S*. Falls keine Verwechslung möglich ist, schreibt man auch $[x]$ statt $[x]_\equiv$. □

Um den Begriff der Äquivalenzklasse zu verdeutlichen, betrachten wir zunächst ein bekanntes Beispiel der Zahlentheorie.

Beispiel 2.7: Es sei $\mathbb{Z}$ die Menge der ganzen Zahlen. Für ein festes $k \in \mathbb{N}$ wollen wir eine Äquivalenzrelation $\equiv_k$ auf $\mathbb{Z}$ definieren. Für $a, b \in \mathbb{Z}$ setzen wir $a \equiv_k b$, falls ein $y \in \mathbb{Z}$ existiert mit $a - b = k \cdot y$. Offenbar gilt $a - a = k \cdot 0$, also $a \equiv_k a$. Für $a \equiv_k b$ gibt es nach Definition von $\equiv_k$ ein $y \in \mathbb{Z}$ mit $a - b = k \cdot y$. Dies ist äquivalent zu $b - a = k \cdot (-y)$, und es folgt $b \equiv_k a$. Gilt $a \equiv_k b$ und $b \equiv_k c$, so erhalten wir $a - b = k \cdot y_1$ und $b - c = k \cdot y_2$ für geeignete $y_1, y_2 \in \mathbb{Z}$. Durch Addition der beiden Gleichungen ergibt sich $a - c = k \cdot (y_1 + y_2)$. Nach Definition der Relation $\equiv_k$ bedeutet dies $a \equiv_k c$. Insgesamt ist also $\equiv_k$ eine Äquivalenzrelation auf $\mathbb{Z}$. Wir schreiben statt $a \equiv_k b$

auch $a \equiv b \bmod k$. Mit $\mathbb{Z}_k = \mathbb{Z}_{\equiv_k} = \{[0], [1], \ldots, [k-1]\}$ bezeichnen wir die Menge der Äquivalenzklassen modulo k. □

Das folgende Beispiel dient der Vorbereitung des Reduktionsbegriffs von Moore-Automaten.

Beispiel 2.8: Wir geben einen Moore-Automaten M an, dessen Verhaltensfunktionen auch durch einen anderen Moore-Automaten $\hat{M}$ mit weniger Zuständen zu berechnen sind. Der Automat M soll also auf einen Automaten $\hat{M}$ mit demselben Verhalten reduziert werden. Wir betrachten M:

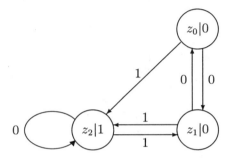

Es gilt $M_z = \beta \circ \delta^*(z, -)$ (siehe Definition 2.6). Wir erhalten

$$M_{z_0}(w) = \begin{cases} 1, & \text{falls } w \text{ eine ungerade Anzahl des Symbols 1 enthält} \\ 0 & \text{sonst} \end{cases}$$

sowie $M_{z_1} = M_{z_0}$ und $M_{z_2} = 1 - M_{z_0}$. Obwohl drei Zustände vorhanden sind, gibt es nur zwei verschiedene Verhaltensfunktionen. Daher ist es naheliegend, Zustände mit dem gleichen Verhalten zu verschmelzen. Dies sind die Zustände z_0 und z_1. Der so gewonnene reduzierte Automat $\hat{M}$ ist durch den folgenden Zustand-Ausgabe-Graphen bestimmt:

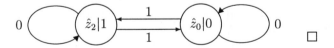

Diese in Beispiel 2.8 durchgeführte Reduktion wollen wir allgemein untersuchen. Unser Ziel ist es, für jeden Automaten M einen reduzierten Automaten $\hat{M}$ zu konstruieren, der unter allen Automaten, die dieselben Verhaltensfunktionen wie M und $\hat{M}$ haben, eine minimale Anzahl von Zuständen besitzt.

Definition 2.9: Es sei $M = (Z, X, Y, \delta, \beta)$ ein Moore-Automat, und es seien $z_1, z_2 \in Z$. z_1 heißt *äquivalent zu* z_2 ($z_1 \sim z_2$), wenn $M_{z_1} = M_{z_2}$ gilt. □

Es ist sofort einzusehen, daß „$\sim$" eine Äquivalenzrelation ist.

2. Endliche Automaten

Satz 2.4: Es sei $M = (Z, X, Y, \delta, \beta)$ ein Moore-Automat, und $\sim$ sei die Relation gemäß Definition 2.9. Falls $z_1 \sim z_2$ gilt, dann folgt $\delta(z_1, x) \sim \delta(z_2, x)$ und $\beta(z_1) = \beta(z_2)$ für alle $x \in X$.

Beweis: Die Relation $z_1 \sim z_2$ ist nach Definition 2.9 äquivalent zu $M_{z_1} = M_{z_2}$ und damit auch zu $M_{z_1}(w) = M_{z_2}(w)$ für alle $w \in X^*$. Zum Beweis von $\delta(z_1, x) \sim \delta(z_2, x)$ wählen wir ein beliebiges $x \in X$. Dann gilt $M_{z_1}(xw') = M_{z_2}(xw')$ für alle $w' \in X^*$. Mit Hilfe von Satz 2.1 ergibt sich damit

$$\begin{aligned} M_{\delta(z_1,x)}(w') &= \beta(\delta^*(\delta(z_1, x), w')) = \beta(\delta^*(z_1, xw')) \\ &= M_{z_1}(xw') = M_{z_2}(xw') = \beta(\delta^*(z_2, xw')) \\ &= \beta(\delta^*(\delta(z_2, x), w')) = M_{\delta(z_2,x)}(w') \end{aligned}$$

für alle $w' \in X^*$. Folglich ist $\delta(z_1, x) \sim \delta(z_2, x)$ erfüllt. Außerdem erhalten wir

$$\beta(z_1) = \beta(\delta^*(z_1, \varepsilon)) = M_{z_1}(\varepsilon) = M_{z_2}(\varepsilon) = \beta(\delta^*(z_2, \varepsilon)) = \beta(z_2). \quad \square$$

Dieser Satz erlaubt uns, die folgende Definition anzugeben.

Definition 2.10: Es sei $M = (Z, X, Y, \delta, \beta)$ ein Moore-Automat und $\sim$ die Relation gemäß Definition 2.9. Dann heißt

$$\hat{M} = (\hat{Z}, X, Y, \hat{\delta}, \hat{\beta}) \quad \text{mit} \quad \hat{Z} = Z/\sim$$

der *zu M reduzierte Moore-Automat*, wenn die Abbildungen $\hat{\delta} : \hat{Z} \times X \to \hat{Z}$ und $\hat{\beta} : \hat{Z} \to Y$ durch

$$\hat{\delta}([z], x) = [\delta(z, x)] \quad \text{und} \quad \hat{\beta}([z]) = \beta(z)$$

für $z \in Z, x \in X$ gegeben sind. $\quad \square$

Durch $[z]$ wird die Äquivalenzklasse von z modulo $\sim$ bezeichnet. Aufgrund von Satz 2.4 gelten für $z_1 \neq z_2$ mit $[z_1] = [z_2]$ die Gleichungen $\beta(z_1) = \beta(z_2)$ und $[\delta(z_1, x)] = [\delta(z_2, x)]$ für alle $x \in X$, so daß die Angabe von $\hat{\delta}$ und $\hat{\beta}$ in Definition 2.10 wohldefiniert ist.

Satz 2.5: Es sei $M = (Z, X, Y, \delta, \beta)$ ein Moore-Automat und $\hat{M} = (\hat{Z}, X, Y, \hat{\delta}, \hat{\beta})$ der zu M reduzierte Automat. Dann gilt $\hat{M}_{[z]} = M_z$ für alle $z \in Z$.

Beweis: Wir müssen zeigen, daß $\hat{M}_{[z]}(w) = M_z(w)$ für alle $w \in X^*$ gilt. Der Beweis erfolgt durch vollständige Induktion über $|w|$. Für $w = \varepsilon$ gilt

$$\hat{M}_{[z]}(\varepsilon) = \hat{\beta}([z]) = \beta(z) = M_z(\varepsilon).$$

Weiter sei $w' = xw$ mit $x \in X$, $w \in X^*$. Dann erhalten wir unter Benutzung von Satz 2.1 und der Induktionsvoraussetzung

$$\begin{aligned}\hat{M}_{[z]}(xw) &= \hat{\beta}(\hat{\delta}^*([z], xw)) = \hat{\beta}(\hat{\delta}^*(\hat{\delta}([z], x), w)) \\ &= \hat{\beta}(\hat{\delta}^*([\delta(z,x)], w)) = \hat{M}_{[\delta(z,x)]}(w) = M_{\delta(z,x)}(w) \\ &= \beta(\delta^*(\delta(z,x), w)) = \beta(\delta^*(z, xw)) = M_z(xw). \quad \Box\end{aligned}$$

Dieser Satz sagt aus, daß ein Moore-Automat und der zu ihm reduzierte Automat dieselben Verhaltensfunktionen berechnen und somit dasselbe leisten. In diesem Sinn sind sie als äquivalent aufzufassen. Aus Satz 2.5 folgt sofort

Satz 2.6: Es sei $M = (Z, X, Y, \delta, \beta)$ ein Moore-Automat und $\hat{M} = (\hat{Z}, X, Y, \hat{\delta}, \hat{\beta})$ der zu M reduzierte Automat. In $\hat{M}$ sind keine verschiedenen Zustände äquivalent.

Beweis: Aus $\hat{M}_{[z_1]} = \hat{M}_{[z_2]}$ folgt nach Satz 2.5 die Gleichung $M_{z_1} = M_{z_2}$. Nach Definition 2.9 ist also $z_1 \sim z_2$, und somit gilt $[z_1] = [z_2]$. $\quad \Box$

Satz 2.5 und Satz 2.6 gelten auch für Moore-Automaten mit unendlicher Zustandszahl.

Die Definition 2.10 ist nicht unmittelbar geeignet, den reduzierten Automaten $\hat{M}$ eines gegebenen Moore-Automaten M zu konstruieren. Beim Übergang von M zu $\hat{M}$ müssen die Zustände verschmolzen werden, die äquivalent sind, die also nach Definition 2.9 nicht unterscheidbar sind bezüglich beliebig langer Wörter. Um einen Algorithmus zur Reduktion von Moore-Automaten anzugeben, müssen wir diesen unendlichen Test auf ein endliches Problem zurückführen. Wir betrachten daher zunächst solche Zustände, die für Wörter der Länge $\leq k$ nicht unterscheidbar sind.

Definition 2.11: Es sei $M = (Z, X, Y, \delta, \beta)$ ein Moore-Automat, $k \in \mathbb{N}_0$ und $z_1, z_2 \in Z$. z_1 und z_2 heißen *k-äquivalent* ($z_1 \sim_k z_2$), wenn $M_{z_1}(w) = M_{z_2}(w)$ für alle $w \in X^*$ mit $|w| \leq k$ gilt. $\quad \Box$

Aus der Definition ergibt sich als Folgerung

Satz 2.7: Es sei $M = (Z, X, Y, \delta, \beta)$ ein Moore-Automat.
(a) Es gilt $z_1 \sim_0 z_2$ genau dann, wenn $\beta(z_1) = \beta(z_2)$ ist.
(b) Es seien $k, k' \in \mathbb{N}$, $k' \geq k$. Aus $z_1 \sim_{k'} z_2$ folgt dann $z_1 \sim_k z_2$.
(c) Es sei $k \in \mathbb{N}$ und $Z_k = Z/\sim_k$, wobei die Elemente von Z_k durch $[z]_k = \{z' \mid z' \sim_k z\}$ definiert sind. Für $k' \geq k$ läßt sich eine surjektive Abbildung $Z_{k'} \to Z_k$ durch $[z]_{k'} \mapsto [z]_k$ festlegen.

2. Endliche Automaten

Beweis: (a) und (b) sind unmittelbar einsichtig. Nach (b) ist dann aber auch die Festlegung der Abbildung in (c) wohldefiniert und surjektiv. □

Satz 2.8: Es gilt $z_1 \sim_{k+1} z_2$ genau dann, wenn $z_1 \sim_k z_2$ sowie $\delta(z_1, x) \sim_k \delta(z_2, x)$ für alle $x \in X$ gilt.

Beweis: $z_1 \sim_{k+1} z_2$ ist äquivalent mit $M_{z_1}(w) = M_{z_2}(w)$ für alle $w \in X^*$, $|w| \leq k+1$. Dies ist damit gleichwertig, daß $M_{z_1}(w') = M_{z_2}(w')$ und $M_{z_1}(xw') = M_{z_2}(xw')$ für alle $x \in X$, $w' \in X^*$, $|w'| \leq k$ gilt, was offenbar wegen

$$M_{z_i}(xw') = \beta(\delta^*(z_i, xw')) = \beta(\delta^*(\delta(z_i, x), w')) = M_{\delta(z_i, x)}(w'), i = 1, 2,$$

genau dann der Fall ist, wenn $z_1 \sim_k z_2$ sowie $\delta(z_1, x) \sim_k \delta(z_2, x)$ für alle $x \in X$ erfüllt ist. □

Satz 2.9: Es sei $M = (Z, X, Y, \delta, \beta)$ ein Moore-Automat. Aus $Z_j = Z_{j+1}$ folgt $Z_j = Z_k$ für alle $k \geq j$ und somit $Z_j = \hat{Z}$.

Beweis: Es reicht zu zeigen, daß aus $Z_j = Z_{j+1}$ die Gleichung $Z_{j+1} = Z_{j+2}$ folgt. Nach Satz 2.7 (b) wissen wir, daß sich $z_1 \sim_{j+1} z_2$ aus $z_1 \sim_{j+2} z_2$ ergibt. Umgekehrt sei nun $z_1 \sim_{j+1} z_2$. Nach Satz 2.8 erhalten wir $z_1 \sim_j z_2$ sowie $\delta(z_1, x) \sim_j \delta(z_2, x)$ für alle $x \in X$. Da $Z_j = Z_{j+1}$ gilt, können wir die Relation $\sim_j$ durch $\sim_{j+1}$ ersetzen und auf die Gültigkeit von $z_1 \sim_{j+1} z_2$ sowie $\delta(z_1, x) \sim_{j+1} \delta(z_2, x)$ für alle $x \in X$ schließen. Nach Satz 2.8 folgt dann $z_1 \sim_{j+2} z_2$. □

Satz 2.10: Es sei $M = (Z, X, Y, \delta, \beta)$ ein Moore-Automat und $\hat{M} = (\hat{Z}, X, Y, \hat{\delta}, \hat{\beta})$ der zu M reduzierte Moore-Automat. Es gelte $|\hat{Z}| \leq n$ und $n \geq 2$. Dann ist $Z_{n-2} = \hat{Z}$.

Beweis: Es sei zunächst $Z_1 = Z_0 = \hat{Z}$. Wegen $n - 2 \geq 0$ gilt dann $Z_{n-2} = Z_0 = \hat{Z}$. Im weiteren betrachten wir den Fall $Z_1 \neq Z_0$. Es sei j das größte $j \in \mathbb{N}$ mit $Z_j \neq Z_{j-1}$. Nach Satz 2.9 erhalten wir $Z_j = \hat{Z}$. Zu zeigen ist $j \leq n - 2$. Wegen $Z_1 \neq Z_0$ ist $|Z_1| \geq |Z_0| + 1$, da mindestens eine Äquivalenzklasse aufgespalten wird. Allgemein folgt dann

$$|Z_j| \geq |Z_{j-1}| + 1 \geq |Z_0| + j.$$

Aus $n \geq |\hat{Z}| \geq |Z_j|$ ergibt sich $n \geq |Z_0| + j$, also $j \leq n - |Z_0|$. Falls $|Z_0| = 1$ ist, haben alle Zustände die gleiche Ausgabe. Sie sind somit äquivalent, und es folgt $Z_0 = \hat{Z} = Z_1$, ein Widerspruch zu $Z_0 \neq Z_1$. Es muß also $|Z_0| \geq 2$ gelten. Dafür erhalten wir sofort $j \leq n - 2$. □

Die Sätze 2.8 bis 2.10 dienen als Grundlage des Reduktionsalgorithmus. Aufgrund von Satz 2.10 endet er spätestens mit der Konstruktion von Z_{n-2}.

2.3 Reduktion von Automaten

Reduktionsalgorithmus: (endet mit Schritt $n - 2$, falls $|\hat{Z}| \leq n$)

Schritt 0:
Konstruktion von Z_0: Alle Zustände mit der gleichen Ausgabe kommen in jeweils dieselbe Klasse (die Elemente einer solchen Klasse sind 0-äquivalent). Falls $|Z_0| = |Z|$ ist, sind alle Zustände äquivalent. Dann gilt $Z = \hat{Z}$, und der Algorithmus stoppt. Anderenfalls folgt Schritt 1.

Schritt $r + 1$:
Konstruktion von Z_{r+1}: Es seien $S_1^{(r)}, \ldots, S_p^{(r)}$ die Elemente von Z_r, also Klassen von r-äquivalenten Elementen von Z. Es werden nach Satz 2.8 solche $S_j^{(r)}$ weiter unterteilt, die Zustände z_i, z_k enthalten mit $\delta(z_i, x) \in S_l^{(r)}$, $\delta(z_k, x) \in S_m^{(r)}$, $l \neq m$, für ein $x \in X$. Die Unterteilung erfolgt so, daß diese Zustände in verschiedene neue Klassen kommen. Falls kein $S_j^{(r)}$ unterteilt wird, gilt nach Satz 2.9 $\hat{Z} = Z_r$, und der Algorithmus stoppt. Anderenfalls bilden die neuen Klassen $T_1^{(r+1)}, \ldots, T_{p'}^{(r+1)}$, deren Elemente $(r + 1)$-äquivalent sind, ein neues Z_{r+1}, und es folgt Schritt $r + 2$. □

Hat der zu reduzierende Automat n Zustände, so besitzt auch der reduzierte Automat höchstens n Zustände. Der Algorithmus benötigt somit höchstens $n - 2 + 1 = n - 1$ Schritte.

Zum Abschluß wollen wir noch einige Überlegungen zum Aufwand des obigen Reduktionsalgorithmus durchführen. Es sei $\mathbb{R}^+$ die Menge der reellen Zahlen ≥ 0.

Definition 2.12: Es seien $f, g : \mathbb{N} \to \mathbb{R}^+$ Funktionen. Es gilt $f(n) = O(g(n))$ (kurz $f = O(g)$), wenn $c_1, c_2 \in \mathbb{R}$ mit $c_1, c_2 > 0$ und ein $n_0 \in \mathbb{N}$ existieren, so daß für alle $n \in \mathbb{N}$ mit $n \geq n_0$ die Ungleichung

$$f(n) \leq c_1 \cdot g(n) + c_2$$

erfüllt ist. □

Wir nehmen an, daß n die Anzahl der Zustände des gegebenen Automaten ist. Zu jedem der Schritte des Algorithmus sind $p \leq n$ Klassen $S_j^{(r)}$ zu überprüfen. In jeder Klasse werden höchstens $|X| \cdot n^2$ Zustände verglichen. Es werden aber auch höchstens $n - 1$ Schritte des Algorithmus durchgeführt. Das bedeutet, daß bei festem X insgesamt $O(n^4)$ Vergleiche vorgenommen werden. Dies ist offensichtlich eine sehr großzügige „worst-case"-Abschätzung. Auf jeden Fall wird der Rechenaufwand durch ein Polynom in n nach oben abgeschätzt.

Mit diesen Überlegungen sind wir kurz auf ein Komplexitätsmaß für Algorithmen eingegangen, nämlich auf die Anzahl der Einzelschritte bei einer Berechnung. Dieses steht natürlich mit dem Komplexitätsmaß der Zeit in engem

2. Endliche Automaten

Zusammenhang. Ein anderes Komplexitätsmaß ist zum Beispiel der Speicherplatz, den man zur Ausführung eines Algorithmus benötigt. Auf Fragen der Komplexität werden wir in Kapitel 7 noch ausführlich eingehen.

3. Turingmaschinen

Wir haben im vorangegangenen Kapitel gesehen, daß Mealy- und Moore-Automaten nur beschränkte Fähigkeiten haben. So gibt es z.B. keinen Automaten, der das Produkt zweier beliebiger Dualzahlen berechnen kann (Beispiel 2.5). Auch andere einfache Probleme können von Moore- oder Mealy-Automaten nicht bearbeitet werden. Um solche Probleme zu lösen, sind allgemeinere Rechnermodelle erforderlich. Wir werden in diesem Kapitel Turingmaschinen betrachten. Sie stellen eines der verschiedenen äquivalenten Modelle dar, die den Begriff der Berechenbarkeit formalisieren. Ein weiteres solches Modell sind die μ-rekursiven Funktionen, die wir in Kapitel 4 kennenlernen werden.

3.1 Definitionen

Definition 3.1: Ein 4-Tupel $T = (Z, X, \delta, z_0)$ heißt *Turingmaschine*, wenn
  (a) Z eine endliche nichtleere Menge (*Zustandsmenge*),
  (b) X eine endliche nichtleere Menge (*Bandalphabet, Eingabealphabet*),
  (c) $\delta : Z \times \bar{X} \to Z \times (\bar{X} \cup \{l, r, s\})$ eine Abbildung (*lokale Überführungsfunktion, Überführungsabbildung*) mit $\bar{X} = X \cup \{b\}$ ist, wobei $b \notin X$ gilt ($b \neq \varepsilon$ heißt *Blankzeichen, Leerzeichen* oder *uneigentliches Symbol*), und
  (d) $z_0 \in Z$ der *Startzustand* oder *Anfangszustand* ist. □

Wir sagen, daß die Turingmaschine aus Definition 3.1 *vollständig* ist, da zu jedem Zustand z und zu jedem Bandsymbol x ein Wert unter der Abbildung δ festgelegt und somit eine Überführung bestimmt ist. Da es auch nur genau einen Wert $\delta(z, x)$ gibt, ist sie auch *deterministisch*. Im Anschluß an Definition 3.2 wird die Arbeitsweise anschaulich beschrieben.

Definition 3.1 ist eine von vielen Möglichkeiten, eine Turingmaschine anzugeben. Es gibt Modifikationen, die nicht mehr vollständig oder deterministisch sind oder eine andere Anzahl von Bändern haben. Bezüglich ihrer prinzipiellen Fähigkeiten sind jedoch diese verschiedenen Modelle gleich. In Abschnitt 3.3 werden wir einige von ihnen betrachten.

Definition 3.2: Es sei $T = (Z, X, \delta, z_0)$ eine Turingmaschine. Die *Turingtafel* von T wird wie folgt gegeben:
  (a) Es sei $X = \{a_1, \ldots, a_m\}$. Für alle $z \in Z$ bilde man eine vierspaltige,

3. Turingmaschinen

($m+1$)-zeilige Matrix

$$\begin{array}{cccc} z & b & z_{i_0} & a'_0 \\ z & a_1 & z_{i_1} & a'_1 \\ \cdot & & & \\ \cdot & & & \\ \cdot & & & \\ z & a_m & z_{i_m} & a'_m \end{array}$$

Dabei gelte $z_{i_j} \in Z$, $0 \leq j \leq m$, $a'_k \in \bar{X} \cup \{l,r,s\}$, $0 \leq k \leq m$, mit $\delta(z,b) = (z_{i_0}, a'_0)$ und $\delta(z, a_k) = (z_{i_k}, a'_k)$.

(b) Die Turingtafel von T besteht aus allen $|Z|$ untereinander geschriebenen Matrizen nach (a), wobei die erste die durch den Startzustand z_0 definierte Matrix ist. □

Offenbar ist die Beschreibung einer Turingmaschine durch das 4-Tupel $T = (Z, X, \delta, z_0)$ äquivalent zu der durch eine Turingtafel.

Man kann eine Turingmaschine interpretieren als ein Gerät, das einen Lese- und Schreibkopf hat sowie ein Band, das in numerierte Felder unterteilt und nach beiden Seiten unendlich ist. Der Lese- und Schreibkopf steht jeweils über einem Feld (Arbeitsfeld) des Bandes, das mit einem Symbol $x \in \bar{X}$ beschrieben ist.

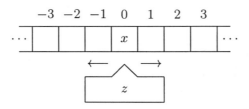

Befindet sich die Turingmaschine im Zustand z, so kann ihre nächste Aktion aus der mit $z\ x$ beginnenden Zeile der Turingtafel entnommen werden. Die Zeile $z\ x\ z'\ a$ der Matrix bedeutet, daß beim Lesen von x im Zustand z die Turingmaschine in den Zustand z' übergeht und dabei
  – für $a \in \bar{X}$ das Arbeitsfeld mit a beschreibt,
  – für $a = l$ einen Schritt nach links geht,
  – für $a = r$ einen Schritt nach rechts geht,
  – für $a = s$ stoppt und die Arbeit beendet.

Die Arbeit der Turingmaschine beginnt im Startzustand z_0. Zur formalen Beschreibung der Arbeitsweise dienen die folgenden Definitionen. Zunächst charakterisieren wir die Beschriftungen der Felder.

Definition 3.3: Es sei $T = (Z, X, \delta, z_0)$ eine Turingmaschine. Eine Abbildung $\beta: \mathbb{Z} \to \bar{X}$ heißt *Bandfunktion* der Turingmaschine T. Dabei ist $\beta(x)$ der *Inhalt des Feldes* x und $\Gamma(\beta) = \{(k, \beta(k)) \mid k \in \mathbb{Z}\}$ die *Bandinschrift*. □

Durch $\Gamma(\beta)$ ist die zugehörige Bandfunktion vollständig beschrieben. Im folgenden werden wir nur solche Bandfunktionen betrachten, für die

$$|\{(k, \beta(k)) \mid k \in \mathbb{Z} \wedge \beta(k) \neq b\}| < \infty$$

gilt. Das bedeutet, daß bei allen Bändern von Turingmaschinen nur endlich viele Felder mit Zeichen beschriftet sind, die verschieden von dem Blankzeichen b sind.

Definition 3.4: Es sei $T = (Z, X, \delta, z_0)$ eine Turingmaschine und β eine Bandfunktion von T.
(a) $K = (n, \Gamma(\beta), z)$ heißt *Konfiguration von T*, wenn $n \in \mathbb{Z}$ (Nummer des Arbeitsfeldes), $\Gamma(\beta)$ eine Bandinschrift und $z \in Z$ ist.
(b) $K = (n, \Gamma(\beta), z)$ heißt *Anfangskonfiguration*, wenn $z = z_0$ und $n = 0$ ist.
(c) $K = (n, \Gamma(\beta), z)$ heißt *Endkonfiguration*, wenn $z\, \beta(n)\, z'\, s$ eine Zeile der Turingtafel von T ist mit $z, z' \in Z$. $\square$

Die Anfangskonfiguration gibt die Beschriftung des Bandes und den Zustand z_0 zu Beginn der Arbeit der Turingmaschine an. Man beachte, daß bei einer Endkonfiguration $(n, \Gamma(\beta), z)$ noch ein weiterer Zustandsübergang nach z' erfolgt und danach die Arbeit beendet wird. Die Ausführung eines Schrittes der Turingmaschine, d.h. die einmalige Anwendung der Abbildung δ, bewirkt den Übergang von einer Konfiguration in die Folgekonfiguration:

Definition 3.5: Es sei T eine Turingmaschine und $K = (n, \Gamma(\beta), z)$ eine Konfiguration von T. $K' = (n', \Gamma(\beta'), z')$ heißt *Folgekonfiguration von K*, wenn gilt:

(a) $\quad n' = \begin{cases} n, & \text{falls } z\, \beta(n)\, z'\, d \text{ eine Zeile der Turingtafel ist} \\ & \quad \text{mit } d \neq r, d \neq l \\ n+1, & \text{falls } z\, \beta(n)\, z'\, r \text{ eine Zeile der Turingtafel ist} \\ n-1, & \text{falls } z\, \beta(n)\, z'\, l \text{ eine Zeile der Turingtafel ist.} \end{cases}$

(b) $\quad \Gamma(\beta') = \begin{cases} (\Gamma(\beta) - \{(n, \beta(n))\}) \cup \{(n, v)\}, & \text{falls } z\, \beta(n)\, z'\, v \text{ Zeile der} \\ & \quad \text{Turingtafel ist mit} \\ & \quad v \notin \{l, r, s\} \\ \Gamma(\beta) & \text{sonst.} \end{cases}$

(c) z' ergibt sich als dritte Komponente der einzigen mit $z\, \beta(n)$ beginnenden Zeile der Turingtafel von T. $\square$

Eine Folgekonfiguration ist, da eine Turingmaschine nach Definition 3.1 vollständig und deterministisch ist, immer eindeutig bestimmt.

Nur in endlich vielen Feldern des Bandes einer Turingmaschine stehen zu jedem Zeitpunkt der Arbeit Zeichen, die keine Blankzeichen sind. Trotzdem

3. Turingmaschinen

können im Laufe der Zeit beliebig viele Felder mit Nichtblankzeichen beschrieben werden. Manchmal wird diese „potentielle Unendlichkeit" des Bandes dadurch hervorgehoben, daß man annimmt, daß das Band eine endliche Länge hat und es nur bei Bedarf an den Enden um jeweils ein mit dem Blankzeichen beschriebenes Feld erweitert wird.

3.2 Beispiele für Turingmaschinen und ihre Zusammensetzbarkeit

Wir werden jetzt einige einfache Turingmaschinen angeben. Zum einen wollen wir dadurch die Arbeitsweise von Turingmaschinen besser kennenlernen und verstehen, zum anderen werden wir diese Turingmaschinen später bei komplexeren Problemen benötigen.

Beispiel 3.1: Die *Linksmaschine* $l = (\{z_0, z_1\}, X, \delta, z_0)$ mit der Turingtafel

$$\begin{array}{cccc} z_0 & b & z_1 & l \\ z_0 & a_1 & z_1 & l \\ & \cdot & & \\ & \cdot & & \\ z_0 & a_n & z_1 & l \\ z_1 & b & z_1 & s \\ & \cdot & & \\ & \cdot & & \\ z_1 & a_n & z_1 & s \end{array}$$

bewegt den Kopf einen Schritt nach links, ändert dabei den Zustand und bleibt dann stehen. Die *Rechtsmaschine* $r = (\{z_0, z_1\}, X, \delta, z_0)$ ist entsprechend definiert. Dabei wird in der Tafel die Linksbewegung l in der letzten Spalte durch die Rechtsbewegung r ersetzt. □

Beispiel 3.2: Es sei $X = \{a_1, \ldots, a_n\}$ und $a_0 = b$. Für jedes i, $i = 0, \ldots, n$, definieren wir die *Schreibmaschine* $\mathbf{a}_i = (\{z_0\}, X, \delta, z_0)$ durch die Turingtafel

$$\begin{array}{cccc} z_0 & b & z_0 & a_i \\ z_0 & a_1 & z_0 & a_i \\ & \cdot & & \\ & \cdot & & \\ z_0 & a_{i-1} & z_0 & a_i \\ z_0 & a_i & z_0 & s \\ z_0 & a_{i+1} & z_0 & a_i \\ & \cdot & & \\ & \cdot & & \\ z_0 & a_n & z_0 & a_i. \end{array}$$

3.2 Beispiele für Turingmaschinen und ihre Zusammensetzbarkeit

Sie beschreibt offenbar das Arbeitsfeld mit a_i und bleibt dann stehen. Man beachte, daß es auch die Schreibmaschine **b** gibt. □

Turingmaschinen können sich gegenseitig simulieren. Dies wird in der folgenden Definition exakt ausgedrückt.

Definition 3.6: Es seien T_1 und T_2 Turingmaschinen. T_1 und T_2 heißen *äquivalent*, wenn folgendes gilt: Beginnen T_1 und T_2 mit der gleichen beliebigen Bandinschrift $\Gamma(\beta)$ und auf dem gleichen Anfangsfeld i, so erreicht T_1 genau dann eine Endkonfiguration $(j, \Gamma(\beta'), z')$, wenn T_2 eine Endkonfiguration $(j, \Gamma(\beta'), z'')$ erreicht. □

Beispiel 3.3: Die Turingmaschine T_1, die durch $\bar{X} = \{b, a_1\}$ und die Turingtafel

$$\begin{array}{cccc} z_0 & b & z_0 & a_1 \\ z_0 & a_1 & z_1 & r \\ z_1 & b & z_1 & s \\ z_1 & a_1 & z_1 & s \end{array}$$

gegeben ist, geht beim Lesen des Zeichens a_1 einen Schritt nach rechts und stoppt. Beim Lesen des Zeichens b beschreibt sie das Band mit a_1, geht anschließend einen Schritt nach rechts und stoppt dann. Diese Aktion wird auch dadurch bewirkt, daß man die Schreibmaschine $\mathbf{a}_1$ und die Rechtsmaschine **r** hintereinander ausführt. Schreibt man die Turingtafeln von $\mathbf{a}_1$ und **r** untereinander, also

$$\mathbf{a}_1 \begin{cases} z'_0 & b & z'_0 & a_1 \\ z'_0 & a_1 & z'_0 & s \end{cases} \longleftarrow z'_0 \; a_1 \; z'_1 \; a_1$$

$$\mathbf{r} \begin{cases} z'_1 & b & z'_2 & r \\ z'_1 & a_1 & z'_2 & r \\ z'_2 & b & z'_2 & s \\ z'_2 & a_1 & z'_2 & s, \end{cases}$$

und ersetzt dabei die Zeile $z'_0 \; a_1 \; z'_0 \; s$ durch die Zeile $z'_0 \; a_1 \; z'_1 \; a_1$, so entsteht die Turingtafel der gesuchten Maschine. Diese Turingmaschine notieren wir als $T_2 = \mathbf{a}_1 \mathbf{r}$. Offenbar sind die Turingmaschinen T_1 und T_2 äquivalent.

Man beachte dabei, daß wir die Zustände von $\mathbf{a}_1$ und **r** aus Beispiel 3.1 und Beispiel 3.2 abgeändert haben. Die Umbenennung der Zustände einer Turingmaschine ist immer möglich, ohne daß sich dabei die Arbeitsweise der Maschine ändert. □

Die in Beispiel 3.3 durchgeführte Komposition zweier Turingmaschinen zu einer neuen kann allgemein durchgeführt werden.

Definition 3.7: (Aufbau größerer Turingmaschinen) Es seien T_1, T_2 Turingmaschinen über $X = \{a_1, \ldots, a_n\}$. Man setze $a_0 = b$. Für $a_k \in \bar{X}, k = 0, \ldots, n$, erhält man eine neue Turingmaschine

$$T_1 \stackrel{a_k}{\rightarrow} T_2$$

als Komposition der Turingmaschinen T_1 und T_2 durch die folgende Konstruktion ihrer Turingtafel: Die Tafeln von T_1 und T_2 werden untereinander geschrieben, wobei die Zeilen der Form $z\ a_k\ z'\ s$ aus der Tafel von T_1 ersetzt werden durch $z\ a_k\ z'_0\ a_k$ mit dem Anfangszustand z'_0 von T_2. Dabei müssen ggf. die Zustände von einer der beiden Turingmaschinen so umbezeichnet werden, daß die Zustandsmengen von T_1 und T_2 disjunkt sind. □

Würde die Maschine T_1 beim Lesen eines mit a_k beschrifteten Feldes stoppen, so wird bei der Maschine $T_1 \stackrel{a_k}{\rightarrow} T_2$ der Ablauf von T_1 an T_2 übergeben. Wir können den Pfeil zwischen T_1 und T_2 weglassen, wenn eine Übergabe für alle $x \in \bar{X}$ möglich ist. Um Mißverständnisse zu vermeiden, kann die Teil-Turingmaschine, mit der die Arbeit beginnt, durch einen auf sie weisenden unmarkierten Pfeil gekennzeichnet werden (s.u., Beispiele 3.4 und 3.5).

Eine Schleife $T_1 \circlearrowleft a_k$ ist ebenfalls erlaubt. Die zugeordnete Turingtafel ergibt sich aus der von T_1, indem Zeilen $z\ a_k\ z'\ s$ durch Zeilen $z\ a_k\ z_0\ a_k$ mit dem Anfangszustand z_0 von T_1 ersetzt werden.

Beispiel 3.4: Die *große Rechtsmaschine*

$$\mathbf{R}: \rightarrow \overset{\neq b}{\underset{\curvearrowleft}{\mathbf{r}}} \stackrel{b}{\longrightarrow} \text{stop}, \quad \text{kurz} \quad \mathbf{R}: \mathbf{r} \circlearrowleft \neq b,$$

sucht, angesetzt auf ein beliebiges Feld, das erste rechts davon stehende Leerzeichen b. Analog arbeitet die *große Linksmaschine*

$$\mathbf{L} = \mathbf{l} \circlearrowleft \neq b.$$

Diese primitiven Maschinen spielen eine wichtige Rolle bei der Konstruktion komplexerer Maschinen. □

Wir geben im folgenden den Bandinhalt oder die Bandinschrift einer Turingmaschine mit Bandalphabet X häufig durch die Darstellung $\ldots bwb \ldots$ mit $w \in \bar{X}^*$ an. Das soll bedeuten, daß sich auf dem Band links und rechts von w nur noch Blankzeichen befinden. Die Nummer der jeweiligen Felder ist dadurch im Gegensatz zu Definition 3.3 nicht spezifiziert. Die Stellung des Kopfes kann zusätzlich durch Unterstreichen des Symbols, über dessen Feld der Kopf der Turingmaschine zu dem entsprechenden Zeitpunkt steht, markiert werden.

3.2 Beispiele für Turingmaschinen und ihre Zusammensetzbarkeit

Beispiel 3.5: Die *Kopiermaschine*

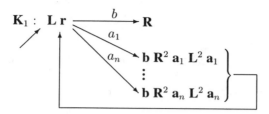

überführt $\ldots bwb\ldots$ mit $w \in X^*$ in $\ldots bwbwb\ldots$, falls sie unmittelbar rechts von w oder auf dem letzten Feld von w startet. $\mathbf{R}^2$ ist dabei eine abkürzende Schreibweise für $\mathbf{RR}$. Entsprechendes gilt für $\mathbf{L}^2$. Die Wirkung der Kopiermaschine wollen wir an einem Beispiel verdeutlichen. Die Kopiermaschine starte mit dem Bandinhalt $\ldots ba_1a_2a_1b\ldots$. Das Startfeld werde durch Unterstreichung markiert. Die Kopiermaschine beginnt also mit $\ldots ba_1a_2a_1\underline{b}\ldots$ oder $\ldots ba_1a_2\underline{a_1}b\ldots$. Die weitere Arbeit wird durch die folgende Tabelle dargestellt. Dabei wird das Kopieren eines Symbols a_i durch die Folge der Turingmaschinen $\mathbf{rbR}^2\mathbf{a}_i\mathbf{L}^2\mathbf{a}_i$ bewirkt.

Wirkung von	liefert Bandinhalt
$\mathbf{L}$	$\ldots \underline{b}a_1a_2a_1b\ldots$
$\mathbf{r}$	$\ldots b\underline{a_1}a_2a_1b\ldots$
$\mathbf{b}$	$\ldots b\underline{b}a_2a_1b\ldots$
$\mathbf{R}^2$	$\ldots bba_2a_1b\underline{b}\ldots$
$\mathbf{a}_1$	$\ldots bba_2a_1b\underline{a_1}b\ldots$
$\mathbf{L}^2$	$\ldots b\underline{b}a_2a_1ba_1b\ldots$
$\mathbf{a}_1$	$\ldots ba_{\underline{1}}a_2a_1ba_1b\ldots$
$\mathbf{r}$	$\ldots ba_1\underline{a_2}a_1ba_1b\ldots$
$\mathbf{b}$	$\ldots ba_1\underline{b}a_1ba_1b\ldots$
$\mathbf{R}^2$	$\ldots ba_1ba_1ba_1\underline{b}\ldots$
$\mathbf{a}_2$	$\ldots ba_1ba_1ba_1\underline{a_2}b\ldots$
$\mathbf{L}^2$	$\ldots ba_1\underline{b}a_1ba_1a_2b\ldots$
$\mathbf{a}_2$	$\ldots ba_1\underline{a_2}a_1ba_1a_2b\ldots$
$\mathbf{r}$	$\ldots ba_1a_2\underline{a_1}ba_1a_2b\ldots$
$\mathbf{b}$	$\ldots ba_1a_2\underline{b}ba_1a_2b\ldots$
$\mathbf{R}^2$	$\ldots ba_1a_2bba_1a_2\underline{b}\ldots$
$\mathbf{a}_1$	$\ldots ba_1a_2bba_1a_2\underline{a_1}b\ldots$
$\mathbf{L}^2$	$\ldots ba_1a_2\underline{b}ba_1a_2a_1b\ldots$
$\mathbf{a}_1$	$\ldots ba_1a_2\underline{a_1}ba_1a_2a_1b\ldots$
$\mathbf{r}$	$\ldots ba_1a_2a_1\underline{b}a_1a_2a_1b\ldots$
$\mathbf{R}$	$\ldots ba_1a_2a_1ba_1a_2a_1\underline{b}\ldots$

□

3. Turingmaschinen

Beispiel 3.6: Die *Rechts-Suchmaschine*

$$\mathbf{R}_s: \quad \mathbf{r} \circlearrowright b$$

sucht nach rechts das erste beschriftete Feld. Analog sucht die *Links-Suchmaschine*

$$\mathbf{L}_s: \quad \mathbf{l} \circlearrowright b$$

nach links das erste beschriftete Feld. Ähnlich könnten Suchmaschinen konstruiert werden, die nach links oder rechts ein Feld suchen, das ein ganz bestimmtes Element enthält. □

Beispiel 3.7: Die *linke Translationsmaschine*

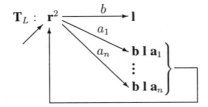

überführt $\ldots \underline{x}bwb\ldots$ für $x \in \bar{X}$ und $w \in X^+$ in $\ldots xw\underline{b}b\ldots$, d.h., sie löscht ein Zeichen b zwischen dem Arbeitsfeld und dem rechts davon stehenden Wort w. Sie schiebt also w von links an x heran. Die Wirkung der linken Translationsmaschine verdeutlichen wir am folgenden Beispiel:

$$\ldots \underline{x}ba_1a_2b\ldots \stackrel{\mathbf{r}^2}{\mapsto} \ldots xb\underline{a_1}a_2b\ldots \stackrel{\mathbf{bla}_1}{\mapsto} \ldots x\underline{a_1}ba_2b\ldots \stackrel{\mathbf{r}^2}{\mapsto} \ldots xa_1b\underline{a_2}b\ldots$$

$$\stackrel{\mathbf{bla}_2}{\mapsto} \ldots xa_1\underline{a_2}bb\ldots \stackrel{\mathbf{r}^2}{\mapsto} \ldots xa_1a_2b\underline{b}\ldots \stackrel{\mathbf{l}}{\mapsto} \ldots xa_1a_2\underline{b}b\ldots. \quad \square$$

Beispiel 3.8: Die *Verschiebemaschine*

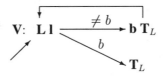

realisiert für $w_1, w_2 \in X^+$ die Überführung $\ldots bw_1bw_2\underline{b}\ldots \mapsto \ldots bw_2\underline{b}\ldots$, wobei w_2 nach links verschoben wird. Als Beispiel betrachten wir

$$\ldots ba_1a_2bw_2\underline{b}\ldots \stackrel{\mathbf{Ll}}{\mapsto} \ldots ba_1\underline{a_2}bw_2b\ldots \stackrel{\mathbf{bT}_L}{\mapsto} \ldots ba_1bw_2\underline{b}\ldots \stackrel{\mathbf{Ll}}{\mapsto} \ldots b\underline{a_1}bw_2b\ldots$$

$\overset{bT_l}{\mapsto} \ldots bbw_2\underline{b} \ldots \overset{Ll}{\mapsto} \ldots \underline{b}bw_2b \ldots \overset{T_l}{\mapsto} \ldots bw_2\underline{b} \ldots$. □

Beispiel 3.9: Die *m-Kopiermaschine* ($m \geq 1$)

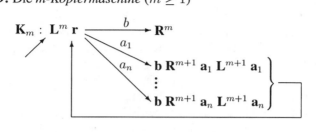

überführt für $w_1, \ldots, w_m \in X^+$ die Bandinschrift $\ldots bw_1bw_2b \ldots bw_m\underline{b} \ldots$ in $\ldots bw_1bw_2b \ldots bw_mbw_1\underline{b} \ldots$. Die Arbeitsweise ist ähnlich der aus Beispiel 3.5. Zum Kopieren von w_1 müssen hier jedoch die $m-1$ dazwischenliegenden Wörter $w_2, \ldots, w_m$ zusätzlich übersprungen werden, so daß statt der Maschinen $\mathbf{R}^2$ und $\mathbf{L}^2$ die Maschinen $\mathbf{R}^{m+1}$ und $\mathbf{L}^{m+1}$ verwendet werden. □

Als abschließendes Beispiel konstruieren wir eine Turingmaschine, die die Arbeit eines Mealy-Automaten simuliert.

Beispiel 3.10: Es sei $M = (Z, X, Y, \delta, \lambda)$ ein Mealy-Automat. Für jeden Zustand $\bar{z} \in Z$ definieren wir eine Turingmaschine $T_{\bar{z}} = (Z \cup Z', X \cup Y, \delta', \bar{z})$ durch $Z' = \{(z, x) \mid z \in Z, x \in X\}$ und $\delta'(z, x) = ((z, x), \lambda(z, x))$ sowie $\delta'((z, x), y) = (\delta(z, x), r)$ für alle $z \in Z$, $x \in X$, $y \in Y$. Außerdem gelte $\delta'(z, b) = (z, s)$, und für alle weiteren Paare $(\tilde{z}, \tilde{x}) \in (Z \cup Z') \times (X \cup Y)$ werde $\delta'(\tilde{z}, \tilde{x}) = (\tilde{z}, s)$ gesetzt. Die Turingmaschine $\mathbf{L}rT_{\bar{z}}$ überführt offenbar $\ldots bw\underline{b} \ldots$ für $w \in X^*$ in $\ldots bv\underline{b} \ldots$, wobei v die Folge der Ausgabesymbole ist, die der Mealy-Automat M, im Zustand $\bar{z}$ startend, bei Eingabe von w liefert. Ähnlich kann auch ein Moore-Automat simuliert werden. □

3.3 Modifizierte Turingmaschinen

Es gibt eine Reihe anderer Definitionen von Turingmaschinen, die an ihren prinzipiellen Möglichkeiten nichts verändern, wohl aber zu anderen Komplexitäten, z.B. bezüglich des Zeitbedarfs, führen können. Wir geben hier eine Aufstellung einiger modifizierter Turingmaschinen an. Sie werden anschaulich charakterisiert und nur in (a) und (b) vollständig angegeben.

(a) In Definition 3.1(c) werde die Abbildung δ durch eine *partielle Abbildung* $\delta: Z \times \bar{X} \to Z \times \bar{X} \times \{l, r, n\}$ ersetzt. Das bedeutet, daß δ nicht mehr für alle Elemente aus $Z \times \bar{X}$ definiert sein muß, sondern nur auf einer Teilmenge von $Z \times \bar{X}$. Im allgemeinen ist also die entsprechende Turingmaschine

3. Turingmaschinen

nicht vollständig. Ihre Turingtafel hat Zeilen des Typs

$$z\ x\ z'\ x'\ d.$$

Vom Zustand z geht die Turingmaschine beim Lesen von x in den Zustand z' über, beschreibt das Arbeitsfeld mit x', und ihr Kopf bewegt sich anschließend gemäß d. Dabei bedeutet $d = n$, daß sich der Kopf nicht bewegt. Diese Turingmaschine kann also das Beschreiben und eine Bewegung des Kopfes um ein Feld in einem Schritt durchführen, wozu die Maschine aus Definition 3.1 zwei Schritte benötigt. Ist $\delta(z, x)$ für ein Paar $(z, x) \in Z \times \bar{X}$ nicht definiert, so schreiben wir auch $\delta(z, x) = \emptyset$. Solche Paare (z, x) charakterisieren gerade eine Endkonfiguration. Es gibt dann in der zugehörigen Turingtafel keine Zeile, die mit $z\ x$ beginnt.

Wir wollen uns klarmachen, daß diese unvollständige Turingmaschine und die Turingmaschine aus Definition 3.1 sich gegenseitig simulieren, also ein vorgelegtes Band auf die gleiche Weise bearbeiten. Zu jeder Zeile der Turingtafel des einen Modells konstruieren wir die entsprechende Zeile oder Zeilen der Turingtafel des anderen Modells. Dabei müssen allerdings auch nicht vorhandene Zeilen der unvollständigen Turingmaschine, also der Fall $\delta(z, x) = \emptyset$, berücksichtigt werden. Wir gehen zunächst von einer Turingmaschine gemäß Definition 3.1 aus:

$$\begin{aligned} z\ x\ z'\ x' \text{ mit } x' \in \bar{X} &\mapsto z\ x\ z'\ x'\ n, \\ z\ x\ z'\ d \text{ mit } d \in \{r, l\} &\mapsto z\ x\ z'\ x\ d, \\ z\ x\ z'\ s &\mapsto \delta(z, x) = \emptyset. \end{aligned}$$

Das Band wird offenbar von beiden Turingmaschinen auf die gleiche Weise beschrieben. Die umgekehrte Simulation ergibt sich durch

$$\begin{aligned} z\ x\ z'\ x'\ n &\mapsto z\ x\ z'\ x', \\ z\ x\ z'\ x'\ d \text{ mit } d \in \{r, l\} &\mapsto z\ x\ z'_1\ x' \text{ und } z'_1\ x'\ z'\ d, \\ \delta(z, x) = \emptyset &\mapsto z\ x\ z\ s. \end{aligned}$$

Dabei wird für jede Zeile $z\ x\ z'\ x'\ d$ mit $d \in \{r, l\}$ ein neuer Zustand z'_1 der zu konstruierenden Turingmaschine eingeführt.

(b) Eine *nichtdeterministische Turingmaschine* erhalten wir, wenn die Abbildung δ aus Definition 3.1(c) in eine Abbildung $\delta : Z \times \bar{X} \to \mathcal{P}(Z \times (\bar{X} \cup \{l, r, s\}))$ abgeändert wird. Dabei ist $\mathcal{P}(Z \times (\bar{X} \cup \{l, r, s\}))$ die Potenzmenge von $Z \times (\bar{X} \cup \{l, r, s\})$. Die nichtdeterministische Arbeitsweise dieser Turingmaschine ist durch einen Baum der Art

3.3 Modifizierte Turingmaschinen

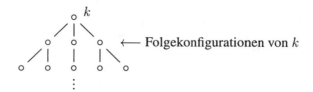
← Folgekonfigurationen von k

darstellbar. Zu einer Konfiguration dieser Maschine sind, im Gegensatz zum Fall einer vollständigen, deterministischen Turingmaschine, mehrere Folgekonfigurationen möglich. Eine Simulierung durch eine deterministische Turingmaschine erreicht man, indem man „Schicht für Schicht" alle Folgekonfigurationen verfolgt. Dabei werden auf dem Band der deterministischen Turingmaschine alle Konfigurationen der nichtdeterministischen Turingmaschine abgespeichert, die noch nicht weiterverfolgt wurden. Die Einzelheiten dieser Konstruktion sind sehr aufwendig und sollen hier nicht dargestellt werden. Eine deterministische Turingmaschine kann natürlich als spezielle nichtdeterministische Turingmaschine aufgefaßt werden.

(c) Eine *Turingmaschine mit einseitig begrenztem Band* hat ein Band der Form

| 0 | 1 | 2 | 3 | 4 | 5 | 6 | ··· |

Sie hält, wenn sie sich über den linken Rand hinaus bewegt. Sie kann durch eine Turingmaschine mit beidseitig unendlichem Band

| ··· | # | 0 | 1 | 2 | 3 | 4 | 5 | ··· |

simuliert werden, wobei die simulierende Turingmaschine hält, wenn sie links auf das Zeichen „#" trifft. Umgekehrt kann eine Turingmaschine gemäß Definition 3.1 durch eine Turingmaschine mit einseitig begrenztem Band simuliert werden. Die Zuordnung der Bänder erfolgt durch

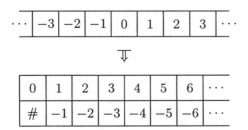

Diese Turingmaschine mit einseitig begrenztem Band besitzt ein Band, bei dem ein Feld zwei Einträge hat. Jedes Feld kann dann durch ein Element eines kartesischen Produkts von zwei Mengen dargestellt werden. Die Turingmaschine hat also ein Band mit zwei Spuren. Durch eine entsprechende Zustandskomponente kann man sich merken, ob gerade die untere oder obere Spur bearbeitet wird.

(d) Bei einer *Turingmaschine mit mehreren Bändern* bewegen sich alle Köpfe unabhängig voneinander, jedoch aufgrund der Gesamtinformation. Eine solche Turingmaschine mit drei Bändern kann durch das folgende Bild dargestellt werden.

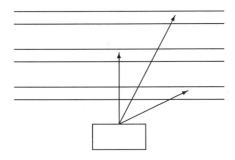

Man kann z.B. annehmen, daß die Turingmaschine insgesamt stoppt, wenn auf mindestens einem Band eine Endkonfiguration vorliegt. Eine solche Turingmaschine wird durch eine Turingmaschine der Darstellung

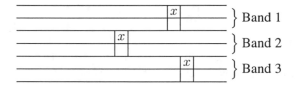

simuliert, wobei die jeweils obere Spur der drei Bänder die Kopfstellung durch ein Zeichen x markiert und die jeweils untere Spur zur Bearbeitung des ursprünglichen Bandes dient. Ein Zustand dieser Turingmaschine besteht aus einem Zustand der simulierten Turingmaschine, einem Kopfzähler und zusätzlichen Informationen. Die Maschine beginnt beim linken Kopf mit 1 als Wert des Kopfzählers. Sie läuft dann nach rechts, wobei sie das jeweilige Symbol unter x in den Zustand aufnimmt und den Kopfzähler um 1 erhöht. Beim rechten Kopf, der durch den Wert 3 des Kopfzählers identifizierbar ist, sind alle nötigen Informationen zur Simulation der oberen Turingmaschine gesammelt. Die Maschine läuft nun nach links, wobei die Operationen des jeweiligen Kopfes der oberen Turingmaschine ausgeführt werden. Beim linken Kopf erfolgt schließlich zusätzlich eine Änderung des Zustandes gemäß der simulierten Turingmaschine sowie ein Zurücksetzen des Kopfzählers auf 1. Umgekehrt kann eine Turingmaschine gemäß Definition 3.1 als eine Turingmaschine mit n Bändern aufgefaßt werden. Auf einem Band erfolgt die Arbeit wie auf der gegebenen Maschine. Die anderen Bänder und Köpfe werden nicht verändert bzw. bewegt.

(e) Eine *Turingmaschine mit mehreren Köpfen auf einem Band* wird ähnlich wie die Turingmaschine aus (d) simuliert.

(f) Bei einer *Turingmaschine mit zweidimensionalem Band* erfolgt die Bewegung des Kopfes nach links, rechts, oben oder unten. Die folgenden Überlegungen können auch auf Maschinen mit n-dimensionalem Band übertragen werden. Wir betrachten das zweidimensionale Band

	b			
b	b	x_1	b	x_2
x_3	b	b	x_4	b
b	x_5	x_6	b	x_7
	b			

(mit b links und rechts außerhalb des Rahmens)

Es wird durch ein Band $\ldots b * bbx_1bx_2 * x_3bbx_4b * bx_5x_6bx_7 * b \ldots$ einer Turingmaschine mit zwei Bändern kodiert, wobei auf dem zweiten Band vermerkt werden kann, wieviele Symbole in einer Zeile stehen. Die Bewegungen der zweidimensionalen Turingmaschine können durch solche Turingmaschinen mit zwei Bändern simuliert werden. Wird dabei z.B. außerhalb des umrandeten Teils des Bandes ein neues Zeichen x geschrieben, so müssen in der Kodierung außer x auch Blankzeichen eingefügt werden.

3.4 Turing-Berechenbarkeit

Man sagt, daß eine Funktion Turing-berechenbar ist, wenn eine Turingmaschine existiert, die für jedes Argument, für das die Funktion definiert ist, nach endlich vielen Schritten einen Funktionswert liefert. Der Funktionswert befindet sich dann in geeignet kodierter Form auf dem Band. Außer ihm können auf dem Band noch weitere Informationen stehen, z.B. Zwischenwerte oder die Argumente der Funktion. Man kann annehmen, daß zu Beginn der Arbeit der Kopf der Turingmaschine über dem ersten Blankzeichen nach der Eingabe steht. Man könnte jedoch ebenso verabreden, daß er vorn über dem ersten Nichtblankzeichen der Eingabe steht. Dies hat keine prinzipielle Bedeutung für die berechneten Funktionen.

Definition 3.8: Es sei $T = (Z, X, \delta, z_0)$ eine Turingmaschine und $n \in \mathbb{N}_0$, $\Sigma \subset X$. T berechnet eine n-stellige partielle Funktion $f : (\Sigma^*)^n \to \Sigma^*$ wie folgt. Es sei $(w_1, \ldots, w_n) \in (\Sigma^*)^n$.

3. Turingmaschinen

(a) T befindet sich zu Beginn im Zustand z_0. Der Bandinhalt ist $\ldots bw_1 b \ldots bw_n \underline{b} \ldots$ für $n \geq 1$ bzw. $\ldots \underline{b} \ldots$ für $n = 0$.

(b) Hält T nach endlich vielen Schritten, so befindet sich unmittelbar links vom Kopf immer ein Wort $xw \in X^*$ mit $w \in \Sigma^*, x \notin \Sigma$. Wir setzen $f(w_1, \ldots, w_n) = w$. Hält T nicht, so ist $f(w_1, \ldots, w_n)$ nicht definiert.

Die Funktion f heißt *Turing-berechenbar*. □

Die Turingmaschine T kann also, je nach Wahl von Σ und n, verschiedene partielle Funktionen berechnen. Für $n = 0$ wird eine 0-stellige Funktion, d.h. eine Konstante, berechnet. Auch die Forderung $\Sigma \subset X$ könnte man fallenlassen, sofern nur $b \notin \Sigma$ gilt. Wenn nämlich ein Argument Symbole enthält, die nicht zu X gehören, dann gilt der zugehörige Wert der Funktion auf diesem Argument als undefiniert.

Wir vereinbaren, daß wir bei der Berechnung zahlentheoretischer Funktionen, also partieller Funktionen $f : \mathbb{N}_0^n \to \mathbb{N}_0$, wie oft üblich die Kodierung $\varphi : \mathbb{N}_0 \to \{|\}^+$ mit $\varphi(x) = |^{x+1}$ benutzen. Da man ohne Beschränkung der Allgemeinheit für das Bandalphabet $X = \{x_1, \ldots, x_n\}$ immer $x_1 = |$ annehmen kann, berechnet gemäß Definition 3.8 jede Turingmaschine bei Festlegung von $\Sigma = \{x_1\} = \{|\}$ eine solche Funktion. Allerdings könnte zusätzlich das leere Wort ε berechnet werden. Wir verabreden, daß in diesem Fall die zugehörige zahlentheoretische Funktion nicht definiert ist. In diesem Sinn sprechen wir von Turing-berechenbaren partiellen Funktionen $f : \mathbb{N}_0^n \to \mathbb{N}_0$.

Beispiel 3.11: Die Addition $x + y$ mit $x, y \in \mathbb{N}_0$ leistet die Maschine

$$T_+ : \quad \mathbf{L} \,|\, \mathbf{R} \,\mathbf{l}\, \mathbf{b}\, \mathbf{l}\, \mathbf{b},$$

wobei $|$ die Schreibmaschine für $|$ ist. T_+ überführt $\ldots b|^{x+1} b|^{y+1} \underline{b} \ldots$ in $\ldots b|^{x+y+1} \underline{b} \ldots$. Zum Beispiel ergibt sich aus $\ldots b|||b||\underline{b} \ldots$ mit $\mathbf{L}\,|$ der Bandinhalt $\ldots b||||||\underline{b} \ldots$. Durch $\mathbf{R}$ erhält man $\ldots b||||||\underline{b} \ldots$ und mit Hilfe von $\mathbf{l}\, \mathbf{b}\, \mathbf{l}\, \mathbf{b}$ schließlich $\ldots b||||\underline{b} \ldots$. Dies entspricht der Rechnung $2 + 1 = 3$. □

Beispiel 3.12: Für $x, y \in \mathbb{N}_0$ definieren wir die Subtraktion (mit dem *Monus-Operator* $\dot{-}$)

$$x \dot{-} y = \begin{cases} x - y, & \text{falls } x > y \\ 0 & \text{sonst.} \end{cases}$$

Sie wird durch

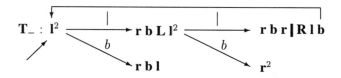

realisiert. T_- liefert, angesetzt auf $\ldots b|^{x+1}b|^{y+1}\underline{b}\ldots$, das Ergebnis, wobei in jeder Schleife ein | entfernt wird. □

Beispiel 3.13: Die Multiplikation $x \cdot y$ mit $x, y \in I\!N_0$ wird durch die Turingmaschine

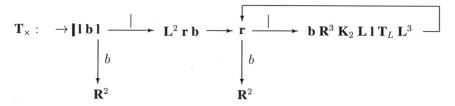

realisiert. $T_\times$ wird auf $\ldots b|^{x+1}b|^{y+1}\underline{b}\ldots$ angesetzt und liefert als Ergebnis $\ldots bwb|^{xy+1}\underline{b}\ldots$ für ein $w \in \{b, |\}^*$. Die Turingmaschine führt folgende Arbeitsgänge aus. Zunächst schreibt sie rechts von den Argumentwerten einen zusätzlichen Strich. Dann kürzt sie die Anzahl der Striche der beiden Argumentwerte jeweils um 1. Anschließend hängt sie x-mal jeweils y Striche an der rechten Seite an. Wir beschreiben nun die Arbeitsweise im einzelnen. Für $y = 0$ liefert die Turingmaschine **|lbIR**^{2} die Bandinschrift $\ldots b|^{x+1}bb|\underline{b}\ldots$, d.h., $T_\times$ hat 0 berechnet. Für $y \neq 0$ ist vor Anwendung der Rechtsmaschine **r**, die sich in der Schleife befindet, also nach Beendigung der Arbeit von **|lbIL^{2}rb**, die Bandinschrift durch $\ldots \underline{b}|^x b|^y b|b\ldots$ gegeben. Wir nehmen an, daß nach k Schleifendurchläufen, $x \geq k \geq 0$, die Bandinschrift $\ldots \underline{b}|^{x-k}b|^y b|^{ky+1}b\ldots$ lautet. Falls $x = k$ ist, führt die Anwendung von **rR**^{2} zu $\ldots b|^y b|^{xy+1}\underline{b}\ldots$, so daß die Multiplikation erfolgreich beendet wird. Anderenfalls liefert **rbR^{3}K$_2$** die Bandinschrift $\ldots b|^{x-(k+1)}b|^y b|^{ky+1}b|^y\underline{b}\ldots$, mit **LIT$_L$L^3** schließen wir einen Schleifendurchlauf ab und erhalten $\ldots \underline{b}|^{x-(k+1)}b|^y b|^{(k+1)y+1}b\ldots$. Mit jedem Durchlauf wird also der Wert von k um 1 erhöht, so daß wir insgesamt das gewünschte Ergebnis erhalten. □

Dies Beispiel zeigt zusammen mit Beispiel 3.10 und 2.5, daß Turingmaschinen leistungsfähiger als Moore- und damit auch als Mealy-Automaten sind.

In den angegebenen Beispielen bleiben nicht alle Argumentwerte erhalten. Das ist nach Definition 3.8 zulässig. Im folgenden werden wir eine standardisierte Form der Berechnung verwenden, bei der dies nicht erlaubt ist.

Definition 3.9: Es sei $n \in I\!N_0$ und $f : I\!N_0^n \to I\!N_0$ eine n-stellige partielle Funktion. f heißt *normiert Turing-berechenbar*, wenn eine Turingmaschine $T = (Z, X, \delta, z_0)$ mit $\{|\} \subset X$ existiert, für die das folgende gilt:
(a) T befindet sich zu Beginn im Zustand z_0, und bei Vorlage der Argumente $x_1, \ldots, x_n$ ist der Bandinhalt $\ldots b|^{x_1+1}b\ldots b|^{x_n+1}\underline{b}\ldots$ für $n \geq 1$ bzw. $\ldots \underline{b}\ldots$ für $n = 0$.

3. Turingmaschinen

(b) Falls $f(x_1, \ldots, x_n)$ definiert ist, stoppt T nach endlich vielen Schritten mit dem Bandinhalt

$$\ldots b|^{x_1+1} b \ldots b|^{x_n+1} b|^{f(x_1,\ldots,x_n)+1} \underline{b} \ldots$$

Die Kodierung der Argumentwerte steht in denselben Feldern wie zu Beginn der Berechnung. Die rechts vom Arbeitsfeld stehenden Felder sind leer. Bei der Berechnung geht T nicht über das mit b beschriftete Feld links vom Argument hinaus. Falls $f(x_1, \ldots, x_n)$ nicht definiert ist, hält T nicht. □

Die normierte Turing-Berechenbarkeit hat in Beweisen viele Vorteile, wie wir vor allem in Kapitel 4 sehen werden. Es ist einer Turingmaschine jedoch im allgemeinen nicht anzusehen, ob sie eine Funktion normiert Turing-berechnet. Wir wissen, daß nach Definition 3.8 jede beliebige Turingmaschine T bei Wahl von n und $\Sigma = \{|\}$ eine Funktion $f : I\!N_0^n \to I\!N_0$ Turing-berechnet. Der Beweis des nächsten Satzes zeigt, daß dann zu T eine Turingmaschine konstruiert werden kann, die f normiert Turing-berechnet.

Satz 3.1: Es sei $f : I\!N_0^n \to I\!N_0$, $n \in I\!N_0$, eine n-stellige partielle Abbildung. Genau dann ist f Turing-berechenbar, wenn f normiert Turing-berechenbar ist.

Beweis: Aus der normierten Turing-Berechenbarkeit von f folgt unmittelbar die Turing-Berechenbarkeit.

Es sei nun umgekehrt f Turing-berechenbar durch eine Turingmaschine $T = (Z, X, \delta, z_0)$. Es sei $(x_1, \ldots, x_n) \in I\!N_0^n$ ein Argument von f. Zur Abkürzung setzen wir $w = |^{x_1+1} b \ldots b|^{x_n+1}$. Die Turingmaschine T beginnt im Zustand z_0 mit der Bandinschrift $\ldots b w \underline{b} \ldots$. Falls T hält, sei die Bandinschrift ihrer Endkonfiguration durch $\ldots b w_1 w' \underline{y} w_2 b \ldots$ mit $w' \in \{|\}^*$, $w_1, w_2 \in \bar{X}^*$ und $y \in \bar{X}$ gegeben. Dabei sei w' das berechnete Wort. Wir wollen annehmen, daß die Turingmaschine während der vorangegangenen Rechnung alle die Felder, die am Ende mit dem Wort w_1 bzw. w_2 beschrieben sind, betreten hat, nicht jedoch die Felder, die links bzw. rechts davon stehen. Falls $w_1 \neq \varepsilon$ ist, muß nach Definition 3.8 die Gleichung $w_1 = w_1' x$ mit $w_1' \in \bar{X}^*$, $x \neq |$, gelten.

Wir konstruieren als erstes eine Turingmaschine $T' = (Z', X', \delta', z_0)$, die T simuliert und schon einige der gewünschten Eigenschaften hat. Wir beschreiben zunächst ihre Arbeitsweise. T' besitzt zwei neue Bandsymbole λ und ρ, die als linke bzw. rechte Randmarkierung des Arbeitsbereiches des Bandes dienen. Die Turingmaschine T' startet im Zustand z_0 mit dem Band $\ldots b \lambda w \rho b \ldots$, das, abgesehen von den Randzeichen, dem initialen Band von T gleicht. Während der Arbeit bleibt das Feld mit der Beschriftung λ unverändert Der Kopf von T' geht bei der Berechnung niemals nach links über dieses Feld hinaus. Am Ende stoppt die Turingmaschine mit dem Band $\ldots b \lambda w_1 w' \underline{y} w_2 \rho b \ldots$. Bis auf λ und ρ und eine

3.4 Turing-Berechenbarkeit

Verschiebung des Bandes stimmen die Bandinschriften der Endkonfigurationen von T und T' einschließlich der Stellung des Kopfes überein.

Um diese Arbeitsweise zu erreichen, muß eine Linksbewegung von T, die bei der Simulierung durch T' zunächst auf das linke Randzeichen λ führt, durch eine Verschiebung des Arbeitsbereichs zwischen λ und ρ um ein Feld nach rechts simuliert werden. Anschließend kann dann unmittelbar rechts von λ über einem eingefügten Blankzeichen b die Simulation von T fortgesetzt werden. Außerdem muß bei Bedarf das rechte Randzeichen nach rechts verschoben und auch dort ein Zeichen b eingetragen werden. Wir zeigen im folgenden, daß wir eine solche Turingmaschine T' tatsächlich konstruieren können.

Zunächst werde $X' = X \cup \{\lambda, \rho\}$ und

$$Z' = Z \ \cup \ \{(z, \leftarrow), (z, x, S), (z, x, \rightarrow), (z, \rightarrow), (z, S), (z, e) \mid \\ z \in Z, x \in \bar{X} \cup \{\lambda, \rho\}\}$$

gesetzt. Wir konstruieren die Turingtafel von T'. Sie besteht aus den Zeilen von T und wird durch weitere Zeilen ergänzt. Die angegebenen Zeilen liefern keine vollständige Turingmaschine, da für einige Zustände und Bandsymbole Instruktionen fehlen. Diese Zeilen können jedoch, da sie bei Berechnungen niemals auftreten, z.B. dadurch gegeben werden, daß bei ihnen die Turingmaschine ohne Änderung des Zustands stoppt. Insgesamt erhalten wir eine Turingmaschine wie in Definition 3.1.

Wir beginnen mit den Zeilen für die Rechtsverschiebung des Bandes. Für alle $z \in Z$ erhalten wir:

(1)	z	λ	(z, b, S)	r	
(2)	(z, x, S)	y	$(z, y, \rightarrow)$	x	für alle $x \in \bar{X}, y \in \bar{X} \cup \{\rho\}$
(3)	$(z, x, \rightarrow)$	y	(z, x, S)	r	für alle $x \in \bar{X} \cup \{\rho\}, y \in \bar{X}$
(4)	(z, ρ, S)	b	$(z, \leftarrow)$	ρ	
(5)	$(z, \leftarrow)$	x	$(z, \leftarrow)$	l	für alle $x \in \bar{X} \cup \{\rho\}$
(6)	$(z, \leftarrow)$	λ	z	r	.

Die zugehörige Arbeitsweise wird erläutert. Befindet sich nach einer Instruktion gemäß T die Turingmaschine im Zustand z mit dem Kopf über dem Feld mit der Beschriftung λ, so ergibt sich durch (1) ein Übergang in den Zustand (z, b, S). Damit wird sich der Zustand z sowie die Absicht gemerkt, rechts von λ ein Blankzeichen einzutragen (die dritte Komponente S bedeutet: Schreiben). Gleichzeitig wird eine Rechtsbewegung zu diesem Feld durchgeführt. Durch (2) erfolgt dieses Schreiben von b, wobei gleichzeitig der in diesem Feld vorgefundene Wert y im Zustand $(z, y, \rightarrow)$ notiert wird. Bevor dieser Wert y geschrieben werden kann, muß sich der Kopf von T' durch (3) nach rechts bewegen. Diese abwechselnde Anwendung der Instruktionen (2) und (3) wird fortgesetzt, bis man zum Abschluß dieser Rechtsbewegungen auf den rechten Rand stößt. Dabei wird

3. Turingmaschinen

ρ durch eine Instruktion gemäß (2) in den Zustand aufgenommen. Nach einer Rechtsbewegung mit Hilfe von (3) wird schließlich durch (4) das Randzeichen ρ rechts neben seinem ursprünglichen Feld geschrieben und in den Zustand $(z, \leftarrow)$ übergegangen. Das bedeutet die Beendigung des Verschiebens. Der Rücklauf nach links erfolgt durch (5), bis man am linken Rand auf λ trifft. Durch Anwendung von (6) geht man wieder in den Zustand z über. Der Kopf bewegt sich ein Feld nach rechts und steht über dem Blankzeichen, das im zweiten Schritt geschrieben wurde. Damit ist die Verschiebung abgeschlossen.

Befindet sich T' nach einer Instruktion gemäß T im Zustand z mit dem Kopf über ρ, so kann die Rechtserweiterung des Bandes für jedes $z \in Z$ durch die Folge von neuen Zeilen

$$\begin{array}{cccc} z & \rho & (z, \rightarrow) & b \\ (z, \rightarrow) & b & (z, S) & r \\ (z, S) & b & (z, e) & \rho \\ (z, e) & \rho & z & l \end{array}$$

erreicht werden. Dies liefert tatsächlich einen Übergang von $\ldots b\lambda w''\rho b\ldots$ in $\ldots b\lambda w''\underline{b}\rho b\ldots$, wobei der Zustand z erhalten bleibt. Damit ist T' konstruiert. T' hält genau dann, wenn T hält und berechnet dasselbe Ergebnis.

Wir geben jetzt mit Hilfe der Turingmaschinen aus Abschnitt 3.2 die Turingmaschine an, die f normiert Turing-berechnet. Dies ist

$$\mathbf{K}_n^n \mathbf{L}^n \lambda \mathbf{R}^n \mathbf{r} \ \rho \mathbf{l} T' A.$$

Dabei ist $\mathbf{K}_n$ die n-Kopiermaschine und A die Abschlußmaschine, die noch zu definieren ist. Falls T' hält, erhalten wir vor Berücksichtigung von A die Überführungen

$$\ldots bw\underline{b}\ldots \overset{\mathbf{K}_n^n}{\mapsto} \ldots bwbw\underline{b}\ldots \overset{\mathbf{L}^n\lambda}{\mapsto} \ldots bw\underline{\lambda}wb\ldots \overset{\mathbf{R}^n\mathbf{r}\rho\mathbf{l}}{\mapsto} \ldots bw\lambda w\underline{b}\rho b\ldots$$

$$\overset{T'}{\mapsto} \ldots bw\lambda w_1 w' \underline{y} w_2 \rho b\ldots.$$

Die Abschlußmaschine A schiebt, falls nicht $w' = \varepsilon$ berechnet wurde, $w' = |f(x_1,\ldots,x_n)+1$ an λ heran und ersetzt dabei überflüssige Zeichen durch das Blankzeichen. A ist gegeben durch

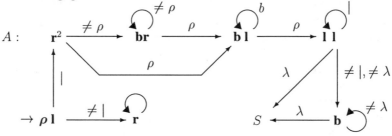

3.4 Turing-Berechenbarkeit

mit einer weiteren Turingmaschine S. Wir erklären die Arbeitsweise von A. Zunächst wird durch Anwendung von $\rho\mathbf{l}$ das Symbol y durch ρ ersetzt und im Feld gleich links davon überprüft, ob $w' = \varepsilon$ gilt. In diesem Fall schließt sich eine unendliche Rechtsbewegung an, so daß $f(x_1, \ldots, x_n)$ undefiniert ist. Anderenfalls ist $w' = |^{f(x_1,\ldots,x_n)+1}$. Durch aufeinander folgende Anwendung von $\mathbf{r}^2$, einer 0- oder mehrfachen Iteration von $\mathbf{br}$, einer Anwendung von $\mathbf{b}$ sowie einer Iteration von $\mathbf{l}$ ergibt sich das Band $\ldots bw\lambda w_1|^{f(x_1,\ldots,x_n)+1}\rho b\ldots$. Dann werden nach links alle Striche übersprungen, bis die Turingmaschine das erste Feld erreicht, das nicht $|$ enthält. Falls dies nicht bereits das linke Randzeichen ist, werden dieses und alle weiteren Felder bis zum linken Randzeichen mit dem Blankzeichen beschrieben. Vor Ausführung von S erhalten wir also $\ldots bw\underline{\lambda}v|^{f(x_1,\ldots,x_k)+1}\rho b\ldots$ mit einem $v \in \{b\}^*$. Die Turingmaschine S ist durch

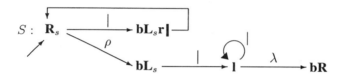

gegeben. Dabei ist $\mathbf{R}_s$ die Rechts- und $\mathbf{L}_s$ die Links-Suchmaschine. Die Wirkung von S entspricht der linken Translationsmaschine, jedoch mit beliebiger Reichweite. Man beachte, daß auch für $v = \varepsilon$ die große Schleife durchlaufen wird, wobei jedoch keine echte Translation stattfindet. Am Ende wird in jedem Fall ρ gefunden und durch ein Blankzeichen ersetzt. Die folgenden Teil-Turingmaschinen liefern schließlich die Bandinschrift $\ldots bwb|^{f(x_1,\ldots,x_k)+1}\underline{b}\ldots$, wobei bwb in denselben Feldern wie am Anfang steht. Die Felder links davon wurden niemals benutzt, und rechts von $|^{f(x_1,\ldots,x_k)+1}$ befinden sich lauter Blankzeichen. Das bedeutet, daß f normiert Turing-berechenbar ist. □

Wir geben nun noch ein spezielles Ergebnis an, das wir im Abschnitt 3.7 benötigen werden.

Satz 3.2: Es seien $f : \mathbb{N}_0 \to \mathbb{N}_0$, $g : \mathbb{N}_0 \to \mathbb{N}_0$ Turing-berechenbare partielle Funktionen. Dann ist auch ihre Komposition $f \circ g : \mathbb{N}_0 \to \mathbb{N}_0$ Turing-berechenbar.

Beweis: Wegen Satz 3.1 sind f und g normiert Turing-berechenbar. Es seien M_f und M_g die entsprechenden Turingmaschinen. Dann wird $f \circ g$ durch die Turingmaschine

$$M_g M_f \mathbf{V}$$

normiert Turing-berechnet, wobei $\mathbf{V}$ die Verschiebemaschine ist. In der Tat liefert sie für alle $x \in \mathbb{N}_0$, für die $g(x)$ und $f(g(x))$ definiert sind, die Überführung

3. Turingmaschinen

$$\ldots b|^{x+1}\underline{b}\ldots \overset{M_g}{\mapsto} \ldots b|^{x+1}b|^{g(x)+1}\underline{b}\ldots \overset{M_f}{\mapsto} \ldots b|^{x+1}b|^{g(x)+1}b|^{f(g(x))+1}\underline{b}\ldots$$

$$\overset{V}{\mapsto} \ldots b|^{x+1}b|^{f(g(x))+1}\underline{b}\ldots$$

Nach Satz 3.1 ist dann $f \circ g$ auch Turing-berechenbar. □

3.5 Gödelisierung

In diesem Abschnitt wollen wir vor allem eine Aufzählung aller Turingmaschinen angeben. Dazu wird eine Methode verwendet, die 1931 von *K. Gödel* eingeführt wurde.

Wir wählen eine andere Numerierung der Bandfelder der Turingmaschine als bisher, nämlich

```
    5   3   1   0   2   4   6
...│   │   │   │   │   │   │   │...
```

Analog Definition 3.3 geben wir die *Bandfunktion* $\beta : \mathbb{N}_0 \to \bar{X}$ an. Die *Bandinschrift* wird durch $\Gamma(\beta) = \{(n, \beta(n)) \mid n \in \mathbb{N}_0\}$ gegeben, wobei $\beta(n)$ der *Inhalt des Feldes* n ist. Wir haben bereits in Abschnitt 3.1 verabredet, daß nur endlich viele Felder mit Nichtblankzeichen beschriftet sind.

Definition 3.10: Es sei $T = (Z, X, \delta, z_0)$ eine Turingmaschine mit $X = \{a_1, \ldots, a_n\}$, und $\Gamma(\beta) = \{(n, \beta(n)) \mid n \in \mathbb{N}_0\}$ sei eine *Bandinschrift von* T. Dann heißt

$$G(\Gamma(\beta)) = \prod_{i=0}^{\infty} p_{i+1}^{\text{ind}(\beta(i))}$$

die *zur Bandinschrift gehörige Gödel-* oder *Bandnummer*, wobei p_j die j-te Primzahl ist und $\text{ind} : \bar{X} \to \{0, \ldots, n\}$ die Abbildung mit $\text{ind}(b) = 0$ und $\text{ind}(a_j) = j$ für $1 \leq j \leq n$. □

Es sei daran erinnert, daß $p_1 = 2$, $p_2 = 3$, $p_3 = 5$ usw. gilt. Obwohl in Definition 3.10 eine unendliche Produktbildung vorgenommen wird, erhalten wir immer einen endlichen Wert, da alle bis auf endlich viele Faktoren 1 sind. Für $\beta(i) = b$ gilt nämlich $p_{i+1}^{\text{ind}(\beta(i))} = p_{i+1}^0 = 1$. Wenn alle Felder mit dem Blankzeichen beschrieben sind, ergibt sich $G(\Gamma(\beta)) = 1$.

Beispiel 3.14: Es sei $X = \{a_1 = T, a_2 = S, a_3 = D, a_4 = A\}$ und $G(\Gamma(\beta)) = 3.234.000$. Die Primfaktorzerlegung ergibt $2^4 \cdot 3^1 \cdot 5^3 \cdot 7^2 \cdot 11^1$. Daraus folgt, daß

3.5 Gödelisierung

nur die Felder 0 bis 4 mit Zeichen $\neq b$ belegt sind.

Die Exponenten	4	1	3	2	1
liefern die in den Feldern	0	1	2	3	4
stehenden Zeichen	A	T	D	S	T ,

d.h., wir erhalten das Band

	5	3	1	0	2	4	6	
$\cdots$	b	S	T	A	D	T	b	$\cdots$

□

Nach der Gödelisierung der Bänder folgt jetzt die Gödelisierung beliebiger Turingmaschinen.

Definition 3.11: Es sei $T = (Z, X, \delta, z_0)$ eine Turingmaschine mit $Z = \{z_0, \ldots, z_m\}$ und $X = \{a_1, \ldots, a_n\}$. Weiter sei C die Matrix mit vier Spalten aus natürlichen Zahlen, die der Turingtafel von T bei der Zuordnung

$$z_0 \mapsto 0, \ldots, z_m \mapsto m,$$
$$b \mapsto 0, a_1 \mapsto 1, \ldots, a_n \mapsto n,$$
$$l \mapsto n+1, r \mapsto n+2, s \mapsto n+3$$

der jeweiligen Elemente entspricht. Dann heißt

$$G(T) = p_1^n p_2^m \prod_{i=1}^{(m+1)(n+1)} \prod_{j=3}^{4} p_{\sigma_2(i,j)}^{c_{ij}}$$

die *Gödelnummer von T*. Dabei ist c_{ij} das Element der i-ten Zeile und j-ten Spalte der Matrix C, und $\sigma_2 : \mathbb{N}_0^2 \to \mathbb{N}_0$ ist die Abbildung mit $\sigma_2(x,y) = 2^x(2y+1) - 1$. □

Man muß sich auf eine Numerierung der Zeilen von C festlegen. So kann man z.B. die Reihenfolge wählen, die durch die lexikographische Ordnung der beiden ersten Komponenten gegeben wird, also $(0,0), (0,1), \ldots, (0,n)$, $(1,0), \ldots, (m,n)$. Dann wird zu jeder Turingmaschine genau eine Gödelnummer berechnet. Umgekehrt werden wir sehen, daß jede Zahl auch höchstens eine Turingmaschine darstellt. Dazu benötigen wir den folgenden Satz.

Satz 3.3: Die durch $\sigma_2(x,y) = 2^x(2y+1) - 1$ definierte Abbildung $\sigma_2 : \mathbb{N}_0^2 \to \mathbb{N}_0$ ist bijektiv.

Beweis: Wir zeigen zunächst, daß σ_2 injektiv ist. Es sei $(x_1, y_1) \neq (x_2, y_2)$. Wir nehmen an, daß

$$\sigma_2(x_1, y_1) = 2^{x_1}(2y_1 + 1) - 1 = 2^{x_2}(2y_2 + 1) - 1 = \sigma_2(x_2, y_2)$$

ist. Dann folgt
$$(*) \qquad 2^{x_1-x_2}(2y_1+1) = 2y_2+1.$$

Für $x_1 \neq x_2$ sei ohne Beschränkung der Allgemeinheit $x_1 > x_2$. Dann ist die linke Seite der Gleichung $(*)$ gerade, die rechte ungerade, ein Widerspruch. Für $x_1 = x_2$ muß wegen $(x_1, y_1) \neq (x_2, y_2)$ die Ungleichung $y_1 \neq y_2$ gelten. Dann kann die Gleichung $(*)$ nicht erfüllt sein. Folglich ist σ_2 injektiv.

Wir zeigen weiter, daß σ_2 surjektiv ist. Es sei $z \in \mathbb{N}_0$, und wir betrachten $z+1$. Wir teilen $z+1$ so oft wie möglich durch 2 (sagen wir x-mal), so daß das Ergebnis ganzzahlig bleibt. Dies liefert $\dfrac{z+1}{2^x} = 2y+1$, eine ungerade Zahl. Damit bestimmen wir $y = \dfrac{\frac{z+1}{2^x}-1}{2}$. Es folgt $\sigma_2(x,y) = 2^x(2y+1) - 1 = z$. Somit ist σ_2 auch surjektiv. $\square$

Die Umkehrabbildung σ_2^{-1} von σ_2 wird durch die Zuordnung $z \mapsto (\sigma_{21}(z) = x, \sigma_{22}(z) = y)$ gegeben, wobei die Werte x und y wie im Beweis von Satz 3.3 konstruiert werden. Diese Gödelisierung von Paaren läßt sich auf die Gödelisierung von n-Tupeln erweitern. Speziell für Tripel erhalten wir

$$\sigma_3 : \mathbb{N}_0^3 \to \mathbb{N}_0 \text{ mit } \sigma_3(k,l,m) = \sigma_2(\sigma_2(k,l),m),$$

wobei die Umkehrabbildung σ_3^{-1} durch $\sigma_3^{-1}(z) = (\sigma_{31}(z), \sigma_{32}(z), \sigma_{33}(z))$ mit

$$\sigma_{31}(z) = \sigma_{21}(\sigma_{21}(z)), \quad \sigma_{32}(z) = \sigma_{22}(\sigma_{21}(z)) \quad \text{und} \quad \sigma_{33}(z) = \sigma_{22}(z)$$

definiert ist.

Satz 3.4: Für ein beliebiges $x \in \mathbb{N}_0$ existiert ein Algorithmus, der entscheidet, ob x die Gödelnummer $G(T)$ einer Turingmaschine T ist. Wenn dies der Fall ist, kann T bestimmt werden.

Beweis: Wir betrachten die Darstellung der Gödelnummer einer Turingmaschine in Definition 3.11. Wegen $\sigma_2(i,j) \geq 6$ für $j \geq 3$ sind p_1 und p_2 verschieden von allen Primzahlen $p_{\sigma_2(i,j)}$. Da σ_2 nach Satz 3.3 bijektiv ist, sind insgesamt alle Primzahlen p_1, p_2 und $p_{\sigma_2(i,j)}$ paarweise verschieden. Wir bilden nun die Primfaktorzerlegung der vorgegebenen Zahl x. Diese Zerlegung ist bekanntlich eindeutig und erlaubt so die Bestimmung der Zahlen n, m, der $\sigma_2(i,j)$ und damit der Zahlen i und j sowie der $c_{i,j}$. Falls x die Gödelnummer einer Turingmaschine ist, müssen nach Definition 3.1 für die Exponenten von $p_1 = 2$ und $p_2 = 3$ die Relationen $n \geq 1$ bzw. $m \geq 0$ gelten. Weiter wird dann $i \leq (m+1)(n+1)$ verlangt, und j darf nur die Werte 3 oder 4 annehmen. Schließlich müssen die Werte von c_{i3} zwischen 0 und m und die von c_{i4} zwischen 0 und $n+3$ liegen. In diesem Fall sind alle Daten der Matrix C bestimmt, und die Turingmaschine mit der Gödelnummer x kann angegeben werden. Anderenfalls ist x nicht die Gödelnummer einer Turingmaschine. □

Die Gödelnummer einer Turingmaschine ist im allgemeinen sehr groß. Es ist kein Algorithmus bekannt, der für beliebige große Zahlen die Primfaktorzerlegung in vernünftiger Zeit liefert. Unter praktischen Gesichtspunkten ist also die Darstellung einer Turingmaschine als Gödelnummer nicht interessant, jedoch aus theoretischen Gründen. Sie liefert eine einheitliche Kodierung aller Turingmaschinen, die wir im restlichen Kapitel noch mehrmals benutzen werden. Bis auf Isomorphie existieren nur abzählbar viele Turingmaschinen. Wir können darüber hinaus sogar eine Aufzählung aller Turingmaschinen

$$T_0, T_1, T_2, \ldots, T_x, \ldots$$

entsprechend ihrer Gödelnummer x angeben. Wenn dabei x keine Gödelnummer ist, so wird für T_x speziell eine Turingmaschine gewählt, die niemals hält, z.B.

$$T = (\{z_0\}, \{x_1\}, \delta, z_0) \text{ mit } \delta(z_0, x) = (z_0, r) \text{ für alle } x \in \{b, x_1\}.$$

Diese Turingmaschine berechnet die leere Funktion $\bot: I\!N_0 \to I\!N_0$, die nirgends definiert ist. Das Symbol $\bot$ wird als „bottom" ausgesprochen.

3.6 Universelle Turingmaschinen

Ein Universalrechner soll ein beliebiges Programm ausführen können und dieselben Ergebnisse liefern wie ein Spezialrechner. Analog soll eine universelle Turingmaschine die Arbeit einer beliebigen Turingmaschine übernehmen können. Dabei erhält die universelle Turingmaschine U als Parameter eine Beschreibung der zu simulierenden Turingmaschine T und des Arguments x von T. Die Turingmaschine T kann durch ihre Gödelnummer als entsprechende Anzahl von Strichen dargestellt werden. U muß dann, angesetzt auf x, dasselbe Ergebnis liefern wie T. Eine universelle Turingmaschine ist also „programmierbar".

Zur weiteren Beschreibung der Simulation verwenden wir eine Kodierung des Ablaufs der Turingmaschinen-Berechnung von T, die eindeutig durch die Folge der Konfigurationen $K_0, K_1, \ldots, K_n, \ldots$ beschrieben wird, wobei eventuell mit einer Endkonfiguration K_e ein Abbruch stattfindet. Für jede Turingmaschine T definieren wir eine Abbildung ν von der Menge der Konfigurationen von T (siehe Definition 3.4, man beachte zusätzlich die geänderte Numerierung der Bandfelder) in die Menge $I\!N_0 \times I\!N \times I\!N_0$ durch

$$\nu(i, \Gamma(\beta), z_j) = (i, G(\Gamma(\beta)), j).$$

Definition 3.12: Es sei U eine Turingmaschine. U heißt *universelle Turingmaschine*, wenn sie jede beliebige Turingmaschine T, die auf dem Feld i des Bandes mit der Inschrift $\Gamma(\beta)$ steht, wie folgt simuliert:

3. Turingmaschinen

(a) Ist K_0 die Anfangskonfiguration von T, so startet U mit
$\ldots b \mid^{G(T)+1} b \mid^{\sigma_3(\nu(K_0))+1} \underline{b} \ldots$

(b) Ist für T die Konfiguration K_{m+1} die Folgekonfiguration von K_m, dann überführt U in $r \geq 1$ Schritten $\ldots b \mid^{G(T)+1} b \mid^{\sigma_3(\nu(K_m))+1} \underline{b} \ldots$ in
$\ldots b \mid^{G(T)+1} b \mid^{\sigma_3(\nu(K_{m+1}))+1} \underline{b} \ldots$

(c) Wenn T stoppt, dann stoppt auch U. $\square$

Wenn U anhält, dann liefert sie als Ergebnis eine Kodierung der Endkonfiguration von T. Daraus kann dann das Ergebnis der Berechnung von T abgelesen werden. Im folgenden Satz ist das Grundprinzip der Konstruktion einer universellen Turingmaschine beschrieben.

Satz 3.5: Die Maschine

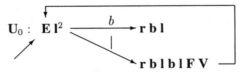

ist eine universelle Turingmaschine. Dabei berechnet **E** die Funktion e mit

$$e(G(T), \sigma_3(\nu(K_m))) = \begin{cases} \mid\mid, & \text{falls eine Folgekonfiguration } K_{m+1} \text{ zu } K_m \\ & \text{existiert} \\ \mid & \text{sonst,} \end{cases}$$

und **F** überführt $\ldots b \mid^{G(T)+1} b \mid^{\sigma_3(\nu(K_m))+1} \underline{b} \ldots$ in die Bandinschrift $\ldots b \mid^{G(T)+1} b \mid^{\sigma_3(\nu(K_m))+1} b \mid^{\sigma_3(\nu(K_{m+1}))+1} \underline{b} \ldots$ $\square$

Der Beweis, den wir hier nicht ausführen, verlangt die effektive Konstruktion der Turingmaschinen **E** und **F**. Offensichtlich muß man dabei auf die Struktur der zu simulierenden Turingmaschine T eingehen, die durch $G(T)$ kodiert ist. Der übrige Ablauf ist klar:

$\ldots b \mid^{G(T)+1} b \mid^{\sigma_3(\nu(K_m))+1} \underline{b} \ldots \stackrel{\mathbf{E}\mathbf{l}^2}{\mapsto} \ldots b \mid^{G(T)+1} b \mid^{\sigma_3(\nu(K_m))+1} \underline{b} \mid b \ldots$

(falls eine Nachfolgekonfiguration existiert)

$\stackrel{\mathbf{rblbl}}{\mapsto} \ldots b \mid^{G(T)+1} b \mid^{\sigma_3(\nu(K_m))+1} \underline{b} \ldots$

$\stackrel{\mathbf{F}}{\mapsto} \ldots b \mid^{G(T)+1} b \mid^{\sigma_3(\nu(K_m))+1} b \mid^{\sigma_3(\nu(K_{m+1}))+1} \underline{b} \ldots$

$\stackrel{\mathbf{V}}{\mapsto} \ldots b \mid^{G(T)+1} b \mid^{\sigma_3(\nu(K_{m+1}))+1} \underline{b} \ldots$

3.7 Unentscheidbare Probleme

Wir betrachten zunächst die Turingmaschine T, die durch

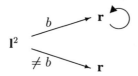

gegeben ist. Sie bewegt sich zunächst zwei Felder nach links und prüft, ob in diesem Feld ein Nichtblankzeichen steht. In diesem Fall macht sie eine Rechtsbewegung und stoppt. Anderenfalls bewegt sich der Kopf fortlaufend nach rechts. Es ist also in Abhängigkeit von der Eingabe und dem initialen Arbeitsfeld der Turingmaschine einfach zu entscheiden, ob sie hält oder nicht. Die Frage ist nun, ob es einen Algorithmus gibt, der für beliebige Turingmaschinen eine solche Entscheidung liefert.

Definition 3.13: Als *Halteproblem bei Turingmaschinen* bezeichnet man die Frage, ob ein Algorithmus existiert, mit dem man für eine beliebige Turingmaschine T und eine beliebige Anfangskonfiguration entscheiden kann, ob T nach endlich vielen Schritten hält oder nicht. □

Definition 3.14: Es sei X ein Alphabet, $M_1, M_2 \subset X^*$ und $M_1 \subset M_2$.
(a) M_1 heißt *entscheidbar relativ zu* M_2, wenn ein Algorithmus existiert, mit dem für jedes $x \in M_2$ effektiv festgestellt werden kann, ob $x \in M_1$ gilt oder nicht. Ein solcher Algorithmus heißt *Entscheidungsverfahren*.
(b) M_1 heißt *entscheidbar*, wenn M_1 entscheidbar ist relativ zu X^*. □

Wir müssen uns über den Algorithmusbegriff Klarheit verschaffen. Jeder hat eine Vorstellung von einem effektiven Algorithmus. Er soll auf irgendeine vernünftige Art und Weise Probleme lösen. Man kann ihn intuitiv verstehen als eine präzise endliche Beschreibung eines allgemeinen Verfahrens, wobei die Beschreibung auf ausführbare elementare Einzelschritte zurückgeführt wird. Es ist ersichtlich, daß eine solche Begriffserklärung viele Fragen offen läßt und sicherlich nicht erlaubt, allgemeine Aussagen über Algorithmen in mathematisch zuverlässiger Form zu treffen. Man benötigt vielmehr ein mathematisches Modell für Algorithmen, das universell ist in dem Sinn, daß jeder vorstellbare Algorithmus mit ihm simuliert werden kann. Man hat viele Algorithmenmodelle angegeben, die alle zueinander äquivalent sind, mit deren Hilfe man also jeweils dieselbe Klasse von Funktionen berechnen kann. Ein solches Modell ist durch die in diesem Kapitel besprochenen Turingmaschinen gegeben, aber ebenso durch μ-rekursive Funktionen (siehe Kapitel 4), Markoff-Algorithmen,

3. Turingmaschinen

while-Programme, durch den λ-Kalkül usw. Die Churchsche These, die zunächst für den λ-Kalkül formuliert wurde, behauptet, daß diese Modelle universell sind.

Churchsche These: Eine partielle Funktion ist genau dann intuitiv berechenbar, wenn sie durch eine Turingmaschine berechnet wird. □

Die Richtigkeit der Churchschen These ist nicht beweisbar, weil ja gerade der intuitive Algorithmusbegriff nicht zu formalisieren ist. Da jedoch so viele äquivalente Algorithmenmodelle gefunden wurden, aber noch kein umfassenderes Modell, kann man dies als einen Hinweis für die Gültigkeit der Churchschen These verstehen.

Aufgrund dieser Überlegungen ist das Entscheidungsverfahren nach Definition 3.14 mit Hilfe einer Turingmaschine durchführbar. Dabei kann die Entscheidung dadurch erfolgen, daß die Turingmaschine über einem Feld mit einem entsprechenden Entscheidungssymbol, z.B. „j" oder „n", stehenbleibt. Ebenso ist es aber auch möglich, daß ein bestimmter Wert Turing-berechnet wird, z.B. 1 im Falle der positiven und 0 im Falle der negativen Entscheidung. Dieses unterschiedliche Entscheidungsverhalten hat jedoch keine besondere Bedeutung, da eine gegenseitige Simulation der verschiedenen Verhaltensweisen immer durchgeführt werden kann. Wir werden im folgenden Satz die Entscheidung durch das Berechnen der Werte 1 oder 0 herbeiführen. Wir sagen kurz, die Turingmaschine stoppt mit 1 oder 0.

Satz 3.6: Das Halteproblem ist nicht entscheidbar, d.h., es existiert kein Algorithmus, der zu entscheiden erlaubt, ob eine beliebige Turingmaschine, angesetzt auf eine beliebige Bandinschrift, stoppt oder nicht.

Beweis: Wir betrachten zunächst ein spezielles Halteproblem und nehmen ohne Beschränkung der Allgemeinheit an, daß $X = \{|\}$ gilt. Mit $\overline{n}$ bezeichnen wir die Bandinschrift $\ldots b \mid^{n+1} \underline{b} \ldots$ für alle $n \in \mathbb{N}_0$. Es sei E eine Eigenschaft für Turingmaschinen. Für eine Turingmaschine T bedeute $E(T)$, daß die Eigenschaft E auf T zutrifft. Wir betrachten die folgende Eigenschaft E:

$E(T)$ gilt genau dann, wenn T, angesetzt auf $\overline{G(T)}$, mit 0 stoppt.

$\overline{G(T)}$ ist eine Kodierung von T. Folglich entspricht E dem Halteproblem bei Selbstanwendung. Zu zeigen ist, daß die Eigenschaft E unentscheidbar ist. Wir nehmen das Gegenteil an. Es existiert dann eine Turingmaschine T_0, die $E(T)$ für beliebige T entscheidet. Die Entscheidung ergibt sich wie folgt:

(∗) $E(T)$ gilt genau dann, wenn T_0, angesetzt auf $\overline{G(T)}$, mit 1 stoppt,

$E(T)$ gilt genau dann nicht, wenn T_0, angesetzt auf $\overline{G(T)}$, mit 0 stoppt.

Durch Einsetzen von T_0 in (∗) sowie in die Definition von E erhalten wir:

$E(T_0)$ gilt genau dann, wenn T_0, angesetzt auf $\overline{G(T_0)}$, mit 1 stoppt,

$E(T_0)$ gilt genau dann, wenn T_0, angesetzt auf $\overline{G(T_0)}$, mit 0 stoppt.

3.7 Unentscheidbare Probleme

Dies ist ein Widerspruch, folglich muß E unentscheidbar sein.

Wir nehmen nun an, daß das allgemeine Halteproblem entscheidbar ist und somit ein Entscheidungsverfahren V für das allgemeine Halteproblem existiert. Mit Hilfe von V können wir dann auch ein solches Verfahren für das spezielle Problem E konstruieren, das durch die Anwendung von V auf T und $\overline{G(T)}$ definiert wird. Dies Verfahren liefert die Antwort auf die Frage, ob die Turingmaschine T, falls sie auf $\overline{G(T)}$ angesetzt wird, stoppt oder nicht. Im Fall des Stoppens kann man überprüfen, ob T mit dem Ergebnis 0 stoppt oder nicht, d.h., ob $E(T)$ erfüllt ist oder nicht. Im anderen Fall ist $E(T)$ nicht erfüllt. Folglich entscheidet dieses Verfahren die Eigenschaft E, was im Widerspruch zu dem oben gewonnenen Ergebnis steht. □

Im folgenden wollen wir wieder Turing-berechenbare Funktionen $f : I\!N_0^n \to I\!N_0$ betrachten. Ohnehin kann jede berechenbare Funktion so kodiert werden. In Übereinstimmung mit Definition 3.14 (man wähle $X = \{|\}$) heißt nun eine Teilmenge $A \subset I\!N_0$ genau dann *entscheidbar*, wenn die *charakteristische Funktion* $\chi_A : I\!N_0 \to I\!N_0$ mit

$$\chi_A(x) = \begin{cases} 1, & \text{falls } x \in A \\ 0, & \text{falls } x \notin A \end{cases}$$

Turing-berechenbar ist. Mit A ist offenbar auch das Komplement $I\!N_0 - A$ entscheidbar.

Wie auf Seite 83 sei eine Aufzählung

$$T_0, T_1, T_2, T_3, \ldots, T_n, \ldots$$

aller Turingmaschinen gegeben. Zur Vereinfachung betrachten wir die von ihnen berechneten einstelligen Funktionen $\varphi_n : I\!N_0 \to I\!N_0$. Dabei sei n die Gödelnummer der entsprechenden Turingmaschine. Ist jedoch n keine Gödelnummer einer Turingmaschine, dann wird für T_n speziell eine Turingmaschine gewählt, die niemals hält und die überall undefinierte partielle Funktion $\perp: I\!N_0 \to I\!N_0$ berechnet. Durch die Aufzählung dieser Turingmaschinen ist auch eine Aufzählung

$$\varphi_0, \varphi_1, \varphi_2, \varphi_3, \ldots, \varphi_n, \ldots$$

aller partiellen berechenbaren Funktionen $I\!N_0 \to I\!N_0$ gegeben. Dabei nennen wir n den Index der Turingmaschine T_n oder der Funktion φ_n.

Definition 3.15: Eine Menge von Indizes $J \subset I\!N_0$ *respektiert Funktionen*, wenn für alle $i, j \in I\!N_0$ mit $i \in J$ und $\varphi_i = \varphi_j$ die Beziehung $j \in J$ folgt. □

Beispiel 3.15: Offenbar respektieren die folgenden Indexmengen Funktionen:
(a) $A = \{i \mid 7 \text{ liegt im Wertebereich von } \varphi_i\}$,
(b) $B = \{i \mid \varphi_i \text{ ist total}\}$,
(c) $C = \{i \mid \varphi_i \text{ ist überall undefiniert}\}$,
(d) $D = \{i \mid \varphi_i = \xi\}$, wobei $\xi : I\!N_0 \to I\!N_0$ eine gegebene partielle Funktion ist. □

3. Turingmaschinen

Die Menge $E = \{i \mid \varphi_i(i) \text{ ist definiert}\}$ respektiert Funktionen hingegen nicht. Man kann zeigen, daß ein Index e existiert, für den der Definitionsbereich von φ_e nur aus dem Element e besteht. Dies ist nicht einfach und soll hier nicht durchgeführt werden. Es gibt also einen Algorithmus, der genau dann terminiert, wenn er seine eigene Beschreibung als Eingabe erhält. Es sei e' ein Index mit $e' \neq e$ und $\varphi_{e'} = \varphi_e$. Ein solcher Index e' existiert. Dies sehen wir wie folgt ein. Es sei $T_e = (Z, X, \delta, z_0)$. Wir wählen ein $z' \notin Z$ und definieren eine neue Turingmaschine $T = (Z', X, \delta', z_0)$ durch $Z' = Z \cup \{z'\}$ und

$$\delta'(z, x) = \delta(z, x) \text{ und } \delta'(z', x) = (z', |) \text{ für } z \in Z, x \in \bar{X}.$$

Es sei e' der zugehörige Index. Offenbar wird der Zustand z' nie erreicht, so daß T_e und $T_{e'}$ dieselbe Funktion berechnen. Es gilt $e \in E$, $\varphi_e = \varphi_{e'}$ und $e' \notin E$.

Satz 3.7: (Satz von *Rice*) Es sei $J \subset I\!N_0$ eine Menge von Indizes, die Funktionen respektiert. Dann ist J genau dann entscheidbar, wenn $J = \emptyset$ oder $J = I\!N_0$ gilt.

Beweis: Der Beweis erfolgt durch Reduktion auf die Unentscheidbarkeit des Halteproblems. Für $J = \emptyset$ oder $J = I\!N_0$ ist J offensichtlich entscheidbar. Die umgekehrte Richtung beweisen wir durch Kontraposition. Es sei eine Indexmenge J mit $\emptyset \neq J \neq I\!N_0$ gegeben. Wir müssen zeigen, daß J nicht entscheidbar ist. Es sei $\bot$ die überall undefinierte Funktion. Da J Funktionen respektiert, liegen alle Indizes von $\bot$ entweder alle in $I\!N_0 - J$ oder alle in J. Im ersten Fall existiert eine berechenbare Funktion $\theta \neq \bot$, deren Indizes in J liegen. Im zweiten Fall liegen diese Indizes in $I\!N_0 - J$. Wir nehmen ohne Beschränkung der Allgemeinheit an, daß die Indizes von θ in J liegen. Es sei j ein solcher Index.

Für jeden Index $i \in I\!N_0$ betrachten wir die φ_i berechnende Turingmaschine T_i. Nach Satz 3.1 können wir dann eine Turingmaschine $T_{\bar{i}}$ konstruieren, die φ_i normiert Turing-berechnet. Wir bilden damit die Turingmaschine

$$T_{f(i)} = (\mathbf{r}\,|\,)^{i+1}\,\mathbf{r}\,T_{\bar{i}} \longrightarrow \overset{\curvearrowleft|}{\text{bl}} \overset{b}{\longrightarrow} \overset{\curvearrowleft|}{\text{bl}} \overset{b}{\longrightarrow} T_j$$

Ihr Index $f(i)$ hängt bei festem j nur von i ab und kann effektiv bestimmt werden. Nach der Churchschen These existiert dann eine Turingmaschine, die diese „Indextransformation" $f : I\!N_0 \to I\!N_0$ berechnet. Die Konstruktion einer entsprechenden Turingmaschine ist sehr aufwendig und soll hier entfallen. Für ein Argument $x \in I\!N_0$ berechnet $T_{f(i)}$ zunächst $\varphi_i(i)$. Falls $\varphi_i(i)$ definiert ist, entfernt $T_{f(i)}$ zunächst das Ergebnis $\varphi_i(i)$, dann das Argument i und berechnet anschließend $\theta(x)$. Es gilt also

$$\varphi_{f(i)} = \begin{cases} \theta, & \text{falls } \varphi_i(i) \text{ definiert ist} \\ \bot, & \text{falls } \varphi_i(i) \text{ undefiniert ist.} \end{cases}$$

3.7 Unentscheidbare Probleme

Für alle $i \in I\!N_0$ zeigen wir die Behauptung

$$f(i) \in J \iff \varphi_i(i) \text{ ist definiert.}$$

Wenn $\varphi_i(i)$ definiert ist, dann gilt $\varphi_{f(i)} = \theta$. Da der Index j von θ in J liegt, folgt $f(i) \in J$ wegen Definition 3.15. Umgekehrt gelte $f(i) \in J$. Entweder gilt $\varphi_{f(i)} = \theta$ oder $\varphi_{f(i)} = \bot$. Da der Index von $\bot$ nicht in J liegt, folgt wegen $f(i) \in J$ die Aussage $\varphi_{f(i)} = \theta$. Also ist $\varphi_i(i)$ definiert.

Es sei χ_J die charakteristische Funktion von J. Dann gilt wegen der obigen Behauptung für die Funktion

$$\chi_J(f(i)) = \begin{cases} 1, & \text{falls } \varphi_i(i) \text{ definiert ist} \\ 0 & \text{sonst.} \end{cases}$$

Die Funktion $\chi_J \circ f : I\!N_0 \to I\!N_0$ beschreibt genau das spezielle Halteproblem (Halteproblem bei Selbstanwendung, siehe Beweis von Satz 3.6) und ist daher nicht berechenbar. Da jedoch $f : I\!N_0 \to I\!N_0$ berechenbar ist, kann $\chi_J : I\!N_0 \to I\!N_0$ nach Satz 3.2 nicht berechenbar sein. Das bedeutet, daß J nicht entscheidbar ist. □

Beispiel 3.16: Da die Indexmengen A, B, C und D aus Beispiel 3.15 Funktionen respektieren, sind die folgenden Probleme nicht entscheidbar.
 (a) Gibt ein beliebiger Algorithmus für eine geeignete Eingabe die Zahl 7 aus?
 (b) Hält ein beliebiger Algorithmus bei jeder Eingabe?
 (c) Hält ein beliebiger Algorithmus bei keiner Eingabe?
 (d) Berechnet ein beliebiger Algorithmus die gegebene partielle Funktion $\xi : I\!N_0 \to I\!N_0$? □

Definition 3.15 und Satz 3.7 können mit einigen Abänderungen auf n-stellige Indexmengen $J \subset I\!N_0^n$, $n \geq 2$, übertragen werden. Man erhält z.B., daß die Menge $M = \{(i,j) \mid \varphi_i = \varphi_j\}$ Funktionen respektiert. Betrachtet man nämlich ein zweites Paar (i', j') mit $\varphi_i = \varphi_{i'}$ und $\varphi_j = \varphi_{j'}$, so folgt wegen $\varphi_i = \varphi_j$ auch $\varphi_{i'} = \varphi_{j'}$ und damit $(i', j') \in M$. M ist daher nicht entscheidbar. Also ist das *Äquivalenzproblem* für Algorithmen nicht entscheidbar.

Die Probleme aus Beispiel 3.16 für Algorithmen können natürlich auch für Programme, z.B. in Fortran, Modula-2 oder Algol 68, formuliert werden. Selbst wenn vorausgesetzt wird, daß unbegrenzt Speicherplatz zur Verfügung steht und keine Zeitgrenze gegeben ist, so sind die entsprechenden Probleme nicht effektiv lösbar. Ein anderes unentscheidbares Problem ist auch das Postsche Korrespondenzproblem, das neben dem Halteproblem häufig als ein Problem verwendet wird, auf das man andere Unentscheidbarkeitsprobleme zurückführt.

Definition 3.16: Ein *Postsches Korrespondenzproblem* $P = (X, n, \alpha, \beta)$ besteht aus einer endlichen Menge X, einer Zahl $n \in I\!N$ sowie zwei n-Tupeln

$$\alpha = (\alpha_1, \ldots, \alpha_n), \quad \beta = (\beta_1, \ldots, \beta_n)$$

mit $\alpha_i, \beta_i \in X^+$, $i = 1, \ldots, n$. Eine *Lösung* von P ist eine nichtleere endliche Folge von Indizes $i_1, \ldots, i_k$, $i_\kappa \in \{1, \ldots, n\}$, $\kappa = 1, \ldots, k$, mit

$$\alpha_{i_1} \ldots \alpha_{i_k} = \beta_{i_1} \ldots \beta_{i_k}. \quad \square$$

In [16] findet sich der Beweis des folgenden Satzes.

Satz 3.8: Es ist unentscheidbar, ob ein beliebiges Postsches Korrespondenzproblem eine Lösung besitzt. $\square$

4. Rekursive Funktionen

In den bisherigen Betrachtungen haben wir uns bei der Berechnung von Funktionen immer auf Automaten und Maschinen bezogen, d.h. auf Systeme, die entweder in einem oder in endlich vielen Schritten ein Resultat liefern, sofern sie überhaupt eines liefern. Diese Vorgehensweise ist für die Informatik typisch, nicht jedoch für die Mathematik. Wir wollen die algorithmischen Möglichkeiten jetzt anders charakterisieren, nämlich über die Klasse der Funktionen, die man erhält, wenn man von Grundfunktionen mit gewissen Operationen ausgeht.

4.1 Primitiv-rekursive Funktionen

Im folgenden wollen wir uns wie in Kapitel 3 mit zahlentheoretischen partiellen Funktionen $f : I\!N_0^n \to I\!N_0$, $n \in I\!N_0$, beschäftigen, also mit Funktionen, die auf einer Teilmenge von $I\!N_0^n$ definiert sind. Speziell werden auch *totale* Funktionen betrachtet, die für alle Elemente aus $I\!N_0^n$ definiert sind. Eine besonders einfache Klasse von Funktionen, die offensichtlich im intuitiven Sinn berechenbar sind, wird durch Definition 4.1 gegeben.

Definition 4.1: Die *primitiv-rekursiven Grundfunktionen* werden durch die folgenden totalen Funktionen gegeben:
 (a) $C_0^{(0)} = 0$ (*nullstellige Nullfunktion*),
 (b) $S : I\!N_0 \to I\!N_0$ mit $S(x_1) = x_1 + 1$ (*Nachfolgerfunktion*) und
 (c) $U_i^{(n)} : I\!N_0^n \to I\!N_0$ mit $U_i^{(n)}(x_1, \ldots, x_n) = x_i$ für $i = 1, \ldots, n$ (*Projektionsfunktionen*). □

Bei $C_0^{(0)}$ deutet (0) auf die Stelligkeit der Funktion und der untere Index 0 auf ihren errechneten konstanten Wert hin.

Auf der Basis der primitiv-rekursiven Grundfunktionen können wir mit Hilfe der Konstruktionen der beiden nächsten Definitionen eine schon recht umfangreiche Klasse von Funktionen gewinnen.

Definition 4.2: Es seien $n, r \in I\!N_0$, $r \geq 1$, und $h_i : I\!N_0^n \to I\!N_0$ mit $i = 1, \ldots, r$ und $g : I\!N_0^r \to I\!N_0$ seien partielle Funktionen. Eine partielle Funktion $f : I\!N_0^n \to I\!N_0$ geht aus g durch Einsetzung von $h_1, \ldots, h_r$ hervor, wenn

$$f(x_1, \ldots, x_n) = g(h_1(x_1, \ldots, x_n), \ldots, h_r(x_1, \ldots, x_n))$$

für beliebige $(x_1, \ldots, x_n) \in I\!N_0^n$ gilt. □

4. Rekursive Funktionen

Die rechte und damit auch die linke Seite der Gleichung sind offenbar genau dann definiert, wenn sowohl die Werte $h_1(x_1, \ldots, x_n), \ldots, h_r(x_1, \ldots, x_n)$ definiert sind als auch $g(h_1(x_1, \ldots, x_n), \ldots, h_r(x_1, \ldots, x_n))$.

Definition 4.3: Es sei $n \in I\!N_0$, und $g : I\!N_0^n \to I\!N_0$ und $h : I\!N_0^{n+2} \to I\!N_0$ seien partielle Funktionen. Eine partielle Funktion $f : I\!N_0^{n+1} \to I\!N_0$ heißt *induktiv-rekursiv durch g und h definiert*, wenn

$$f(x_1, \ldots, x_n, 0) = g(x_1, \ldots, x_n) \text{ und}$$
$$f(x_1, \ldots, x_n, y+1) = h(x_1, \ldots, x_n, y, f(x_1, \ldots, x_n, y))$$

für beliebige $(x_1, \ldots, x_n) \in I\!N_0^n$ und $y \in I\!N_0$ gilt. □

Man spricht vom *Induktions-Rekursionsschema* oder auch vom *primitiven Rekursionsschema*. Mit Hilfe des Induktions-Rekursionsschemas kann man bei gegebenen Funktionen g und h die Funktion f bestimmen. Speziell für $n = 1$ gilt zunächst $f(x, 0) = g(x)$. Damit erhält man

$$f(x, 1) = f(x, 0+1) = h(x, 0, f(x, 0)),$$
$$f(x, 2) = f(x, 1+1) = h(x, 1, f(x, 1)) \text{ usw.}$$

Für alle $x, n \in I\!N_0$ sind somit die Werte $f(x, n)$ eindeutig konstruierbar.

Definition 4.4: Es sei $f : I\!N_0^n \to I\!N_0$ eine Funktion. f heißt *primitiv-rekursiv*, wenn f eine primitiv-rekursive Grundfunktion ist oder sich aus primitiv-rekursiven Grundfunktionen durch endlich viele Anwendungen der Einsetzung oder des Induktions-Rekursionsschemas gewinnen läßt. □

Die primitiv-rekursiven Grundfunktionen sind totale Funktionen. Sind weiter $h_1, \ldots, h_n$ und g total, dann ist auch $g \circ (h_1, \ldots, h_n)$ total. Sind g und h total, dann ist die induktiv-rekursiv durch g und h definierte Funktion f total. Somit sind alle primitiv-rekursiven Funktionen totale Funktionen.

Alle „üblichen" Funktionen sind primitiv-rekursiv, aber keineswegs alle Funktionen. Wir zeigen zunächst für einige bekannte Funktionen, daß sie primitiv-rekursiv sind.

Beispiel 4.1: (a) Die Addition. Es seien $x, y \in I\!N_0$. Dann gilt

$$+(x, 0) = U_1^{(1)}(x) \text{ und}$$
$$+(x, y+1) = S(U_3^{(3)}(x, y, +(x, y))).$$

Die Addition ist also durch das Induktions-Rekursionsschema definiert, wobei die Entsprechungen $f \stackrel{\triangle}{=} +$, $g \stackrel{\triangle}{=} U_1^{(1)}$ und $h \stackrel{\triangle}{=} S \circ U_3^{(3)}$ gelten und h aus S durch Einsetzung von $U_3^{(3)}$ hervorgeht.

(b) Für $n, k \in \mathbb{N}_0$ sind die konstanten Funktionen $C_k^{(n)} : \mathbb{N}_0^n \to \mathbb{N}_0$ mit $C_k^{(n)}(x_1, \ldots, x_n) = k$ sukzessive wie folgt gegeben:
für $n = 0$ durch die Grundfunktion $C_0^{(0)}$ sowie durch die Einsetzung $C_{k+1}^{(0)} = S(C_k^{(0)})$, für $n \geq 1$ durch das Induktions-Rekursionsschema, und zwar für $n = 1$ durch

$$C_k^{(1)}(0) = C_k^{(0)} \quad \text{und}$$
$$C_k^{(1)}(y+1) = C_k^{(1)}(y) \quad (g \triangleq C_k^{(0)} \text{ und } h \triangleq U_2^{(2)}),$$

für $n = 2$ durch

$$C_k^{(2)}(x, 0) = C_k^{(1)}(x) \quad \text{und}$$
$$C_k^{(2)}(x, y+1) = C_k^{(2)}(x, y) \quad (g \triangleq C_k^{(1)} \text{ und } h \triangleq U_3^{(3)})$$

usw.

(c) Die Multiplikation. Es seien $x, y \in \mathbb{N}_0$. Dann gilt

$$*(x, 0) = C_0^{(1)}(x) \quad \text{und}$$
$$*(x, y+1) = (+(U_1^{(3)}, U_3^{(3)}))(x, y, *(x, y)),$$

wobei $+(U_1^{(3)}, U_3^{(3)})$ durch Einsetzung von $U_1^{(3)}$ und $U_3^{(3)}$ aus $+$ hervorgeht.

(d) Die Fakultät. Es sei $x \in \mathbb{N}_0$. Dann gilt

$$\text{fak}(0) = C_1^{(0)} \quad \text{und}$$
$$\text{fak}(x+1) = (*(S\, U_1^{(2)}, U_2^{(2)}))(x, \text{fak}(x)).$$

(e) Die Potenz. Es seien $a, x \in \mathbb{N}_0$. Dann gilt

$$a^0 = C_1^{(0)} \quad \text{und}$$
$$a^{x+1} = (*(U_1^{(2)}, U_2^{(2)}))(a, a^x).$$

(f) Die Vorgängerfunktion $V : \mathbb{N}_0 \to \mathbb{N}_0$. Es sei $x \in \mathbb{N}_0$. Dann gilt

$$V(0) = C_0^{(0)} \quad (= 0) \quad \text{und}$$
$$V(x+1) = U_1^{(2)}(x, V(x)) \quad (= x).$$

(g) Die modifizierte Differenz (die Monus-Operation, siehe auch Beispiel 3.12). Es seien $x, y \in \mathbb{N}_0$. Dann soll gelten

$$x \dot{-} y = \begin{cases} 0 & \text{für } x < y \\ x - y & \text{für } x \geq y. \end{cases}$$

Dies wird durch

$$x \dot{-} 0 = U_1^{(1)}(x) \quad (= x) \quad \text{und}$$
$$x \dot{-} (y+1) = V(U_3^{(3)}(x, y, x \dot{-} y)) \quad (= V(x \dot{-} y))$$

erreicht.

4. Rekursive Funktionen

(h) Der Abstand. Es seien $x, y \in \mathbb{N}_0$. Dann gilt offenbar

$$|x - y| = (x \dotdiv y) + (y \dotdiv x).$$

(i) Die Signum-Funktion. Es sei $x \in \mathbb{N}_0$. Dann ist die Signum-Funktion durch

$$\operatorname{sign}(x) = \begin{cases} 0 & \text{für } x = 0 \\ 1 & \text{für } x > 0 \end{cases}$$

definiert. Dies wird durch

$$\operatorname{sign}(0) = C_0^{(0)} \quad (= 0) \text{ und}$$
$$\operatorname{sign}(x+1) = C_1^{(2)}(x, \operatorname{sign}(x))$$

erreicht. Entsprechend ist auch die durch $\overline{\operatorname{sign}}(x) = 1 - \operatorname{sign}(x)$ gegebene $\overline{\operatorname{sign}}$-Funktion eine primitiv-rekursive Funktion. □

Die Grundfunktionen sind offensichtlich im intuitiven Sinn berechenbar. Unmittelbar ist klar, daß der Prozeß der Einsetzung und der Gewinnung von Funktionen über das Induktions-Rekursionsschema intuitiv wieder zu berechenbaren Funktionen führt. Aufgrund der Churchschen These ist somit jede primitiv-rekursive Funktion Turing-berechenbar. Wir leiten dieses Ergebnis formal her.

Satz 4.1: Primitiv-rekursive Funktionen sind normiert Turing-berechenbar.

Beweis: Der Beweis erfolgt durch Induktion über die Struktur der Definition der primitiv-rekursiven Funktionen. Zunächst wird gezeigt, daß die Grundfunktionen normiert Turing-berechenbar sind. Dann muß bewiesen werden, daß alle Funktionen, die sich durch die Einsetzung oder durch das Induktions-Rekursionsschema aus normiert Turing-berechenbaren Funktionen ergeben, wieder normiert Turing-berechenbar sind. Man beachte dabei, daß sich nach Definition 3.9 bei der normierten Turing-Berechenbarkeit am Ende der Rechnung neben dem Funktionswert auch die Argumentwerte auf dem Band der Turingmaschine befinden.

Wir betrachten die Grundfunktionen. Die Nullfunktion $C_0^{(0)}$ wird durch die Turingmaschine **l r** berechnet. Offenbar wird die Bandinschrift $\ldots \underline{b} \ldots$, die einem 0-stelligen Argument (keinem Argument) entspricht, durch **l r** in $\ldots b|\underline{b}\ldots$ überführt. Die Nachfolgerfunktion S wird durch $\mathbf{K}_1$ **l r** berechnet. Für $k \in \mathbb{N}_0$ gilt nämlich

$$\ldots b|^{k+1}\underline{b}\ldots \stackrel{\mathbf{K}_1}{\mapsto} \ldots b|^{k+1}b|^{k+1}\underline{b}\ldots \stackrel{\mathbf{l r}}{\mapsto} \ldots b|^{k+1}b|^{k+2}\underline{b}\ldots$$

Die Kopiermaschinen $\mathbf{K}_{n+1-i}$ realisieren die Projektionsabbildungen $U_i^{(n)}$, $i = 1, \ldots, n$, denn für $(x_1, \ldots, x_n) \in \mathbb{N}_0^n$ erhalten wir

$$\ldots b|^{x_1+1}b|^{x_2+1}b\ldots b|^{x_n+1}\underline{b}\ldots \stackrel{\mathbf{K}_{n+1-i}}{\mapsto} \ldots b|^{x_1+1}b\ldots b|^{x_n+1}b|^{x_i+1}\underline{b}\ldots$$

4.1 Primitiv-rekursive Funktionen

Wir kommen jetzt zur Einsetzung. Die Funktionen $g, h_1, \ldots, h_r$ seien normiert Turing-berechenbar durch die Turingmaschinen $T, T_1, \ldots, T_r$. Dann ist $f = g \circ (h_1, \ldots, h_r)$ normiert Turing-berechenbar durch

$$T_1(\mathbf{K}^n_{n-1+2}T_2\mathbf{V}^n)\cdots(\mathbf{K}^n_{n-1+r}T_r\mathbf{V}^n)T\mathbf{V}^r,$$

wobei $\mathbf{V}$ die Verschiebemaschine aus Beispiel 3.8 ist. Speziell für $r = 1$ ist die Turingmaschine $T_1T\mathbf{V}$ zu betrachten. Es sei $(x_1, \ldots, x_n) \in I\!\!N_0^n$ das Argument von f. Dann erhalten wir die Überführungen

$$\ldots b\underbrace{|^{x_1+1}b|^{x_2+1}b\ldots b|^{x_n+1}}_{w_1}\underline{b}\ldots \overset{T_1}{\mapsto} \ldots bw_1b|^{h_1(x_1,\ldots,x_n)+1}\underline{b}\ldots$$

$$\overset{\mathbf{K}^n_{n-1+2}}{\mapsto} \ldots b\underbrace{w_1b|^{h_1(x_1,\ldots,x_n)+1}bw_1}_{w_2}\underline{b}\ldots \overset{T_2}{\mapsto} \ldots bw_2b|^{h_2(x_1,\ldots,x_n)+1}\underline{b}\ldots$$

$$\overset{\mathbf{V}^n}{\mapsto} \ldots bw_1b|^{h_1(x_1,\ldots,x_n)+1}b|^{h_2(x_1,\ldots,x_n)+1}\underline{b}\ldots \mapsto \ldots\ldots$$

$$\mapsto \ldots bw_1b|^{h_1(x_1,\ldots,x_n)+1}b\ldots b|^{h_{r-1}(x_1,\ldots,x_n)+1}\underline{b}\ldots$$

$$\overset{\mathbf{K}^n_{n-1+r}T_r\mathbf{V}^n}{\mapsto} \ldots bw_1b\underbrace{|^{h_1(x_1,\ldots,x_n)+1}b\ldots b|^{h_r(x_1,\ldots,x_n)+1}}_{w_3}\underline{b}\ldots$$

$$\overset{T}{\mapsto} \ldots bw_1bw_3b|^{g(h_1(x_1,\ldots,x_n),\ldots,h_r(x_1,\ldots,x_n))+1}\underline{b}\ldots$$

$$\overset{\mathbf{V}^r}{\mapsto} \ldots bw_1b|^{g(h_1(x_1,\ldots,x_n),\ldots,h_r(x_1,\ldots,x_n))+1}\underline{b}\ldots.$$

Wir sehen, daß $g(h_1(x_1, \ldots, x_n), \ldots, h_n(x_1, \ldots, x_n))$ der errechnete Funktionswert ist.

Schließlich seien g und h normiert Turing-berechenbar durch T_g und T_h. Dann wird die durch g und h induktiv-rekursiv definierte Funktion f normiert Turing-berechnet durch die Turingmaschine

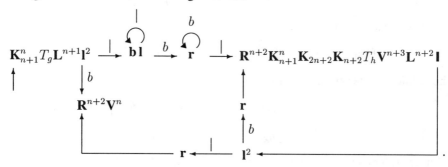

Dies erkennen wir wie folgt. Für $(x_1, \ldots, x_n) \in I\!\!N_0^n$ setzen wir zur Abkürzung

$$\mathbf{x} = |^{x_1+1}b|^{x_2+1}b\ldots b|^{x_n+1}, \quad y = |^{y+1} \quad \text{und} \quad f_i = |^{f(x_1,\ldots,x_n,i)+1}.$$

4. Rekursive Funktionen

Insbesondere gilt $f_0 = |^{g(x_1,\ldots,x_n)+1}$. Die Berechnung von $f(x_1,\ldots,x_n,y)$ mit $y \geq 0$ wird mit Hilfe der folgenden Schritte durchgeführt:

$$\ldots b\mathbf{x}by\underline{b}\ldots \stackrel{\mathbf{K}^n_{n+1}}{\longmapsto} \ldots b\mathbf{x}by b\mathbf{x}\underline{b}\ldots \stackrel{T_g}{\longmapsto} \ldots b\mathbf{x}by b\mathbf{x}b f_0\underline{b}\ldots \stackrel{\mathbf{L}^{n+1}}{\longmapsto} \ldots b\mathbf{x}by\underline{b}\mathbf{x}b f_0 b \ldots$$

Bei der folgenden Anwendung von $\mathbf{l}^2$ sind jetzt zwei Fälle zu unterscheiden. Für $y = 0$ ist der gewünschte Wert bereits durch f_0 bestimmt, und die Arbeit der Turingmaschine wird durch

$$\ldots b\mathbf{x}b|\underline{b}\mathbf{x}b f_0 b \ldots \stackrel{\mathbf{l}^2}{\longmapsto} \ldots b\mathbf{x}\underline{b}|b\mathbf{x}b f_0 b \ldots$$

$$\stackrel{\mathbf{R}^{n+2}}{\longmapsto} \ldots b\mathbf{x}by b\mathbf{x}b f_0\underline{b}\ldots \stackrel{\mathbf{V}^n}{\longmapsto} \ldots b\mathbf{x}by b f_0\underline{b}\ldots$$

abgeschlossen. Damit ist $f(x_1,\ldots,x_n,0) = g(x_1,\ldots,x_n)$ berechnet.

Für $y \geq 1$ erhalten wir

$$\ldots b\mathbf{x}b|^{y+1}\underline{b}\mathbf{x}b f_0 b \ldots \stackrel{\mathbf{l}^2}{\longmapsto} \ldots b\mathbf{x}b|^{y-1}|\underline{|}b\mathbf{x}b f_0 b \ldots \stackrel{(\mathbf{bl})^y}{\longmapsto} \ldots b\mathbf{x}\underline{b}b^y|b\mathbf{x}b f_0 b \ldots$$

$$\stackrel{\mathbf{r}^{y+1}}{\longmapsto} \ldots b\mathbf{x}bb^y|b\mathbf{x}b f_0\underline{b}\ldots \stackrel{\mathbf{R}^{n+2}}{\longmapsto} \ldots b\mathbf{x}bb^y|b\mathbf{x}b f_0\underline{b}\ldots$$

Allgemein nehmen wir an, daß nach i Schleifendurchläufen, $i = 0,\ldots,y-1$, und nach Anwendung von $\mathbf{R}^{n+2}$ die Bandinschrift

$$\ldots b\mathbf{x}bb^{y-i}|^{i+1}b\mathbf{x}b f_i\underline{b}\ldots$$

vorliegt. Wie wir eben gesehen haben, ist dies für $i = 0$ richtig. Es gilt dann

$$\ldots b\mathbf{x}bb^{y-i}|^{i+1}b\mathbf{x}b f_i\underline{b}\ldots \stackrel{\mathbf{K}^n_{n+1}}{\longmapsto} \ldots b\mathbf{x}bb^{y-i}|^{i+1}b\mathbf{x}b f_i b\mathbf{x}\underline{b}\ldots$$

$$\stackrel{\mathbf{K}_{2n+2}}{\longmapsto} \ldots b\mathbf{x}bb^{y-i}|^{i+1}b\mathbf{x}b f_i b\mathbf{x}b|^{i+1}\underline{b}\ldots \stackrel{\mathbf{K}_{n+2}}{\longmapsto} \ldots b\mathbf{x}bb^{y-i}|^{i+1}b\mathbf{x}b f_i b\mathbf{x}b|^{i+1}b f_i\underline{b}\ldots$$

$$\stackrel{T_h}{\longmapsto} \ldots b\mathbf{x}bb^{y-i}|^{i+1}b\mathbf{x}b f_i b\mathbf{x}b|^{i+1}b f_i b f_{i+1}\underline{b}\ldots$$

An dieser Stelle ist der Wert

$$f(x_1,\ldots,x_n,i+1) = h(x_1,\ldots,x_n,i,f(x_1,\ldots,x_n,i))$$

berechnet. Weiter erhalten wir dann

$$\ldots b\mathbf{x}bb^{y-i}|^{i+1}b\mathbf{x}b f_i b\mathbf{x}b|^{i+1}b f_i b f_{i+1}\underline{b}\ldots \stackrel{\mathbf{V}^{n+3}}{\longmapsto} \ldots b\mathbf{x}bb^{y-i}|^{i+1}b\mathbf{x}b f_{i+1}\underline{b}\ldots$$

$$\stackrel{\mathbf{L}^{n+2}\mathbf{l}}{\longmapsto} \ldots b\mathbf{x}bb^{y-i-1}|\underline{|}^{i+1}b\mathbf{x}b f_{i+1}b\ldots$$

Bei der folgenden Anwendung von $\mathbf{l}^2$ sind wieder zwei Fälle möglich. Für $y = i+1$ ist der gewünschte Wert bereits durch f_{i+1} bestimmt, und die Arbeit wird durch

$$\ldots b\mathbf{x}b|\underline{|}^{i+1}b\mathbf{x}b f_{i+1}b\ldots \stackrel{\mathbf{l}^2}{\longmapsto} \ldots b\mathbf{x}\underline{b}||^{i+1}b\mathbf{x}b f_{i+1}b\ldots \stackrel{\mathbf{r}\mathbf{R}^{n+2}\mathbf{V}^n}{\longmapsto} \ldots b\mathbf{x}by b f_{i+1}\underline{b}\ldots$$

beendet. Dabei bedeutet $\underline{x}$, daß die Turingmaschine über dem letzten Strich | von $\underline{x}$ steht. Insgesamt ist somit das Ergebnis $f(x_1, \ldots, x_n, y) = f(x_1, \ldots, x_n, i+1)$ berechnet.

Für $y > i + 1$ erhalten wir

$$\ldots b\mathbf{x}bb^{y-i-1}\underline{|}|^{i+1}b\mathbf{x}bf_{i+1}b \ldots \stackrel{\mathbf{I^2}}{\mapsto} \ldots b\mathbf{x}b^{y-i-2}\underline{bb}|^{i+2}b\mathbf{x}bf_{i+1}b \ldots$$

$$\stackrel{\mathbf{rR}^{n+2}}{\mapsto} \ldots b\mathbf{x}bb^{y-i-1}|^{i+2}b\mathbf{x}bf_{i+1}\underline{b} \ldots$$

Wir sehen also, daß unsere Annahme über die Gestalt der Bandinschrift nach i Schleifendurchläufen und nach Anwendung von $\mathbf{R}^{n+2}$ richtig ist. Insgesamt folgt, daß für $y \geq 1$ während des y-ten Schleifendurchlaufs der Funktionswert $f(x_1, \ldots, x_n, y)$ berechnet wird. Damit ist der Satz bewiesen. □

4.2 Die Ackermann-Funktion

Die Frage ist, ob die Klasse der primitiv-rekursiven Funktionen gleich der Klasse aller Turing-berechenbaren Funktionen ist. In diesem Fall ist sie nach der Churchschen These auch gleich der Klasse aller intuitiv berechenbaren Funktionen. Am Beispiel der Ackermann-Funktion wird jedoch gezeigt, daß Turing-berechenbare Funktionen existieren, die nicht primitiv-rekursiv sind.

Zunächst wollen wir einige Überlegungen durchführen, die schließlich zur Definition der Ackermann-Funktion führen werden. Die Grundidee dabei ist, eine Funktion zu finden, die in gewisser Weise schneller wächst als jede primitiv-rekursive Funktion. Dazu betrachten wir die Folge der immer stärker wachsenden Funktionen Summe, Produkt, Potenz. Da die Potenz aus dem Produkt auf ähnliche Weise entsteht wie das Produkt aus der Summe, läßt sich diese Folge verlängern: Für $n = 1, 2, 3$ werde mit $f_n(x, y)$ die Summe, das Produkt bzw. die Potenz bezeichnet. Wir fügen die Funktion f_0 mit $f_0(x, y) = S(x)$ hinzu. Dann erhalten wir

$$f_1(x, 0) = x$$
$$f_1(x, y+1) = f_0(f_1(x, y), x),$$

$$f_2(x, 0) = 0$$
$$f_2(x, y+1) = f_1(f_2(x, y), x),$$

$$f_3(x, 0) = 1$$
$$f_3(x, y+1) = f_2(f_3(x, y), x).$$

4. Rekursive Funktionen

Wir erkennen sofort, daß diese Definitionen, abgesehen von f_0, dem Gleichungssystem

$$f_{n+1}(x,0) = g_{n+1}(x)$$
$$f_{n+1}(x,y+1) = f_n(f_{n+1}(x,y),x)$$

genügen. Wählen wir für g_{n+1} geeignete primitiv-rekursive Funktionen, so erhalten wir eine Folge f_n von Funktionen ($n = 0, 1, 2, \ldots$), welche die Anfangsfolge S, Summe, Produkt, Potenz fortsetzt. Wir stellen fest, daß jedes f_n primitiv-rekursiv ist, denn f_{n+1} ist induktiv-rekursiv durch g_{n+1} und h_n mit $h_n(x_1, x_2, x_3) = f_n(x_3, x_1)$ definiert. Dabei geht h_n aus f_n durch Einsetzung von $U_3^{(3)}$ und $U_1^{(3)}$ hervor.

Nun wird die unendliche Folge f_n von Funktionen von zwei Argumenten durch eine einzige Funktion f von drei Argumenten mit

$$f(n, x, y) = f_n(x, y)$$

ersetzt. Dabei kommt der Index n als erstes Argument von f vor. Die Funktion f ist offensichtlich im intuitiven Sinn berechenbar. Sie erfüllt aufgrund der Definition von f_n die Funktionalgleichung

$$f(n+1, x, y+1) = f(n, f(n+1, x, y), x)$$

für alle $n, x, y \in \mathbb{N}$. Damit erhalten wir eine Art induktiver Definition von f, die jedoch für $n = 0$ oder $x = 0$ noch geeignet ergänzt werden muß. Diese Definition ist allgemeiner als die Definition, die beim Induktions-Rekursionsschema vorkommt. Man kann zeigen, daß f nicht primitiv-rekursiv ist. Wir beweisen ein entsprechendes Ergebnis für eine etwas einfachere Funktion, die wir jetzt aus f ableiten.

In der obigen Gleichung für f spielt x, das überall unverändert als Parameter auftaucht, eine geringere Rolle als die Variablen n und y, für die auch die Nachfolger vorkommen. Wenn wir x weglassen und anschließend den Buchstaben x für n verwenden, dann erhalten wir die dritte Gleichung der folgenden Definition. Die beiden anderen Gleichungen sind so gewählt, daß die weiteren Überlegungen möglich werden.

Definition 4.5: Die *Ackermann-Funktion* $f : \mathbb{N}_0^2 \to \mathbb{N}_0$ ist definiert durch
 (a) $f(0, y) = y + 1$,
 (b) $f(x+1, 0) = f(x, 1)$ und
 (c) $f(x+1, y+1) = f(x, f(x+1, y))$. □

Wir wollen uns durch Induktion über x und dann über y überzeugen, daß durch (a) bis (c) die Funktion f für jedes x und y eindeutig festgelegt ist. Für

4.2 Die Ackermann-Funktion

$x = 0$ gilt nach (a) die Gleichung $f(0, y) = y + 1$ für alle $y \in \mathbb{N}_0$, und anders kann $f(0, y)$ nicht bestimmt werden. Die erste Induktionsannahme für die Induktion über x ist, daß $f(x, y)$ für ein festes $x \in \mathbb{N}_0$ und alle $y \in \mathbb{N}_0$ eindeutig definiert ist. Wir müssen zeigen, daß dann $f(x + 1, y)$ für alle $y \in \mathbb{N}_0$ ebenfalls eindeutig definiert ist. Dies beweisen wir durch Induktion über y. Für $y = 0$ können wir nur (b) verwenden und erhalten $f(x + 1, 0) = f(x, 1)$. Wegen der ersten Induktionsannahme ist $f(x, 1)$ und damit $f(x + 1, 0)$ eindeutig bestimmt. Die zweite Induktionsannahme für die Induktion über y ist, daß $f(x + 1, y)$ eindeutig definiert ist. $f(x + 1, y + 1)$ kann nur gemäß (c) berechnet werden und liefert aufgrund der zweiten Induktionsannahme das eindeutig bestimmte Element $f(x, f(x + 1, y))$.

Die Rechnungen gemäß (a) und (b) können leicht durchgeführt werden. Durch den Induktionsbeweis ist dann klar, wie für andere Argumente die Berechnungen zu erfolgen haben. Die Ackermann-Funktion ist also berechenbar und natürlich auch total. Schon für kleine Argumentwerte ist die Berechnung jedoch sehr aufwendig. So ist z.B.

$$f(2, 1) = f(1, f(2, 0)) = f(1, f(1, 1)).$$

Wegen

$$f(1, 1) = f(0, f(1, 0)) = f(1, 0) + 1 = f(0, 1) + 1 = (1 + 1) + 1 = 3$$

folgt dann weiter

$$\begin{aligned} f(2, 1) &= f(1, 3) = f(0, f(1, 2)) = f(1, 2) + 1 = f(0, f(1, 1)) + 1 \\ &= f(0, 3) + 1 = (3 + 1) + 1 = 5. \end{aligned}$$

Satz 4.2: Für die Ackermann-Funktion $f : \mathbb{N}_0^2 \to \mathbb{N}_0$ gelten für alle $x, y \in \mathbb{N}_0$ die folgenden Aussagen:
   (a) $y < f(x, y)$.
   (b) $f(x, y) < f(x, y + 1)$.
   (c) $f(x, y + 1) \leq f(x + 1, y)$.
   (d) $f(x, y) < f(x + 1, y)$.
   (e) $f(1, y) = y + 2$.
   (f) $f(2, y) = 2y + 3$.
   (g) Es seien $c_1, \ldots, c_n \in \mathbb{N}_0$. Dann existiert ein $c \in \mathbb{N}_0$, so daß für alle $x \in \mathbb{N}_0$ die Ungleichung

$$\sum_{i=1}^n f(c_i, x) < f(c, x)$$

gilt.

4. Rekursive Funktionen

Beweis: Man beachte, daß in dem Beweis die Gleichungen aus Definition 4.5 ohne entsprechenden Hinweis verwendet werden.

(a) Durch Induktion über x zeigen wir $y < f(x,y)$ für alle $y \in \mathbb{N}_0$. Für $x = 0$ gilt $y < y+1 = f(0,y)$. Die erste Induktionsvoraussetzung lautet, daß (a) für ein x und jedes y gilt. Zu zeigen ist, daß (a) für $x+1$ und jedes y richtig ist. Diesen Beweis innerhalb des Induktionsbeweises über x führen wir durch Induktion über y. Für $y = 0$ gilt nach der ersten Induktionsvoraussetzung $0 < 1 < f(x,1) = f(x+1,0)$. Die zweite Induktionsvoraussetzung ist die Gültigkeit von (a) für $x+1$ und y. Zu zeigen bleibt, daß (a) für $x+1$ und $y+1$ erfüllt ist. Aufgrund der beiden Induktionsvoraussetzungen erhalten wir

$$y < f(x+1, y) < f(x, f(x+1, y)) = f(x+1, y+1).$$

Daraus folgt $y + 1 < f(x+1, y+1)$.

(b) Für $x = 0$ gilt

$$f(0, y) = y + 1 < y + 2 = f(0, y+1).$$

Mit Hilfe von (a) erhalten wir weiter für alle $x \in \mathbb{N}_0$

$$f(x+1, y) < f(x, f(x+1, y)) = f(x+1, y+1).$$

(c) Wir führen eine Induktion über y durch. Für $y = 0$ gilt

$$f(x, 1) = f(x+1, 0).$$

Nach (a) ergibt sich $y+1 < f(x, y+1)$. Mit Hilfe der Induktionsvoraussetzung folgt daraus $y + 2 \leq f(x, y+1) \leq f(x+1, y)$. Unter Zuhilfenahme von (b) können wir

$$f(x, y+2) \leq f(x, f(x+1, y)) = f(x+1, y+1)$$

schließen.

(d) Wegen (b) und (c) gilt $f(x,y) < f(x, y+1) \leq f(x+1, y)$.

(e) Der Beweis erfolgt durch Induktion über y. Wir erhalten

$$f(1, 0) = f(0, 1) = 1 + 1 = 2 \text{ und}$$

$$f(1, y+1) = f(0, f(1, y)) = f(0, y+2) = y + 3.$$

(f) Unter Verwendung von (e) führen wir eine Induktion über y durch. Es gilt

$$f(2, 0) = f(1, 1) = 3 \text{ und}$$

$$f(2, y+1) = f(1, f(2, y)) = f(1, 2y+3) = 2y + 5 = 2(y+1) + 3.$$

4.2 Die Ackermann-Funktion

(g) Es reicht aus, den Fall $n = 2$ zu zeigen. Es sei $d = \max\{c_1, c_2\}$ und $c = d + 4$. Mit Hilfe von (b), (c), (d) und (f) erhalten wir

$$f(c_1, x) + f(c_2, x) \leq f(d, x) + f(d, x) < 2f(d, x) + 3$$
$$= f(2, f(d, x)) < f(2, f(d+3, x)) \leq f(d+2, f(d+3, x))$$
$$= f(d+3, x+1) \leq f(d+4, x) = f(c, x). \quad \Box$$

Satz 4.3: Es sei $g : \mathbb{N}_0^n \to \mathbb{N}_0$ primitiv-rekursiv. Dann gibt es ein $c \in \mathbb{N}_0$, so daß für alle $x_1, \ldots, x_n \in \mathbb{N}_0$ die Ungleichung

(*) $$g(x_1, \ldots, x_n) < f(c, x_1 + \ldots + x_n)$$

gilt (für $n = 0$: $g < f(c, 0)$).

Beweis: Der Beweis erfolgt wieder durch Induktion über die Struktur der Definition der primitiv-rekursiven Funktionen. Wir beweisen zunächst die Ungleichung (*) für die primitiv-rekursiven Grundfunktionen. Dann wird gezeigt, daß alle Funktionen, die sich durch den Einsetzungsprozeß oder durch das Induktions-Rekursionsschema aus Funktionen ergeben, für die jeweils (*) gilt, ebenfalls (*) erfüllen. Die Hinweise (a), (b) usw. beziehen sich im folgenden auf die Teilaussagen von Satz 4.2.

Wir betrachten die Grundfunktionen. Wegen $f(0, 0) = 1$ gilt

$$C_0^{(0)} < f(0, 0).$$

Weiter erhalten wir für die Nachfolgerfunktion

$$S(x) < f(1, x),$$

denn nach (d) ist $S(x) = f(0, x) < f(1, x)$. Für die Projektionsfunktionen ergeben sich für $i = 1, \ldots, n$ die Ungleichungen

$$U_i^{(n)}(x_1, \ldots, x_n) < f(0, x_1 + \ldots + x_n),$$

da $U_i^{(n)}(x_1, \ldots, x_n) = x_i < (x_1 + \ldots + x_n) + 1 = f(0, x_1 + \ldots + x_n)$ ist.

Wir kommen jetzt zum Einsetzungsprozeß. Es werde angenommen, daß es zu den Funktionen $g, g_1, \ldots, g_n$ Zahlen $c, c_1, \ldots, c_n \in \mathbb{N}_0$ gibt mit

$$g(x_1, \ldots, x_n) < f(c, x_1 + \ldots + x_n) \text{ und}$$
$$g_j(y_1, \ldots, y_r) < f(c_j, y_1 + \ldots + y_r)$$

für $j = 1, \ldots, n$ und alle $x_1, \ldots, x_n \in \mathbb{N}_0$, $y_1, \ldots, y_r \in \mathbb{N}_0$. Weiter gehe die Funktion h aus g durch Einsetzung von $g_1, \ldots, g_n$ hervor, es gelte also

$$h(y_1, \ldots, y_r) = g(g_1(y_1, \ldots, y_r), \ldots, g_n(y_1, \ldots, y_r))$$

4. Rekursive Funktionen

für alle $y_1, \ldots, y_r \in \mathbb{N}_0$. Dann erhalten wir

$h(y_1, \ldots, y_r)$
$= g(g_1(y_1, \ldots, y_r), \ldots, g_n(y_1, \ldots, y_r))$
$< f(c, g_1(y_1, \ldots, y_r) + \ldots + g_n(y_1, \ldots, y_r))$
$< f(c, f(c_1, y_1 + \ldots + y_r) + \ldots + f(c_n, y_1 + \ldots + y_r))$ (nach (b))
$< f(c, f(c^*, y_1 + \ldots + y_r))$ (mit geeignetem c^* nach (g))
$< f(c + c^*, f(c + c^* + 1, y_1 + \ldots + y_r))$ (nach (b), (d))
$= f(c + c^* + 1, y_1 + \ldots + y_r + 1)$
$\leq f(c + c^* + 2, y_1 + \ldots + y_r)$ (nach (c))

für alle $y_1 \ldots, y_r \in \mathbb{N}_0$.

Es muß noch der Induktions-Rekursionsprozeß behandelt werden. Zu den Funktionen g_1, g_2 gebe es Zahlen $c_1, c_2 \in \mathbb{N}_0$ mit

$$g_1(x_1, \ldots, x_n) < f(c_1, x_1 + \ldots + x_n)$$

für alle $x_1, \ldots, x_n \in \mathbb{N}_0$ und

$$g_2(x_1, \ldots, x_n, y, z) < f(c_2, x_1 + \ldots + x_n + y + z)$$

für alle $x_1, \ldots, x_n, y, z \in \mathbb{N}_0$. Die Funktion h sei induktiv-rekursiv gegeben durch

$$h(x_1, \ldots, x_n, 0) = g_1(x_1, \ldots, x_n) \text{ und}$$
$$h(x_1, \ldots, x_n, y+1) = g_2(x_1, \ldots, x_n, y, h(x_1, \ldots, x_n, y)).$$

Wir müssen zeigen, daß es eine Konstante $c \in \mathbb{N}_0$ gibt mit

$$h(x_1, \ldots, x_n, y) < f(c, x_1 + \ldots + x_n + y)$$

für alle $x_1, \ldots, x_n, y \in \mathbb{N}_0$. Statt dessen beweisen wir die stärkere Aussage, daß ein $c \in \mathbb{N}_0$ existiert mit

(1) $\qquad h(x_1, \ldots, x_n, y) + x_1 + \ldots + x_n + y < f(c, x_1 + \ldots + x_n + y)$

für beliebige $x_1, \ldots, x_n, y \in \mathbb{N}_0$. Dafür zeigen wir zunächst, daß es ein $c_1^* \in \mathbb{N}_0$ gibt mit

(2) $\qquad g_1(x_1, \ldots, x_n) + x_1 + \ldots + x_n < f(c_1^*, x_1 + \ldots + x_n)$

für alle $x_1, \ldots, x_n \in \mathbb{N}_0$. Mit Hilfe von $U_i^{(n)}(x_1, \ldots, x_n) < f(0, x_1 + \ldots + x_n)$ und (g) folgt dies aus

$g_1(x_1, \ldots, x_n) + x_1 + \ldots + x_n$
$= g_1(x_1, \ldots, x_n) + U_1^{(n)}(x_1, \ldots, x_n) + \ldots + U_n^{(n)}(x_1, \ldots, x_n)$
$< f(c_1, x_1 + \ldots + x_n) + f(0, x_1 + \ldots + x_n) + \ldots + f(0, x_1 + \ldots + x_n)$
$< f(c_1^*, x_1 + \ldots + x_n)$ (mit geeignetem c_1^* nach (g)).

4.2 Die Ackermann-Funktion

In der gleichen Weise wird gezeigt, daß es eine Konstante $c_2^* \in \mathbb{N}_0$ gibt mit

(3) $\quad g_2(x_1,\ldots,x_n,y,z) + x_1 + \ldots + x_n + y + z$
$\quad\quad\quad < f(c_2^*, x_1 + \ldots + x_n + y + z)$

für alle $x_1,\ldots,x_n,y,z \in \mathbb{N}_0$. Durch Induktion über y wird nun die Ungleichung (1) bewiesen, wobei wir

$$c = \max\{c_1^*, c_2^*\} + 1$$

mit den zuvor bestimmten c_1^*, c_2^* setzen. Unter Berücksichtigung von (d) und (2) erhalten wir

$$h(x_1,\ldots,x_n,0) + x_1 + \ldots + x_n = g_1(x_1,\ldots,x_n) + x_1 + \ldots + x_n$$
$$< f(c_1^*, x_1 + \ldots + x_n) < f(c, x_1 + \ldots + x_n).$$

Wir nehmen an, daß die Induktionsvoraussetzung (1) gilt und betrachten den Fall $y + 1$. Unter Verwendung von (3) ergibt sich

$$h(x_1,\ldots,x_n,y+1) + x_1 + \ldots + x_n + y + 1$$
$$= g_2(x_1,\ldots,x_n,y,h(x_1,\ldots,x_n,y))) + x_1 + \ldots + x_n + y + 1$$
$$< f(c_2^*, x_1 + \ldots + x_n + y + h(x_1,\ldots,x_n,y)) + 1$$
$$< f(c_2^*, f(c, x_1 + \ldots + x_n + y)) + 1.$$

Der letzte Term ist wegen der Definition von c und der Aussage (d)

$$\leq f(c-1, f(c, x_1 + \ldots + x_n + y)) + 1$$
$$= f(c, x_1 + \ldots + x_n + y + 1) + 1.$$

Zweimal wurde in der Abschätzung das Kleinerzeichen verwendet, so daß insgesamt

$$h(x_1,\ldots,x_n,y+1) + x_1 + \ldots + x_n + y + 1 < f(c, x_1 + \ldots + x_n + y + 1)$$

folgt. Damit ist der Induktionsbeweis für die Ungleichung (1) abgeschlossen und der Satz bewiesen. □

Satz 4.4: Die Ackermann-Funktion ist nicht primitiv-rekursiv.

Beweis: Wir nehmen an, daß die Ackermann-Funktion f primitiv-rekursiv ist. Dann ist es auch die durch $g(x) = f(x,x)$ für alle $x \in \mathbb{N}_0$ definierte Funktion $g : \mathbb{N}_0 \to \mathbb{N}_0$. g entsteht nämlich aus f durch Einsetzung von h_1, h_2 mit $h_1 = h_2 = U_1^{(1)}$ (Identitätsfunktion). Daraus folgt nach Satz 4.3, daß ein $c \in \mathbb{N}_0$ existiert mit $g(x) < f(c,x)$ für alle $x \in \mathbb{N}_0$. Dies gilt insbesondere für $x = c$, woraus sich $g(c) < f(c,c) = g(c)$ ergibt. Das ist ein offensichtlicher Widerspruch. □

4. Rekursive Funktionen

4.3 Der μ-Operator und μ-rekursive Funktionen

Es seien $x_1, \ldots, x_n \in \mathbb{N}_0$ mit $n \in \mathbb{N}$. Ein *n-stelliges Prädikat* ρ ist eine Aussage ρ über n natürliche Zahlen, die auf gewisse n-Tupel von Zahlen zutrifft. Wir schreiben $\rho(x_1, \ldots, x_n)$ oder sagen, daß $\rho(x_1, \ldots, x_n)$ wahr ist, wenn ρ auf $(x_1, \ldots, x_n)$ zutrifft. Zum Beispiel ist das Primzahlprädikat ein einstelliges Prädikat, das auf 2,3,5,... zutrifft und auf 0,1,4,6,... nicht.

Definition 4.6: Es sei $n \in \mathbb{N}$, ρ ein n-stelliges Prädikat und χ_ρ eine n-stellige Funktion. χ_ρ heißt *charakteristische Funktion von* ρ, wenn χ_ρ gegeben wird durch

$$\chi_\rho(x_1, \ldots, x_n) = \begin{cases} 1, & \text{falls } \rho(x_1, \ldots, x_n) \\ 0 & \text{sonst.} \end{cases} \qquad \Box$$

Für ein Prädikat ρ und seine charakteristische Funktion χ_ρ gilt also

$$\rho(x_1, \ldots, x_n) \iff \chi_\rho(x_1, \ldots, x_n) = 1.$$

Definition 4.7: Es sei ρ ein n-stelliges Prädikat mit $n \in \mathbb{N}$. ρ heißt *primitiv-rekursiv*, wenn eine primitiv-rekursive Funktion f existiert mit

$$\rho(x_1, \ldots, x_n) \iff f(x_1, \ldots, x_n) = 0. \qquad \Box$$

Jedes primitiv-rekursive Prädikat ist entscheidbar, da die primitiv-rekursive Funktion f im intuitiven Sinn berechenbar ist und somit effektiv überprüft werden kann, ob $\rho(x_1, \ldots, x_n)$ zutrifft. Die Zugehörigkeit eines n-Tupels $(x_1, \ldots, x_n)$ zu der Menge $E = \{(x_1, \ldots, x_n) \mid \rho(x_1, \ldots, x_n)\}$ kann also effektiv festgestellt werden. Nach Definition 3.14 (siehe Seite 85) ist folglich die Menge E entscheidbar.

Satz 4.5: Es sei $n \in \mathbb{N}$ und ρ ein n-stelliges Prädikat. ρ ist genau dann primitiv-rekursiv, wenn seine zugehörige charakteristische Funktion primitiv-rekursiv ist.

Beweis: Es sei f die nach Definition 4.7 zu ρ gehörende primitiv-rekursive Funktion. Es gilt offenbar $\chi_\rho = \overline{\text{sign}} \circ f$. Da f und $\overline{\text{sign}}$ primitiv-rekursiv sind, ist es auch χ_ρ.

Ist umgekehrt χ_ρ primitiv rekursiv, so definieren wir die primitiv-rekursive Funktion $f = 1 \dot{-} \chi_\rho$. Damit erhalten wir

$$f(x_1, \ldots, x_n) = 0 \iff \chi_\rho(x_1, \ldots, x_n) = 1 \iff \rho(x_1, \ldots, x_n)$$

für alle $x_1, \ldots, x_n \in \mathbb{N}_0$. Folglich ist ρ nach Definition 4.7 primitiv-rekursiv. $\Box$

Wir zeigen jetzt, daß Funktionen, die durch eine einfache Fallunterscheidung aus primitiv-rekursiven Funktionen entstehen, selbst primitiv-rekursiv sind.

4.3 Der μ-Operator und μ-rekursive Funktionen

Satz 4.6: Es sei $n \in \mathbb{N}$, ρ sei ein n-stelliges primitiv-rekursives Prädikat und $f, g : \mathbb{N}_0^n \to \mathbb{N}_0$ seien primitiv-rekursive Funktionen. Dann ist die durch

$$r(x_1, \ldots, x_n) = \begin{cases} f(x_1, \ldots, x_n), & \text{falls } \rho(x_1, \ldots, x_n) \\ g(x_1, \ldots, x_n) & \text{sonst} \end{cases}$$

für alle $x_1, \ldots, x_n \in \mathbb{N}_0$ definierte Funktion $r : \mathbb{N}_0^n \to \mathbb{N}_0$ primitiv-rekursiv.

Beweis: Wir erkennen sofort, daß

$$r(x_1, \ldots, x_n) = \chi_\rho(x_1, \ldots, x_n) \cdot f(x_1, \ldots, x_n) \\ + (1 \dot{-} \chi_\rho(x_1, \ldots, x_n)) \cdot g(x_1, \ldots, x_n)$$

gilt. Die Funktion r wird also durch mehrfache Anwendung des Einsetzungsprozesses aus den primitiv-rekursiven Funktionen f, g, χ_ρ, $*$, $+$, $\dot{-}$ sowie $C_1^{(n)}$ gewonnen und ist somit selbst primitiv-rekursiv. $\square$

Definition 4.8: Es sei $n \in \mathbb{N}_0$ und ρ ein $(n+1)$-stelliges Prädikat.
(a) Falls es zu $(x_1, \ldots, x_n) \in \mathbb{N}_0^n$ ein $y \in \mathbb{N}_0$ mit $\rho(x_1, \ldots, x_n, y)$ gibt, so gibt es ein eindeutig bestimmtes kleinstes y mit $\rho(x_1, \ldots, x_n, y)$. Dieses y bezeichnen wir mit $\mu y \rho(x_1, \ldots, x_n, y)$. Existiert dagegen zu $(x_1, \ldots, x_n)$ kein y mit $\rho(x_1, \ldots, x_n, y)$, so ist $\mu y \rho(x_1, \ldots, x_n, y)$ undefiniert. μ heißt *unbeschränkter μ-Operator*.
(b) Falls es zu $(x_1, \ldots, x_n, y) \in \mathbb{N}_0^{n+1}$ ein kleinstes $j \in \mathbb{N}_0$ mit $0 \leq j \leq y$ und $\rho(x_1, \ldots, x_n, j)$ gibt, so wird dieses j mit $\mu(i \leq y) \rho(x_1, \ldots, x_n, i)$ bezeichnet. Anderenfalls setzen wir $\mu(i \leq y) \rho(x_1, \ldots, x_n, i) = 0$. $\mu(i \leq y)$ heißt *beschränkter μ-Operator*. $\square$

Der griechische Buchstabe μ in μ-Operator steht für $\mu\iota\kappa\rho o\varsigma$ (klein). Mit Hilfe des μ-Operators werden nun Funktionen definiert. Im allgemeinen müssen dies keine berechenbaren Funktionen sein.

Definition 4.9: Es sei $n \in \mathbb{N}_0$.
(a) Es sei $f : \mathbb{N}_0^n \to \mathbb{N}_0$ eine partielle Funktion. f ist *durch den unbeschränkten μ-Operator definiert*, wenn ein $(n+1)$-stelliges Prädikat ρ existiert mit

$$f(x_1, \ldots, x_n) = \mu y \rho(x_1, \ldots, x_n, y)$$

für alle $x_1, \ldots, x_n \in \mathbb{N}_0$.
(b) Es sei $f : \mathbb{N}_0^{n+1} \to \mathbb{N}_0$ eine totale Funktion. f ist *durch den beschränkten μ-Operator definiert*, wenn ein $(n+1)$-stelliges Prädikat ρ existiert mit

$$f(x_1, \ldots, x_n, y) = \mu(i \leq y) \rho(x_1, \ldots, x_n, i)$$

für alle $x_1, \ldots, x_n, y \in \mathbb{N}_0$. $\square$

4. Rekursive Funktionen

Die beiden vorangegangenen Definitionen gelten für beliebige Prädikate. Zur Bildung von berechenbaren Funktionen sind entscheidbare Prädikate von besonderem Interesse. Diese können durch primitiv-rekursive Funktionen wie in Definition 4.7 gegeben sein, aber auch durch jede andere (intuitiv) berechenbare totale Funktion wie z.B. die Ackermann-Funktion. Wir wollen verdeutlichen, wie wir im Falle eines entscheidbaren Prädikats ρ beim unbeschränkten μ-Operator die Funktion f berechnen können. $f(x_1, \ldots, x_n)$ ist sicher dann definiert, wenn es zu $(x_1, \ldots, x_n)$ ein $y \in \mathbb{N}_0$ gibt mit $\rho(x_1, \ldots, x_n, y)$. Man entscheide der Reihe nach, ob $\rho(x_1, \ldots, x_n, 0)$, $\rho(x_1, \ldots, x_n, 1)$ usw. gilt, bis zum ersten Mal $\rho(x_1, \ldots, x_n, y)$ erfüllt ist. Dieses y ist nach Definition 4.8(a) und Definition 4.9(a) gleich $f(x_1, \ldots, x_n)$. Wenn es dagegen kein y gibt, für das $\rho(x_1, \ldots, x_n, y)$ gilt, so bricht das Verfahren nicht ab, und $f(x_1, \ldots, x_n)$ ist nicht definiert. f ist also im allgemeinen nur eine partielle Funktion. Dies sehen wir auch im folgenden Beispiel 4.2. Für den beschränkten μ-Operator dagegen wird das Verfahren spätestens mit $i = y$ abgebrochen. Falls für $i = 0, \ldots, y$ die Beziehung $\rho(x_1, \ldots, x_n, i)$ nicht gilt, wird der Wert 0 als Resultat geliefert. Hier erhalten wir für ein entscheidbares Prädikat also eine totale Funktion. Ist das Prädikat jedoch nicht entscheidbar, so scheitern die Verfahren beim ersten Auftreten eines n-Tupels $(x_1, \ldots, x_n, y)$, für das $\rho(x_1, \ldots, x_n, y)$ nicht bestimmt werden kann, obwohl doch $\rho(x_1, \ldots, x_n, y)$ entweder wahr oder falsch sein muß. In diesem Fall ist die Funktion f nicht berechenbar.

Beispiel 4.2: Wir definieren das Prädikat ρ durch

$$\rho(x, y) \iff x = 3y.$$

Damit kann eine partielle Funktion $f : \mathbb{N}_0 \to \mathbb{N}_0$ durch

$$f(x) = \mu y \rho(x, y) = \begin{cases} \frac{x}{3}, & \text{falls } 3 \mid x \\ \text{undefiniert} & \text{sonst} \end{cases}$$

angegeben werden ($3 \mid x$ bedeutet: 3 teilt x). Das Prädikat ρ ist nach Definition 4.7 primitiv-rekursiv, da es durch die primitiv-rekursive Funktion $g(x, y) = (3y \dot{-} x) + (x \dot{-} 3y)$ bestimmt ist. Die Funktion f ist jedoch nicht total und somit auch nicht primitiv-rekursiv. □

Der beschränkte μ-Operator führt im Gegensatz zum unbeschränkten μ-Operator immer zu primitiv-rekursiven Funktionen, falls das Prädikat ρ primitiv-rekursiv ist.

Satz 4.7: Es sei $n \in \mathbb{N}_0$ und ρ ein $(n+1)$-stelliges primitiv-rekursives Prädikat. Dann ist die durch

$$f(x_1, \ldots, x_n, y) = \mu(i \leq y)\rho(x_1, \ldots, x_n, i)$$

für alle $x_1, \ldots, x_n, y \in \mathbb{N}_0$ definierte Funktion $f : \mathbb{N}_0^{n+1} \to \mathbb{N}_0$ primitiv-rekursiv.

Beweis: Offenbar gilt $f(x_1, \ldots, x_n, 0) = 0$ für $x_1, \ldots, x_n \in \mathbb{N}_0$, und für $y \in \mathbb{N}_0$ erhalten wir

$$f(x_1, \ldots, x_n, y+1) = \begin{cases} f(x_1, \ldots, x_n, y), & \text{falls ein } z \in \mathbb{N}_0 \text{ existiert,} \\ & \quad 0 \leq z \leq y, \text{ mit } \rho(x_1, \ldots, x_n, z) \\ y+1, & \text{falls dies nicht erfüllt ist,} \\ & \quad \text{jedoch } \rho(x_1, \ldots, x_n, y+1) \text{ gilt} \\ 0 & \text{sonst.} \end{cases}$$

Wir sehen, daß dies eine rekursive Definition von f ist, die wir auf das Induktions-Rekursionsschema zurückführen müssen. Dafür definieren wir als Zwischenschritt die Funktion $h : \mathbb{N}_0^{n+2} \to \mathbb{N}_0$ mit

$$h(x_1, \ldots, x_n, y, x) = \begin{cases} x, & \text{falls ein } z \in \mathbb{N}_0 \text{ existiert, } 0 \leq z \leq y, \\ & \quad \text{mit } \rho(x_1, \ldots, x_n, z) \\ y+1, & \text{falls dies nicht erfüllt ist,} \\ & \quad \text{jedoch } \rho(x_1, \ldots, x_n, y+1) \text{ gilt} \\ 0 & \text{sonst,} \end{cases}$$

in der f auf der rechten Seite entfernt wurde. Wir zeigen zunächst, daß h primitiv-rekursiv ist. Die Bedingung der oberen Alternative der Definition von h kann offenbar durch ein $(n+1)$-stelliges Prädikat $\overline{\rho}$ mit

$$\chi_{\overline{\rho}}(x_1, \ldots, x_n, y) = 1 \iff \text{sign}(\sum_{z=0}^{y} \chi_\rho(x_1, \ldots, x_n, z)) = 1$$

ausgedrückt werden. Wir definieren zunächst eine primitiv-rekursive Funktion $g : \mathbb{N}_0^n \to \mathbb{N}_0$ durch

$$g(x_1, \ldots, x_n) = \chi_\rho(U_1^{(n)}(x_1, \ldots, x_n), \ldots, U_n^{(n)}(x_1, \ldots, x_n), C_0^{(n)}(x_1, \ldots, x_n))$$
$$= \chi_\rho(x_1, \ldots, x_n, 0).$$

Dann erhalten wir $\chi_{\overline{\rho}}$ induktiv-rekursiv durch

$$\chi_{\overline{\rho}}(x_1, \ldots, x_n, 0) = g(x_1, \ldots, x_n)$$
$$\chi_{\overline{\rho}}(x_1, \ldots, x_n, y+1) = h_1(x_1, \ldots, x_n, y, \chi_{\overline{\rho}}(x_1, \ldots, x_n, y))$$

mit $h_1 = \text{sign} \circ (+) \circ (\chi_\rho \circ (U_1^{(n+2)}, \ldots, U_n^{(n+2)}, S \circ U_{n+1}^{(n+2)}), U_{n+2}^{(n+2)})$, also

$$h_1(x_1, \ldots, x_n, y, \chi_{\overline{\rho}}(x_1, \ldots, x_n, y))$$
$$= \text{sign}(\chi_\rho(x_1, \ldots, x_n, y+1) + \chi_{\overline{\rho}}(x_1, \ldots, x_n, y)).$$

Das Prädikat $\overline{\rho}$ ist daher nach Satz 4.5 primitiv-rekursiv. Nach Satz 4.6 ist weiter

$$h_2(x_1, \ldots, x_n, y, x) = \begin{cases} y+1, & \text{falls } \rho(x_1, \ldots, x_n, y+1) \\ 0 & \text{sonst} \end{cases}$$

4. Rekursive Funktionen

primitiv-rekursiv und damit auch

$$h(x_1,\ldots,x_n,y,x) = \begin{cases} x, & \text{falls } \overline{\rho}(x_1,\ldots,x_n,y) \\ h_2(x_1,\ldots,x_n,y,x) & \text{sonst.} \end{cases}$$

Wir beachten dabei, daß alle auf den rechten Seiten von h_2 und h vorkommenden Funktionen und Prädikate als $(n+2)$-stellige primitiv-rekursive Funktionen und Prädikate des Arguments $(x_1,\ldots,x_n,y,x)$ geschrieben werden können. Unter Verwendung der weiter oben gegebenen Definition von h sehen wir, daß sich f mit Hilfe dieser Funktion h durch das Induktions-Rekursionsschema

$$\begin{aligned} f(x_1,\ldots,x_n,0) &= 0 \\ f(x_1,\ldots,x_n,y+1) &= h(x_1,\ldots,x_n,y,f(x_1,\ldots,x_n,y)) \end{aligned}$$

ausdrücken läßt. Folglich ist f primitiv-rekursiv. □

Definition 4.10: Es sei $n \in \mathbb{N}_0$ und ρ ein $(n+1)$-stelliges Prädikat, das durch die Funktion $f : \mathbb{N}_0^{n+1} \to \mathbb{N}_0$ mit

$$\rho(x_1,\ldots,x_{n+1}) \iff f(x_1,\ldots,x_{n+1}) = 0$$

definiert ist.
(a) Wenn man das so definierte Prädikat beim unbeschränkten μ-Operator anwendet, dann erhält man zu jeder Funktion $f : \mathbb{N}_0^{n+1} \to \mathbb{N}_0$ eine Funktion $\mu(f) : \mathbb{N}_0^n \to \mathbb{N}_0$ mit $\mu(f)(x_1,\ldots,x_n) = \mu y \rho(x_1,\ldots,x_n,y)$, die *Minimalisierung von f*.
(b) Wenn man das so definierte Prädikat beim beschränkten μ-Operator anwendet, dann erhält man zu jeder Funktion $f : \mathbb{N}_0^{n+1} \to \mathbb{N}_0$ eine Funktion $\mu(\leq)(f) : \mathbb{N}_0^{n+1} \to \mathbb{N}_0$ mit $\mu(\leq)(f)(x_1,\ldots,x_{n+1}) = \mu(i \leq x_{n+1})\rho(x_1,\ldots,x_n,i)$, die *beschränkte Minimalisierung von f*. □

Satz 4.7 zeigt, daß sich bei Anwendung der beschränkten Minimalisierung auf eine primitiv-rekursive Funktion f wieder eine primitiv-rekursive Funktion ergibt. Dazu betrachten wir das folgende Beispiel.

Beispiel 4.3: Wir wollen zeigen, daß die Funktion $g : \mathbb{N}_0^2 \to \mathbb{N}_0$ mit

$$g(x,y) = \begin{cases} \left\lfloor \frac{x}{y} \right\rfloor & \text{für } y > 0 \\ 0 & \text{für } y = 0 \end{cases}$$

primitiv-rekursiv ist. Dabei sei $\left\lfloor \frac{x}{y} \right\rfloor$ die größte Zahl $n \in \mathbb{N}_0$ mit $n \leq \frac{x}{y}$. Zunächst definieren wir eine Funktion $f : \mathbb{N}_0^3 \to \mathbb{N}_0$ durch

$$f(x,y,z) = \overline{\text{sign}}(z \cdot y \dot{-} x).$$

4.3 Der μ-Operator und μ-rekursive Funktionen

Da wir $f(x,y,z) = (\overline{\text{sign}} \circ (\dot{-}))((*(U_2^{(3)}, U_3^{(3)}))(x,y,z), U_1^{(3)}(x,y,z))$ schreiben können, ist f primitiv-rekursiv. Für $y > 0$ gilt

$$\begin{aligned}
g(x,y) = \left[\frac{x}{y}\right] &= \max\{k \mid k \cdot y \leq x\} \\
&= \min\{k \mid k \cdot y > x\} \dot{-} 1 \\
&= \min\{k \mid \overline{\text{sign}}(k \cdot y \dot{-} x) = 0\} \dot{-} 1 \\
&= \min\{k \mid f(x,y,k) = 0\} \dot{-} 1 \\
&= \mu(\leq)(f)(x,y,x) \dot{-} 1.
\end{aligned}$$

Auch für $y = 0$ ist wegen $g(x,0) = 0$ diese Gleichung erfüllt. Nach Satz 4.7 ist $\mu(\leq)(f)$ primitiv-rekursiv. Da sich g in der Form

$$g(x,y) = \dot{-} ((\mu(\leq)(f) \circ (U_1^{(2)}, U_2^{(2)}, U_1^{(2)}))(x,y), C_1^{(2)}(x,y))$$

notieren läßt, entsteht g aus primitiv-rekursiven Funktionen durch den Einsetzungsprozeß und ist selbst primitiv-rekursiv. □

Im allgemeinen ist eine Funktion, die durch die unbeschränkte Minimalisierung aus einer primitiv-rekursiven Funktion entsteht, nicht unbedingt primitiv-rekursiv. Das zeigte bereits Beispiel 4.2, wo $f = \mu(g)$ mit $g(x,y) = (3y \dot{-} x) + (x \dot{-} 3y)$ gilt und f nicht total ist. Man sagt, für ein Prädikat ρ liegt der *Normalfall* vor, wenn es zu jedem $(x_1, \ldots, x_n) \in I\!N_0^n$ ein $y \in I\!N_0$ gibt mit $\rho(x_1, \ldots, x_n, y)$. In diesem Fall führt das im Anschluß an Definition 4.9 beschriebene Verfahren für alle $(x_1, \ldots, x_n)$ zur Berechnung eines Wertes $f(x_1, \ldots, x_n)$, d.h., f ist eine totale Funktion. Man kann zeigen, daß sich die Ackermann-Funktion aus primitiv-rekursiven Prädikaten durch Anwendung des μ-Operators im Normalfall ergibt und somit durch unbeschränkte Minimalisierung im Normalfall entsteht. Die Ackermann-Funktion ist jedoch nach Satz 4.4 nicht primitiv-rekursiv. Sie ist ein Beispiel dafür, daß die Anwendung des μ-Operators im Normalfall auf ein primitiv-rekursives Prädikat nicht immer zu einer primitiv-rekursiven Funktion führen muß.

Eine umfangreichere Klasse als die der primitiv-rekursiven Funktionen erhalten wir durch die folgende Definition.

Definition 4.11: Es sei f eine partielle Funktion. f heißt μ-*rekursiv*, wenn f
- eine primitiv-rekursive Grundfunktion ist,
- durch Einsetzung aus μ-rekursiven Funktionen hervorgeht,
- induktiv-rekursiv durch μ-rekursive Funktionen definiert ist
- oder durch Anwendung der Minimalisierung auf eine totale μ-rekursive Funktion entsteht. □

4. Rekursive Funktionen

Wir sehen sofort, daß die nicht primitiv-rekursive Funktion aus Beispiel 4.2 μ-rekursiv ist. Den Ausführungen, die der Definition 4.11 vorangehen, entnehmen wir weiter, daß auch die Ackermann-Funktion μ-rekursiv ist. Definition 4.11 ist eine induktive Definition, die auf den offensichtlich berechenbaren Grundfunktionen basiert. Der Einsetzungsprozeß und das Induktions-Rekursionsschema liefern aus berechenbaren Funktionen wieder solche Funktionen. Die Anwendung der Minimalisierung auf eine totale berechenbare μ-rekursive Funktion liefert nach den Darlegungen im Anschluß an Definition 4.9 ebenfalls eine berechenbare Funktion. Daher stellt sich die Frage, ob alle im intuitiven Sinn berechenbaren Funktionen nicht genau durch die μ-rekursiven Funktionen beschrieben werden können. Nach den Überlegungen in Kapitel 3 wissen wir, daß dies prinzipiell nicht bewiesen werden kann. Mit einigem Aufwand kann jedoch der nächste Satz bewiesen werden.

Satz 4.8: Eine Funktion f ist genau dann μ-rekursiv, wenn sie Turing-berechenbar ist. □

Satz 4.8 ist ein Argument für die Richtigkeit der Churchschen These. Zwei sehr unterschiedliche Modelle der Berechenbarkeit führen zur selben Klasse von Funktionen. Dasselbe gilt für weitere Berechenbarkeitsmodelle, die wir in diesem Buch jedoch nicht betrachten. Welche Modelle man bisher auch immer betrachtet hat, man ist nicht über die Klasse der Turing-berechenbaren Funktionen hinausgekommen.

Man kann zeigen, daß man sich bei der Definition der μ-rekursiven Funktionen auf eine einmalige Anwendung der Minimalisierung auf primitiv-rekursive Funktionen beschränken kann.

5. Sprachen, Grammatiken und erkennende Automaten

5.1 Einführung

In Beispiel 2.4 wurde die Funktion $f : \{0,1\}^* \to \{0,1\}$ mit

$$f(w) = \begin{cases} 1, & \text{falls } w = w'11, \ w' \in \{0,1\}^* \\ 0 & \text{sonst} \end{cases}$$

betrachtet und durch einen endlichen Moore-Automaten realisiert. Sie kann als charakteristische Funktion der Menge

$$M = \{w'11 \mid w' \in \{0,1\}^*\} \subset \{0,1\}^*$$

aufgefaßt werden. In diesem Sinn wird ein Moore-Automat, der die Ausgabemenge $\{0,1\}$ hat, auch als Erkennungsgerät für Mengen von Wörtern betrachtet. Bei Vorlage von w erkennen wir durch den errechneten Wert, ob w zur Menge M gehört oder nicht. Solche Mengen werden auch Sprachen genannt.

Definition 5.1: Eine endliche Menge V heißt *Alphabet*. Eine Teilmenge $L \subset V^*$ heißt *(formale) Sprache über* V. Es seien L_1 und L_2 beliebige Sprachen. Dann ist ihre *Konkatenation* durch

$$L_1 L_2 = \{w \mid w = w_1 w_2, w_1 \in L_1, w_2 \in L_2\}$$

definiert. □

Beispiel 5.1: Es sei $V = \{$A, Aachen, Aal, ..., Zytode, z.Z., ., ..., :$\}$ (Einträge im Duden). Dann ist die deutsche Sprache eine Sprache $L \subset V^*$. Eine endliche Sprache über V ist z.B. $L = \{$ich habe Hunger, ich habe Durst, gute Nacht$\}$, die nur aus drei „Wörtern" über V besteht. □

Wenn eine Sprache L endlich viele Elemente hat, dann ist sie durch Aufzählung ihrer Elemente darstellbar. Anderenfalls ist eine Formulierung nötig, die eine endliche Beschreibung der Sprache ermöglicht. Die oben gegebene Menge M konnte durch einen endlichen Moore-Automaten erkannt werden. Wir werden in Abschnitt 5.3 verschiedene Typen von Automaten (Akzeptoren) einführen, die unterschiedliche Klassen von Sprachen mit Hilfe von Endzuständen erkennen. Neben Erkennungs- sind aber auch Generierungsverfahren von Bedeutung, die nach gewissen Regeln Wörter der Sprache erzeugen. Besonders wichtig sind

5. Sprachen, Grammatiken und erkennende Automaten

dabei Grammatiken, die wir in Abschnitt 5.2 ausführlich behandeln. Für verschiedene Programmiersprachen kann die Syntax durch eine Grammatik beschrieben werden. In Kapitel 8 führen wir dies für eine spezielle Programmiersprache durch. Zunächst geben wir einen Versuch an, die deutsche Sprache durch eine Grammatik zu erzeugen.

Beispiel 5.2: Ein Ausschnitt einer möglichen Grammatik für die deutsche Sprache ist

Satz $\to$ Subjekt Prädikat,
Satz $\to$ Subjekt Prädikat Objekt,
Subjekt $\to$ Substantiv,
Subjekt $\to$ Artikel Substantiv,
Subjekt $\to$ Artikel Adjektiv Substantiv,
$\vdots$
Objekt $\to$ Artikel Adjektiv Substantiv,
$\vdots$
Prädikat $\to$ Verb,
Prädikat $\to$ Hilfsverb Verb.

Diese Regeln müssen noch erweitert werden, da Artikel, Substantiv, Adjektiv, Verb und Hilfsverb durch konkrete derartigen Wörter ersetzt werden müssen, z.B. durch eine Regel „Verb $\to$ bauen". Eine Ableitung nach dieser Grammatik kann durch einen *Strukturbaum* dargestellt werden, etwa

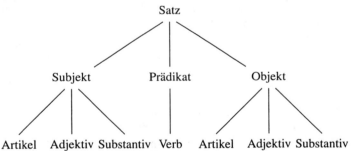

Durch Einsetzen geeigneter Wörter, d.h. durch zusätzliche Verwendung von Regeln, die die Einträge des Duden liefern, erhält man etwa den Satz „Die fleißigen Maurer bauen ein schönes Haus". Das Problem ist dabei jedoch, daß auch unsinnige Sätze gebildet werden können. Eine natürliche Sprache kann also durch eine formale Grammatik nicht befriedigend dargestellt werden. $\square$

Wir stellen nun verschiedene Möglichkeiten zur Festlegung von Sprachen $L \subset V^*$ zusammen:

(a) Auflistung der Elemente: Dies ist nur für endliche Sprachen möglich.

(b) Erzeugungs- oder Generierungsverfahren: Es werden Regeln angegeben, nach denen gewisse Elemente aus V^* erzeugt werden können. Es wird festgelegt, daß L genau die Menge der Wörter ist, die durch diese Regeln erzeugt werden.
(c) Erkennungs- oder Rekognitionsverfahren: Es wird ein Algorithmus angegeben, der bei Anwendung auf ein $w \in V^*$ feststellt, ob $w \in L$ gilt oder nicht. Es kann sich aber auch um ein Verfahren handeln, das bei Anwendung auf $w \in L$ nach endlich vielen Schritten abbricht mit der Aussage, daß $w \in L$ ist, jedoch für $w \notin L$ nicht abbricht.
(d) Konstruktionsverfahren: Es wird ein Ausdruck angegeben, der L darstellt.
(e) Lösung einer Gleichung: Es wird eine Gleichung über V^* angegeben. Die Lösungen dieser Gleichungen bestimmen eine (oder mehrere) formale Sprachen.

Wir werden in Abschnitt 5.2 Sprachen gemäß (b), in Abschnitt 5.3 gemäß (c) und in Abschnitt 6.2 gemäß (e) bestimmen. Ein Konstruktionsverfahren kann darin bestehen, einen regulären Ausdruck anzugeben. Darauf wollen wir hier nicht eingehen und verweisen z.B. auf das Buch von *Salomaa* [16].

5.2 Die Chomsky-Hierarchie

Wir beginnen mit dem Begriff des kombinatorischen Systems, der etwas allgemeiner als der einer Grammatik ist.

Definition 5.2: $KS = (V, F)$ heißt *kombinatorisches System*, wenn
  (a) V ein Alphabet ist und
  (b) $F \subset \{(P, Q) \mid P, Q \in V^*\}$ gilt mit $|F| < \infty$.
$(P, Q) \in F$ heißt *Ersetzungsregel* oder *Produktion*. Man schreibt auch $P \to Q$. □

Definition 5.3: Es sei $KS = (V, F)$ ein kombinatorisches System.
  (a) $P \in V^*$ *erzeugt direkt* $Q \in V^*$ (kurz $P \Longrightarrow_{KS} Q$ oder $P \Longrightarrow Q$), wenn $P', P_1, P'', Q_1 \in V^*$ existieren mit $P = P'P_1P''$, $Q = P'Q_1P''$ und $(P_1, Q_1) \in F$.
  (b) $P \in V^*$ *erzeugt* $Q \in V^*$ (kurz $P \Longrightarrow^*_{KS} Q$ oder $P \Longrightarrow^* Q$), wenn $P_0, P_1, \ldots, P_k \in V^*$ existieren mit $k \in \mathbb{N}_0$, $P_0 = P$, $P_k = Q$ und $P_i \Longrightarrow P_{i+1}$ für $0 \leq i \leq k-1$.
Die Folge $P_0, P_1, \ldots, P_k$ heißt *Ableitung von Q aus P in KS*. Man schreibt auch $P_0 \Longrightarrow P_1 \Longrightarrow \ldots \Longrightarrow P_k$, wobei k als *Länge der Ableitung* bezeichnet wird. □

Durch Auszeichnung von gewissen Teilmengen von V^* erhält man Erzeugungssysteme.

5. Sprachen, Grammatiken und erkennende Automaten

Definition 5.4: Es sei $KS = (V, F)$ ein kombinatorisches System und $AX \subset V^*$ (*Axiomenmenge* genannt). Dann heißt

$$L_g(KS, AX) = \{Q \mid P \Longrightarrow^* Q, P \in AX\}$$

die *von (KS, AX) erzeugte Sprache.* □

Im folgenden wird V unterteilt in ein Terminalalphabet V_T und ein Nichtterminalalphabet V_N. Zur Sprache sollen nur noch die Wörter aus V_T^* gehören. Dies verdeutlichen wir zunächst an einem Beispiel.

Beispiel 5.3: Es sei $KS = (\{a, b, X\}, \{X \to \varepsilon, X \to aXb\})$. Wir wählen $V_N = \{X\}$ und $V_T = \{a, b\}$. Dann ist $L_g(KS, \{X\}) \cap \{a, b\}^* = \{a^i b^i \mid i \in \mathbb{N}_0\} = \{\varepsilon, ab, a^2 b^2, a^3 b^3, \ldots\}$. □

Allgemein erhalten wir

Definition 5.5: $G = (V_N, V_T, X_0, F)$ heißt *(erzeugende) Grammatik*, wenn
 (a) V_N und V_T Alphabete sind mit $V_N \cap V_T = \emptyset$ (V_T heißt Menge der *Endsymbole* oder *Terminalzeichen* und V_N Menge der *Nichtendsymbole* oder *Nichtterminalzeichen*),
 (b) $X_0 \in V_N$ ist (X_0 heißt *Anfangssymbol*) und
 (c) F eine endliche Menge von Paaren (P, Q) ist mit $Q \in V^*$, $V = V_N \cup V_T$, und $P \in V^* V_N V^*$ (($P, Q) \in F$ heißt *Ersetzungsregel* oder *Produktion*).

Falls nichts anderes gesagt wird, vereinbaren wir $V = V_N \cup V_T$. Offenbar bestimmt eine Grammatik G das durch G induzierte kombinatorische System (V, F). Folglich gilt Definition 5.3 auch für Grammatiken. In G bedeuten also „erzeugt (direkt)", „Ableitung", „$\Longrightarrow$" und „$\Longrightarrow^*$" dasselbe wie im induzierten kombinatorischen System.

Definition 5.6: Es sei $G = (V_N, V_T, X_0, F)$ eine Grammatik. Dann heißt

$$L(G) = \{w \mid w \in V_T^*, X_0 \Longrightarrow^* w\}$$

die *von G erzeugte Sprache.*

Beispiel 5.4: Im allgemeinen ist es schwierig nachzuweisen, daß eine Grammatik eine bestimmte Wortmenge *und nur diese* erzeugt. Man betrachte

$$G = (\{X_0, X_1, X_2\}, \{a, b, c\}, X_0, \{X_0 \to abc, \ X_0 \to aX_1 bc, \ X_1 b \to bX_1,$$

$$X_1 c \to X_2 bcc, \ bX_2 \to X_2 b, \ aX_2 \to aaX_1, \ aX_2 \to aa\}).$$

Wir behaupten $L(G) = \{a^i b^i c^i \mid i \in \mathbb{N}\}$. Die Produktion $X_0 \to abc$ liefert das Wort $a^1 b^1 c^1 \in L(G)$. Mit $X_0 \to aX_1 bc$ gelangt man zu $a^1 X_1 b^1 c^1$. Allgemein muß

5.2 Die Chomsky-Hierarchie

man für ein Wort $a^i X_1 b^i c^i, i \in I\!N$, zunächst genau i-mal die dritte Produktion, einmal die vierte Produktion und i-mal die fünfte Produktion anwenden:

$$a^i X_1 b^i c^i \Longrightarrow^i a^i b^i X_1 c^i \Longrightarrow a^i b^i X_2 b c^{i+1} \Longrightarrow^i a^i X_2 b^{i+1} c^{i+1}.$$

Dabei haben wir die Anzahl der direkten Ableitungsschritte als oberen Index an $\Longrightarrow$ herangeschrieben. Andere Ableitungen sind für $a^i X_1 b^i c^i$ nicht möglich. Dann hat man die Wahl zwischen der sechsten und siebten Produktion, also

$$a^i X_2 b^{i+1} c^{i+1} \Longrightarrow a^{i+1} X_1 b^{i+1} c^{i+1} \quad \text{oder}$$

$$a^i X_2 b^{i+1} c^{i+1} \Longrightarrow a^{i+1} b^{i+1} c^{i+1}.$$

Folglich erhalten wir $L(G)$ wie angegeben. □

Im folgenden teilen wir Grammatiken in verschiedene Klassen ein.

Definition 5.7: Es sei $G = (V_N, V_T, X_0, F)$ eine Grammatik. G ist *vom Typ i*, $i = 0, 1, 2, 3$, wenn die Einschränkung (i) für F erfüllt ist:
(0) Keine Einschränkung.
(1) Jede Produktion in F ist von der Form $Q_1 X Q_2 \to Q_1 P Q_2$ mit $Q_1, Q_2 \in V^*$, $X \in V_N$ und $P \in V^+$ mit der eventuellen Ausnahme von $X_0 \to \varepsilon$. Im Ausnahmefall darf X_0 nicht auf der rechten Seite einer Produktion von F vorkommen.
(2) Jede Produktion in F ist von der Form $X \to P$ mit $X \in V_N$ und $P \in V^*$.
(3) Jede Produktion in F ist von einer der Formen $X \to Yw$ oder $X \to w$ mit $X, Y \in V_N$ und $w \in V_T^*$.
Es sei $i \in \{0, 1, 2, 3\}$ und L eine Sprache. L ist *vom Typ i*, wenn $L = L(G)$ gilt und G vom Typ i ist. $\mathcal{L}_i = \{L \mid L = L(G),\ G \text{ vom Typ } i\}$ heißt *Familie der Sprachen vom Typ i*. □

Definition 5.8: Es seien G_1 und G_2 Grammatiken. G_1 und G_2 heißen *äquivalent*, wenn $L(G_1) = L(G_2)$ gilt. □

Eine Grammatik vom Typ 1 heißt *kontextsensitiv*, da das Symbol X aus der Definition nur ersetzt werden kann, wenn es im Kontext $Q_1 \ldots Q_2$ steht. Grammatiken vom Typ 2 heißen auch *kontextfrei*, da das Zeichen X unabhängig vom Kontext ersetzt wird. Eine Grammatik vom Typ 3 wird *regulär* genannt. Die erzeugten Sprachen werden entsprechend als *kontextsensitive, kontextfreie* bzw. *reguläre* Sprachen bezeichnet.

Definition 5.9: Es sei G eine Grammatik. G heißt *monoton*, wenn für alle Produktionen $(P, Q) \in F$ die Ungleichung $|P| \leq |Q|$ gilt mit der eventuellen Ausnahme von (X_0, ε). Dann darf X_0 jedoch nicht auf der rechten Seite einer Produktion vorkommen. □

5. Sprachen, Grammatiken und erkennende Automaten

Offenbar ist jede Grammatik vom Typ 1 auch monoton. Umgekehrt kann man zeigen, daß jede Sprache, die von einer monotonen Grammatik erzeugt wird, vom Typ 1 ist. Die Grammatik aus dem Beispiel 5.4 ist vom Typ 0 und monoton. Die erzeugte Sprache ist also vom Typ 1. Wir geben nun noch Beispiele für eine Typ-3- und eine Typ-2-Grammatik an.

Beispiel 5.5: Gegeben sei die Typ-3-Grammatik

$$G = (\{X_0, X_1\}, \{a, b\}, X_0, \{X_0 \to X_0 b,\ X_0 \to X_1 b,\ X_1 \to X_1 a,\ X_1 \to a\}).$$

Die von G erzeugte Sprache ist

$$L(G) = \{a^i b^k \mid i, k \in \mathbb{N}\} = \{a\}^+\{b\}^+,$$

denn es sind nur Ableitungen der Form

$$X_0 \Longrightarrow^{k-1} X_0 b^{k-1} \Longrightarrow X_1 b^k \Longrightarrow^{i-1} X_1 a^{i-1} b^k \Longrightarrow a^i b^k$$

möglich. Für ein Alphabet V_T erhalten wir die Sprache $L(G') = V_T^*$ durch die Typ-3-Grammatik $G' = (\{X_0\}, V_T, X_0, \{X_0 \to X_0 a, X_0 \to \varepsilon \mid a \in V_T\})$. □

Beispiel 5.6: Die Typ-2-Grammatik

$$G = (\{X_0\}, \{a, b\}, X_0, \{X_0 \to a X_0 b,\ X_0 \to \varepsilon\})$$

erzeugt die Sprache

$$L(G) = \{a^n b^n \mid n \in \mathbb{N}_0\}.$$

Man kann zeigen, daß diese Sprache nicht vom Typ 3 ist. Ähnlich wird die durch die charakteristische Funktion f in Beispiel 2.6 gegebene Sprache $\{a^n b a^n \mid n \in \mathbb{N}\}$ durch die Typ-2-Grammatik $G = (\{X_0\}, \{a, b\}, X_0, \{X_0 \to a X_0 a,\ X_0 \to aba\})$ erzeugt. Wir wissen, daß die Funktion f nicht durch einen endlichen Moore-Automaten realisierbar ist. □

Definition 5.10: Es sei V ein Alphabet.
(a) $L \subset V^*$ heißt *rekursiv-aufzählbar*, wenn ein Algorithmus existiert, der nur die Wörter von L, gegebenenfalls mit Wiederholungen, auflistet. Mit $\mathcal{L}(ra)$ bezeichnen wir die *Familie der rekursiv-aufzählbaren Sprachen*.
(b) $L \subset V^*$ heißt *rekursiv*, wenn ein Algorithmus existiert, der für ein beliebiges Wort w entscheidet, ob $w \in L$ oder $w \notin L$ gilt. Mit $\mathcal{L}(rek)$ bezeichnen wir die *Familie der rekursiven Sprachen*. □

Satz 5.1: (a) Jede Typ-1-Sprache ist rekursiv.
(b) Jede Typ-0-Sprache ist rekursiv-aufzählbar.
(c) Jede rekursive Sprache ist rekursiv-aufzählbar.

Beweis: (a) Es sei $L = L(G)$, wobei G eine Typ-1-Grammatik ist. $\varepsilon \in L$ gilt genau dann, wenn (X_0, ε) eine Produktion in F ist. Das kann sofort überprüft werden. Sei nun $w \in V_T^+$. Wir betrachten die endlich vielen Folgen der Form

$$(*) \quad X_0 = P_0, P_1, \ldots, P_n = w \text{ mit } n \geq 0, P_i \in (V_N \cup V_T)^*,$$

$$P_i \neq P_j \text{ für } i \neq j \text{ und } |P_i| \leq |P_{i+1}|, 0 \leq i \leq n-1.$$

Wegen der Monotonie von G erhalten wir $w \in L(G)$ genau dann, wenn für eine derartige Folge

$$X_0 = P_0 \Longrightarrow P_1 \Longrightarrow \ldots \Longrightarrow P_n = w$$

gilt. Es ist immer möglich zu entscheiden, ob eine Folge diese Eigenschaft erfüllt.
(b) Es sei G eine Typ-0-Grammatik. Für jedes $k \in I\!N_0$ gibt es nur endlich viele Ableitungen in G, die mit X_0 beginnen und die die Länge k haben. Daher ist es möglich, alle Ableitungen der Länge k mit $k = 0, 1, 2, \ldots$ der Reihe nach zu überprüfen. Stammt das letzte Wort einer solchen Ableitung aus V_T^*, dann ist es in die Liste der Wörter von $L(G)$ aufzunehmen.
(c) Es sei $L \subset V^*$ eine rekursive Sprache, die durch einen Algorithmus A bestimmt ist. Wir konstruieren einen neuen Algorithmus B, der A als Teilalgorithmus enthält. B bearbeitet die Wörter von V^* in einer festgelegten Reihenfolge (z.B. der Länge nach und bei gleicher Länge in lexikographischer Reihenfolge). Für jedes Wort $w \in V^*$ wendet er den Algorithmus A an, der die Entscheidung liefert, ob w zu L gehört. In diesem Fall wird w in eine Liste der Wörter von L aufgenommen. $\square$

Der Beweis von Satz 5.1(a) gilt nicht für Typ-0-Sprachen, da es wegen der fehlenden Monotonie nicht nur endlich viele Folgen $(*)$ geben muß. Unter Annahme der Gültigkeit der Churchschen These kann der Aufzählungsalgorithmus aus Definition 5.10(a) durch eine Turingmaschine verwirklicht werden. Dann kann man zeigen, daß $\mathcal{L}_0$ und $\mathcal{L}(ra)$ übereinstimmen.

Mit $\mathcal{L}(fin)$ werde die Familie der endlichen Sprachen bezeichnet. Die Sprachfamilien der *Chomsky-Hierarchie* und ihre Inklusionsbeziehungen werden durch

$$\mathcal{L}(fin) \subsetneq \mathcal{L}_3 \subsetneq \mathcal{L}_2 \subsetneq \mathcal{L}_1 \subsetneq \mathcal{L}(rek) \subsetneq \mathcal{L}(ra) = \mathcal{L}_0 \subsetneq \bigcup_{X \text{ Alphabet}} \mathcal{P}(X^*)$$

dargestellt. Es gilt $\mathcal{L}(fin) \subset \mathcal{L}_3$, da jede endliche Sprache $L = \{w_1, \ldots, w_n\} \subset V_T^*$ durch eine Typ-3-Grammatik $G = (\{X\}, V_T, X, \{X \to w_1, \ldots, X \to w_n\})$ erzeugt werden kann. Wegen Definition 5.7, Satz 5.1 und $\mathcal{L}_0 = \mathcal{L}(ra)$ folgt sofort, daß alle einfachen Inklusionen bis auf $\mathcal{L}_2 \subset \mathcal{L}_1$ erfüllt sind. Für $\mathcal{L}_2 \subset \mathcal{L}_1$ verweisen wir auf das Buch von Salomaa [16]. Man kann zeigen, daß alle Inklusionen echt sind. Die echte Inklusion der Familie der endlichen Sprachen in $\mathcal{L}_3$ wird durch Beispiel 5.5 gegeben. In Abschnitt 5.3 werden wir sehen, daß $\{a^n b a^n \mid n \in \mathbb{N}\} \in \mathcal{L}_2 - \mathcal{L}_3$ gilt. Ohne Beweis notieren wir $\{a^n b^n c^n \mid n \in \mathbb{N}_0\} \in \mathcal{L}_1 - \mathcal{L}_2$.

5.3 Erkennende Automaten und Sprachen

Wir wollen jetzt bei Mealy- oder Moore-Automaten auf die Ausgabe verzichten, dafür aber Endzustände einführen. Solche Automaten können Sprachen erkennen.

Definition 5.11: $E = (Z, X, \delta, z_0, F)$ heißt *endlicher erkennender Automat*, wenn

(a) Z und X endliche nichtleere Mengen sind,
(b) $\delta : Z \times X \to Z$ eine Abbildung (*Zustandsüberführungsfunktion*) ist,
(c) $z_0 \in Z$ (*Anfangszustand*) und
(d) $F \subset Z$ (*Menge der Endzustände*) gilt. □

Definition 5.12: Es sei E ein endlicher erkennender Automat. Dann heißt

$$L(E) = \{w \in X^* \mid \delta^*(z_0, w) \in F\}$$

die *von E erkannte* oder *akzeptierte Sprache*. □

Definition 5.13: Es seien E_1 und E_2 endliche erkennende Automaten. E_1 und E_2 heißen *äquivalent*, wenn $L(E_1) = L(E_2)$ gilt. □

Beispiel 5.7: Ein endlicher erkennender Automat kann durch einen *Zustandsüberführungsgraphen* dargestellt werden. Wir betrachten den Automaten

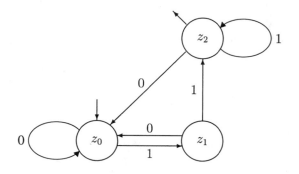

Dabei wird der Anfangszustand z_0 mit einem unmarkierten eingehenden Pfeil und der Endzustand z_2 durch einen ausgehenden unmarkierten Pfeil gekennzeichnet. Die von diesem endlichen erkennenden Automaten erkannte Sprache ist $L(E) = \{w11 \mid w \in \{0,1\}^*\}$. □

Wir stellen fest, daß in diesem Beispiel die Sprache erkannt wird, deren charakteristische Funktion durch den Moore-Automaten aus Beispiel 2.4 realisiert wird. Ein Vergleich des Zustandsüberführungsgraphen aus Beispiel 5.7 mit dem Zustand-Ausgabe-Graphen aus Beispiel 2.4 zeigt, daß beide gleich sind, falls ein Endzustand des Automaten aus Beispiel 5.7 mit einem Zustand des Moore-Automaten mit der Ausgabe 1 identifiziert wird. Allgemein bedeutet dies, daß Moore-Automaten mit der Ausgabemenge $\{0, 1\}$ sowie festem Anfangszustand äquivalent zu endlichen erkennenden Automaten sind. Dies wird genauer durch den folgenden Satz gegeben.

Satz 5.2: Es seien Z und X Alphabete. Eine bijektive Zuordnung zwischen endlichen erkennenden Automaten $E = (Z, X, \delta, z_0, F)$ und Moore-Automaten $M = (Z, X, \{0,1\}, \delta, \beta)$ mit ausgezeichnetem Zustand $z_0 \in Z$ sei durch

$$\beta(z) = 1 \iff z \in F \text{ für alle } z \in Z$$

gegeben. Dann ist $M_{z_0} : X^* \to \{0,1\}$ die charakteristische Funktion von $L(E)$.

Beweis: Es gilt

$$\begin{aligned}\{w \in X^* \mid M_{z_0}(w) = 1\} &= \{w \in X^* \mid \beta(\delta^*(z_0, w)) = 1\} \\ &= \{w \in X^* \mid \delta^*(z_0, w) \in F\} = L(E). \quad \square\end{aligned}$$

Aufgrund der durch diesen Satz gegebenen Äquivalenz können die Ergebnisse aus Kapitel 2 auf endliche erkennende Automaten übertragen werden. Speziell liefert der Beweis von Satz 2.3, daß es für eine feste endliche Menge X überabzählbar viele charakteristische Funktionen $f : X^* \to \{0,1\}$ gibt, die keine Realisierung (M, z_0) besitzen. Nach Satz 5.2 ist dies äquivalent dazu, daß es überabzählbar viele Sprachen $L \subset X^*$ gibt, die nicht durch einen endlichen erkennenden Automaten akzeptiert werden. Insbesondere zeigt Beispiel 2.6, daß die Sprache

$$\{a^n b a^n \mid n \in \mathbb{N}\}$$

nicht durch einen endlichen erkennenden Automaten akzeptiert wird. Zusammen mit Beispiel 5.6 und dem weiter unten angeführten Satz 5.6 ergibt sich daraus, daß die Inklusion $\mathcal{L}_3 \subset \mathcal{L}_2$ echt ist.

Auch die Reduktion von endlichen erkennenden Automaten kann auf die Reduktion von Moore-Automaten zurückgeführt werden. Es sei E ein endlicher

5. Sprachen, Grammatiken und erkennende Automaten

erkennender Automat und M ein Moore-Automat, die gemäß Satz 5.2 einander zugeordnet sind. Nach Definition 2.9 gilt für Zustände $z_1, z_2 \in Z$

$$z_1 \sim z_2 \iff M_{z_1} = M_{z_2}.$$

Bezeichnen wir nun für ein beliebiges $z \in Z$ mit E_z den Automaten, der wie E, jedoch mit Anfangszustand z, definiert ist, so gilt (siehe Beweis von Satz 5.2)

$$M_z(w) = 1 \iff w \in L(E_z)$$

und damit

$$M_{z_1} = M_{z_2} \iff L(E_{z_1}) = L(E_{z_2}).$$

Die Äquivalenz zweier Zustände eines endlichen erkennenden Automaten kann also durch

$$z_1 \sim z_2 \iff L(E_{z_1}) = L(E_{z_2})$$

definiert werden. Bevor wir reduzierte endliche erkennende Automaten definieren können, müssen wir noch vereinfachte endliche erkennende Automaten betrachten.

Definition 5.14: Es sei $E = (Z, X, \delta, z_0, F)$ ein endlicher erkennender Automat. Ein Zustand $z \in Z$ heißt *erreichbar*, wenn ein Wort $w \in X^*$ mit $\delta^*(z_0, w) = z$ existiert. Der Automat E heißt *vereinfacht*, wenn alle seine Zustände erreichbar sind. □

Satz 5.3: Es sei $E = (Z, X, \delta, z_0, F)$ ein endlicher erkennender Automat. Dann existiert ein vereinfachter endlicher erkennender Automat E' mit $L(E) = L(E')$, der in endlich vielen Schritten konstruiert werden kann.

Beweis: Es sei n die Anzahl der Zustände aus Z. Wir zeigen zunächst, daß es für jeden erreichbaren Zustand $z \in Z$ ein $w \in X^*$, $|w| < n$, gibt mit $\delta^*(z_0, w) = z$. Es sei nämlich

$$\delta^*(z_0, w') = z, \ w' = a_1 \ldots a_m, \ m > n.$$

Dann wird bei der Abarbeitung von w' die Zustandsfolge

$$z_0, z_1 = \delta(z_0, a_1), z_2 = \delta(z_1, a_2), \ldots, z_m = z = \delta(z_{m-1}, a_m)$$

durchlaufen. Wegen $m > n$ tritt wenigstens ein Zustand in dieser Folge mindestens zweimal auf, etwa $z_i = z_j$, $0 \leq i < j \leq m$. Folglich wird bei Abarbeitung des Wortes $w'' = a_1 \ldots a_i a_{j+1} \ldots a_m$ die Zustandsfolge

$$z_0, \ldots, z_i = z_j, \ldots, z_m = z$$

durchlaufen. Dabei gilt $\delta^*(z_0, w'') = z$ und $|w''| < |w'|$. Dieser Prozeß wird (endlich oft) wiederholt, bis sich ein Wort $w \in X^*$ der gewünschten Gestalt ergibt.

5.3 Erkennende Automaten und Sprachen

Die Menge $\{z \mid \delta^*(z_0,w), w \in X^*, |w| < n\}$ besteht also aus genau allen erreichbaren Zuständen und ist in endlich vielen Schritten konstruierbar. Da die nicht erreichbaren Zustände überflüssig sind, liefert ihre Entfernung aus Z und F sowie eine entsprechende Änderung der Überführungsfunktion δ einen vereinfachten endlichen erkennenden Automaten mit den oben angegebenen Eigenschaften. $\square$

Der zu einem endlichen erkennenden Automaten E' reduzierte endliche erkennende Automat $\hat{E}$ ergibt sich, indem zunächst der vereinfachte Automat $E = (Z, X, \delta, z_0, F)$ von E' konstruiert wird. Dann wird (siehe Definition 2.10)

$$\hat{E} = (\hat{Z}, X, \hat{\delta}, [z_0], \hat{F}) \text{ mit}$$

$\hat{Z} = Z/\sim$, $\hat{F} = \{[z] \mid z \in F\}$ und $\hat{\delta}: \hat{Z} \times X \to \hat{Z}$ mit $\hat{\delta}([z], x) = [\delta(z, x)]$ gebildet. Dabei ergibt sich die Definition von $\hat{F}$ wegen

$$[z] \in \hat{F} \iff \hat{\beta}([z]) = \beta(z) = 1 \iff z \in F.$$

Nach Satz 2.5 gilt speziell $M_{z_0} = \hat{M}_{[z_0]}$ und damit nach Satz 5.2

$$L(E') = L(E) = L(\hat{E}).$$

Auch der Algorithmus zur Konstruktion eines reduzierten endlichen erkennenden Automaten kann aus Kapitel 2 entsprechend übernommen werden. Man kann zeigen, daß der reduzierte Automat eines gegebenen endlichen erkennenden Automaten E' unter allen Automaten E mit $L(E) = L(E')$ eine minimale Anzahl von Zuständen besitzt. Damit diese Minimalitätseigenschaft gilt, ist die oben angegebene Vereinfachung erforderlich.

Endliche erkennende Automaten sind *deterministisch*. Zu jedem Zustand z und jeder Eingabe x gibt es genau einen Folgezustand $\delta(z, x)$. Wir wollen die Definition der Automaten so erweitern, daß ein solches Paar (z, x) keinen oder auch mehrere Folgezustände besitzen kann.

Definition 5.15: $E = (Z, X, \delta, z_0, F)$ heißt *nichtdeterministischer endlicher erkennender Automat*, wenn E wie in Definition 5.11 definiert ist, wobei jedoch die Abbildung δ durch $\delta: Z \times X \to \mathcal{P}(Z)$ ersetzt wird. Die X^*-*Erweiterung* von δ ist durch die Abbildung $\delta^*: Z \times X^* \to \mathcal{P}(Z)$ mit

$$\delta^*(z, \varepsilon) = \{z\}, \quad \delta^*(z, wx) = \bigcup_{z_1 \in \delta^*(z,w)} \delta(z_1, x)$$

für alle $z \in Z$, $x \in X$ und $w \in X^*$ gegeben. Dann ist die von einem nichtdeterministischen endlichen erkennenden Automaten E erkannte Sprache $L(E) = \{w \in X^* \mid \delta^*(z_0, w) \cap F \neq \emptyset\}$. $\square$

5. Sprachen, Grammatiken und erkennende Automaten

Auch für Moore- und Mealy-Automaten können entsprechende nichtdeterministische Versionen definiert werden. Aufgrund der Definition möchte man annehmen, daß nichtdeterministische endliche erkennende Automaten leistungsfähiger sind als deterministische, also eine umfangreichere Familie von Sprachen akzeptieren. Wir zeigen, daß diese Annahme falsch ist.

Satz 5.4: Es sei L eine Sprache. L wird genau dann von einem endlichen erkennenden Automaten erkannt, wenn L von einem nichtdeterministischen endlichen erkennenden Automaten erkannt wird.

Beweis: Es sei L erkennbar von einem endlichen erkennenden Automaten

$$E_1 = (Z, X, \delta, z_0, F).$$

Dieser Automat ist auffaßbar als ein nichtdeterministischer endlicher erkennender Automat $E_1' = (Z, X, \delta', z_0, F)$, wobei $\delta'(z, x) = \{\delta(z, x)\}$ gilt. Es ist dann $\delta'^*(z, w) = \{\delta^*(z, w)\}$ für alle $z \in Z$ und $w \in X^*$, was wir durch Induktion über die Länge von w beweisen. Für $w = \varepsilon$ gilt $\delta'(z, \varepsilon) = \{z\} = \{\delta(z, \varepsilon)\}$. Es sei weiter die Aussage für w bewiesen. Dann folgt

$$\begin{aligned}\delta'(z, wx) &= \bigcup_{z_1 \in \delta'^*(z,w)} \delta'(z_1, x) = \bigcup_{z_1 \in \{\delta^*(z,w)\}} \{\delta(z_1, x)\} \\ &= \{\delta(\delta^*(z, w), x)\} = \{\delta^*(z, wx)\},\end{aligned}$$

da $z_1 = \delta^*(z, w)$ gilt. Damit erhalten wir weiter

$$\begin{aligned}L(E_1) &= \{w \in X^* \mid \delta^*(z_0, w) \in F\} \\ &= \{w \in X^* \mid \delta'^*(z_0, w) \cap F \neq \emptyset\} = L(E_1').\end{aligned}$$

Umgekehrt sei L erkennbar von einem nichtdeterministischen Automaten $E = (Z, X, \delta, z_0, F)$. Dann ist $E' = (\mathcal{P}(Z), X, \delta', \{z_0\}, F')$ mit

$$F' = \{Z' \mid Z' \subset Z, Z' \cap F \neq \emptyset\}, \quad \delta'(Z', x) = \bigcup_{z \in Z'} \delta(z, x)$$

ein deterministischer Automat. Wir zeigen zunächst für alle $Z' \subset Z$ und $w \in X^*$ die Gültigkeit von

$$\delta'^*(Z', w) = \bigcup_{z \in Z'} \delta^*(z, w),$$

also die Erweiterung der Definition von δ' auf Wörter. Dies geschieht durch Induktion über die Länge von w. Für $w = \varepsilon$ gilt

$$\delta'^*(Z', \varepsilon) = Z' = \bigcup_{z \in Z'} \delta^*(z, \varepsilon).$$

Für $w = w_1 x$ erhalten wir

$$\begin{aligned}
\delta'^*(Z', w_1 x) &= \delta'(\delta'^*(Z', w_1), x) = \delta'(\bigcup_{z \in Z'} \delta^*(z, w_1), x) \\
&= \bigcup_{z_1 \in \bigcup_{z \in Z'} \delta^*(z, w_1)} \delta(z_1, x) \\
&= \bigcup_{z \in Z'} (\bigcup_{z_1 \in \delta^*(z, w_1)} \delta(z_1, x)) = \bigcup_{z \in Z'} \delta^*(z, w_1 x).
\end{aligned}$$

Wir können jetzt die folgende Äquivalenz beweisen:

$$\begin{aligned}
w \in L(E) &\iff \delta^*(z_0, w) \cap F \neq \emptyset \\
&\iff \delta^*(z_0, w) \in F' \\
&\iff \delta'^*(\{z_0\}, w) = \bigcup_{z \in \{z_0\}} \delta^*(z, w) = \delta^*(z_0, w) \in F' \\
&\iff w \in L(E'). \quad \square
\end{aligned}$$

Um zu zeigen, daß $\mathcal{L}_3$ mit der Familie von Sprachen übereinstimmt, die von endlichen Automaten erkannt werden, benötigen wir als Hilfe den folgenden Satz. Seine Aussage ist auch von eigenem Interesse, da er eine gewisse „Normalform" für Typ-3-Grammatiken liefert.

Satz 5.5: Es sei $G = (V_N, V_T, X_0, F)$ eine Typ-3-Grammatik. Dann existiert eine äquivalente Typ-3-Grammatik $G = (V_N', V_T, X_0, F')$, die nur Produktionen der Form

$(*) \qquad X \to Ya \quad \text{oder} \quad X \to \varepsilon$

mit $X, Y \in V_N'$ und $a \in V_T$ besitzt.

Beweis: Die Grammatik G kann außer eventuellen Produktionen der Form $(*)$ auch Produktionen der Form

$$X \to Y a_1 \ldots a_k, \ X \to b_1 \ldots b_l \ \text{und} \ X \to Y$$

mit $X, Y \in V_N$, $a_i, b_j \in V_T$, $i = 1, \ldots, k$, $j = 1, \ldots, l$, $k \geq 2$ und $l \geq 1$ haben. Als Zwischenschritt konstruieren wir eine Grammatik $G'' = (V_N'', V_T, X_0, F'')$, die außer Produktionen des Typs $(*)$ noch Produktionen des Typs $X \to Y$ enthalten kann. Jede Produktion $X \to Y a_1 \ldots a_k$ aus F mit $k \geq 2$ wird entfernt und durch Produktionen

$$X \to Y_k a_k, \ Y_k \to Y_{k-1} a_{k-1}, \ldots, Y_2 \to Y a_1$$

aus F'' ersetzt, wobei $Y_k, \ldots, Y_2$ neue Zeichen aus V_N'' sind. Alle neuen Nichtterminalzeichen sind paarweise verschieden und unterscheiden sich von allen

5. Sprachen, Grammatiken und erkennende Automaten

Zeichen aus V_N und allen zuvor eingeführten Zeichen. Diese Folge von Produktionen aus G''' simuliert genau die ersetzte Produktion aus G. Ähnlich wird jede Produktion $X \to b_1 \ldots b_l$, $l \geq 1$, ersetzt durch

$$X \to Y'_l b_l, \; Y'_l \to Y'_{l-1} b_{l-1}, \ldots, Y'_2 \to Y'_1 a_1, \; Y'_1 \to \varepsilon$$

mit neuen Zeichen $Y'_l, \ldots, Y'_1$ aus V''_N. Offensichtlich gilt $L(G) = L(G''')$, und G''' hat die oben angegebenen Eigenschaften. Zur Konstruktion von $G' = (V'_N, V_T, X_0, F')$ definieren wir für jedes $Y \in V''_N$

$$U(Y) = \{Y' \mid Y' \in V''_N, Y' \Longrightarrow^* Y\}.$$

Da die Wörter, die in einer Ableitung $Y' \Longrightarrow^* Y$ vorkommen, die Länge 1 haben und Nichtterminalzeichen sind, ist $U(Y)$ endlich und effektiv zu bestimmen. Für jede Produktion $Y \to Xa$ aus F''' werden zusätzlich die Produktionen

$$Y' \to Xa, \; Y' \in U(Y),$$

in F' aufgenommen, für $Y \to \varepsilon$ noch zusätzlich

$$Y' \to \varepsilon, \; Y' \in U(Y).$$

Damit können keine neuen Terminalwörter erzeugt werden, jedoch sind jetzt die Produktionen $X \to Y$ überflüssig und werden entfernt. Es gilt $L(G) = L(G')$, und alle Produktionen von G' sind von der Form $(*)$. □

Satz 5.6: Es sei L eine Sprache. L ist genau dann von einem endlichen erkennenden Automaten erkennbar, wenn L vom Typ 3 ist.

Beweis: Es gelte $L = L(E)$ mit einem endlichen erkennenden Automaten $E = (Z, X, \delta, z_0, Z')$. Zu E und jedem Endzustand $z \in Z'$ konstruieren wir den endlichen erkennenden Automaten $E_z = (Z, X, \delta, z_0, \{z\})$, der sich von E nur durch die Menge der Endzustände unterscheidet. Dann definieren wir eine Typ-3-Grammatik $G_z = (Z, X, z, F)$ mit

$$F = \{z_2 \to z_1 x \mid z_1, z_2 \in Z, x \in X, \delta(z_1, x) = z_2\} \cup \{z_0 \to \varepsilon\}.$$

Wir betrachten ein Wort $w \in X^*$. Im Fall $w = \varepsilon$ erhalten wir aufgrund der Definitionen von E_z und G_z die Äquivalenz

$$\varepsilon \in L(E_z) \iff z = z_0 \iff \varepsilon \in L(G_z).$$

Anderenfalls sei $w = a_1 \ldots a_n$ mit $a_i \in X$, $i = 1, \ldots, n$, $n \in \mathbb{N}$. Es gilt $w \in L(E_z)$ genau dann, wenn Zustände $z_0, z_1, \ldots, z_n = z \in Z$ existieren mit

$$\delta(z_0, a_1) = z_1, \delta(z_1, a_2) = z_2, \ldots, \delta(z_{n-1}, a_n) = z_n = z.$$

Nach Definition von G_z ist dies gleichwertig zur Existenz von Produktionen

$$z_1 \to z_0 a_1,\ z_2 \to z_1 a_2,\ \ldots,\ z = z_n \to z_{n-1} a_n$$

in G_z. Wegen der Produktion $z_0 \to \varepsilon$ erhalten wir äquivalent eine Ableitung

$$z \Longrightarrow z_{n-1} a_n \Longrightarrow \ldots \Longrightarrow z_1 a_2 \ldots a_n \Longrightarrow z_0 a_1 \ldots a_n \Longrightarrow w$$

in G_z, die $w \in L(G_z)$ erzeugt. Es gilt also $L(E_z) = L(G_z)$ und damit

$$L(E) = \bigcup_{z \in Z'} L(E_z) = \bigcup_{z \in Z'} L(G_z).$$

Sind nun

$$G_{z_1} = (Z, X, z_1, F) \text{ und } G_{z_2} = (Z, X, z_2, F)$$

zwei solche Typ-3-Grammatiken, so ist mit einem neuen Symbol Y_0

$$(Z \cup \{Y_0\}, X, Y_0, F \cup \{Y_0 \to z_1, Y_0 \to z_2\})$$

eine Typ-3-Grammatik, die offenbar $L(G_{z_1}) \cup L(G_{z_2})$ erzeugt. Damit folgt, daß $L(E)$ vom Typ 3 ist.

Es sei umgekehrt eine Typ-3-Grammatik $G = (V_N, V_T, X_0, F)$ mit $L = L(G)$ gegeben. Nach Satz 5.5 kann ohne Beschränkung der Allgemeinheit angenommen werden, daß G höchstens Produktionen der Form

$$X \to Ya \text{ oder } X \to \varepsilon$$

mit $X, Y \in V_N$ und $a \in V_T$ besitzt. Wir definieren einen deterministischen endlichen erkennenden Automaten $E = (\mathcal{P}(V_N), V_T, Z_0, \delta, V_F)$ mit

$$Z_0 = \{Y \mid Y \in V_N, (Y, \varepsilon) \in F\},\ V_F = \{Z \mid Z \subset V_N, X_0 \in Z\} \text{ sowie}$$

$$\delta(Z, a) = \{Y \mid (Y, Xa) \in F, X \in Z\} \text{ für } Z \in \mathcal{P}(V_N) \text{ und } a \in V_T.$$

Für $w = \varepsilon$ gilt die Äquivalenz

$$\varepsilon \in L(G) \iff (X_0, \varepsilon) \in F \iff X_0 \in Z_0 \iff Z_0 \in V_F \iff \varepsilon \in L(E).$$

Für $w = a_1 \ldots a_n$, $a_i \in V_T$, $i = 1, \ldots, n$, $n \in \mathbb{N}$, folgt aus $w \in L(G)$ die Existenz von Produktionen

$$X_0 \to Y_n a_n, Y_n \to Y_{n-1} a_{n-1}, \ldots, Y_2 \to Y_1 a_1, Y_1 \to \varepsilon$$

in G mit geeigneten Zeichen $Y_1, \ldots, Y_n \in V_N$. Im Fall $n = 1$ wird $X_0 = Y_2$ gesetzt. Wegen $(Y_1, \varepsilon) \in F$ und der Definition von E gilt $Y_1 \in Z_0$. Mit dem

5. Sprachen, Grammatiken und erkennende Automaten

Wort w und dem Zustand Z_0 des Automaten E betrachten wir dann die Folge von Zustandsübergängen

$$\delta(Z_0, a_1) = Z_1, \ldots, \delta(Z_{n-1}, a_n) = Z_n.$$

Wegen $Y_1 \in Z_0$, $(Y_2, Y_1 a_1) \in F$ und der Definition von δ erhalten wir $Y_2 \in Z_1$. Falls $n \geq 2$ ist, ergibt sich wegen $(Y_3, Y_2 a_2) \in F$ weiter $Y_3 \in Z_2$ usw., bis schließlich $X_0 \in Z_n$ folgt wegen $Y_n \in Z_{n-1}$, $(X_0, Y_n a_n) \in F$. Die Definition von V_F liefert $Z_n \in V_F$ und damit $w \in L(E)$.

Für $w \in L(E)$ gibt es umgekehrt eine Folge von Zustandsüberführungen

$$\delta(Z_0, a_1) = Z_1, \ldots, \delta(Z_{n-1}, a_n) = Z_n \text{ mit } Z_n \in V_F.$$

Dann ist $X_0 \in Z_n$. Nach Definition von δ existiert $Y_n \in Z_{n-1}$ mit $X_0 \to Y_n a_n$ gemäß G. Falls $n \geq 2$ ist, gibt es zu Y_n ein Symbol $Y_{n-1} \in Z_{n-2}$ mit einer Produktion $Y_n \to Y_{n-1} a_{n-1}$ usw. In jedem Fall erhalten wir am Ende $Y_1 \in Z_0$ mit einer Produktion $Y_2 \to Y_1 a_1$. Aus $Y_1 \in Z_0$ folgt, daß auch $Y_1 \to \varepsilon$ eine Produktion in G ist. Somit ist $w \in L(G)$. Insgesamt haben wir damit $L(E) = L(G)$ bewiesen. □

Es stellt sich die Frage, ob auch andere Sprachfamilien der Chomsky-Hierarchie durch geeignete Typen von Automaten charakterisiert werden können. Im folgenden wollen wir für $\mathcal{L}_0$, $\mathcal{L}_1$ und $\mathcal{L}_2$ entsprechende Akzeptoren definieren. Ohne Beweis geben wir dabei die Äquivalenz zwischen den Sprachfamilien und den Akzeptoren an. Im Buch von *Hopcroft* und *Ullman* [8] können diese Beweise nachgelesen werden. Wir betrachten zunächst die in Kapitel 3 eingeführten Turingmaschinen und versehen sie zusätzlich mit einer Menge von Endzuständen. Gleichzeitig lassen wir für sie Nichtdeterminismus zu.

Definition 5.16: $T = (Z, X, \delta, z_0, F)$ heißt *(akzeptierende) nichtdeterministische Turingmaschine*, wenn

(a) Z, X und z_0 wie in Definition 3.1 definiert sind,
(b) $\delta : Z \times \bar{X} \to \mathcal{P}'(Z \times (\bar{X} \cup \{l, r, s\}))$ eine Abbildung ist (*lokale Überführungsfunktion*), wobei $\mathcal{P}'(Z \times (\bar{X} \cup \{l, r, s\}))$ die Menge der nichtleeren Teilmengen von $Z \times (\bar{X} \cup \{l, r, s\})$ ist, und
(c) $F \subset Z$ gilt (*Endzustandsmenge*).

T heißt *(akzeptierende) deterministische Turingmaschine*, wenn $|\delta(z, x)| = 1$ für alle $(z, x) \in Z \times \bar{X}$ gilt. □

Das hier eingeführte Modell einer nichtdeterministischen Turingmaschine hat für jeden Zustand z und jedes Bandsymbol x mindestens eine Instruktion zur Verfügung. Diese Art der Definition ist zur Vereinfachung einiger Beweise in Kapitel 7 nützlich. Man kann aber auch hier für die Abbildung δ die leere Menge als Bild zulassen. Dies bedeutet jedoch keine Änderung der prinzipiellen

5.3 Erkennende Automaten und Sprachen

Fähigkeiten, da $\delta(z,x) = \emptyset$ immer durch $\delta(z,x) = \{(z,s)\}$ simuliert werden kann.

Entsprechend Definition 3.2 können nichtdeterministische Turingmaschinen durch Turingtafeln äquivalent gekennzeichnet werden. Die Turingtafel für eine nichtdeterministische Turingmaschine kann jedoch für ein Paar $(z,x) \in Z \times \bar{X}$ mehrere Zeilen enthalten, die mit $z\ x$ beginnen. Bandfunktion, Bandinschrift, Konfiguration, Anfangs-, End- und Folgekonfiguration können wie in Definition 3.3, 3.4 bzw. 3.5 angegeben werden. Man beachte, daß aufgrund des Nichtdeterminismus Folgekonfigurationen nicht mehr eindeutig bestimmt sein müssen.

Definition 5.17: Es sei $T = (Z, X, \delta, z_0, F)$ eine nichtdeterministische Turingmaschine und $w \in X^*$. Eine Rechnung von T an w heißt *haltend*, wenn folgendes gilt:
(a) T befindet sich zu Beginn im Zustand z_0, und für $w \neq \varepsilon$ ist der Bandinhalt $\ldots bwb\ldots$, wobei der Kopf über dem ersten Symbol von w steht. Für $w = \varepsilon$ ist der Bandinhalt $\ldots \underline{b} \ldots$.
(b) T hält nach endlich vielen (etwa $k-1, k \geq 1$) Schritten in einer Endkonfiguration $(n, \Gamma(\beta), z)$. k wird als *Länge der Rechnung* bezeichnet.
Diese Rechnung heißt *akzeptierend*, wenn für den Zustand z der Endkonfiguration $z\ \beta(n)\ z'\ s$ mit $z' \in F$ eine Zeile der Turingtafel von T ist. □

Definition 5.18: Es sei T eine nichtdeterministische Turingmaschine.

$$L(T) = \{w \in X^* \mid \text{es existiert eine akzeptierende Rechnung an } w\}$$

heißt die *von T akzeptierte Sprache*. □

Mit diesen Definitionen läßt sich zeigen:

Satz 5.7: $\mathcal{L}_0$ ist gleich der Familie der Sprachen, die durch deterministische (oder nichtdeterministische) Turingmaschinen akzeptiert werden. □

Wir sehen also, daß die Familie der Typ-0-Sprachen sowohl durch deterministische als auch durch nichtdeterministische Turingmaschinen charakterisiert wird. Ebenso führen deterministische und nichtdeterministische endliche erkennende Automaten, wie wir in Satz 5.4 und Satz 5.6 gezeigt haben, zur gleichen Sprachfamilie $\mathcal{L}_3$.

Wir wollen abschließend noch Akzeptoren für die Sprachfamilien $\mathcal{L}_2$ und $\mathcal{L}_1$ angeben.

Definition 5.19: $S = (Z, X, K, \delta, z_0, k_0, F)$ heißt *Kellerautomat*, wenn
(a) Z, X, K endliche nichtleere Mengen sind (Menge der *Zustände*, *Eingaben*, *Kellersymbole*),

5. Sprachen, Grammatiken und erkennende Automaten

(b) $\delta : Z \times (X \cup \{\varepsilon\}) \times K \to \mathcal{P}_f(Z \times K^*)$ eine Abbildung ist (*Überführungsfunktion*), wobei $\mathcal{P}_f(Z \times K^*)$ die Menge der endlichen Teilmengen von $Z \times K^*$ ist,

(c) $z_0 \in Z$ (*Anfangszustand*),

(d) $k_0 \in K$ (*Startsymbol des Kellerbandes*) und

(e) $F \subset Z$ (*Menge der Endzustände*) gilt. □

Einen Kellerautomaten können wir uns durch das folgende Bild veranschaulichen:

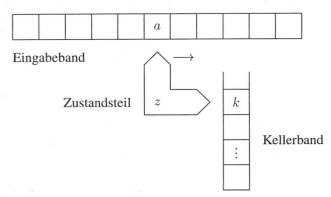

Ein Kellerautomat besteht aus einem Eingabeband, einem Kellerband, einem Zustandsteil, einem Lesekopf für das Eingabeband sowie einem Lese- und Schreibkopf für das Kellerband. Das Eingabeband enthält das jeweilige Eingabewort w, das von links nach rechts gelesen wird. Befindet sich der Kellerautomat im Zustand $z \in Z$, ist $k \in K$ das oberste Kellerelement und steht unter seinem Lesekopf das Symbol $a \in X$, so kann er entweder a lesen oder auch ignorieren. Im ersten Fall geht der Automat nichtdeterministisch gemäß $(z', P) \in \delta(z, a, k)$ in einen Zustand z' über und ersetzt das oberste Kellerelement k durch P, wobei auch $P = \varepsilon$ gelten darf. Ist $P = k_1 \ldots k_r$, $r \in \mathbb{N}$, dann wird k_1 das oberste Kellerelement. Der Kopf über dem Eingabeband geht anschließend zum nächsten Eingabezeichen weiter. Im zweiten Fall wählt der Kellerautomat eine Instruktion $(z', P) \in \delta(z, \varepsilon, k)$. Die Zustandsänderung und das Beschreiben des Kellerbandes erfolgt wie im ersten Fall, jedoch bleibt der Kopf an seinem Platz. Wir sehen, daß der Kellerautomat nur auf das jeweils oberste Element des Kellerbandes zugreifen kann.

Ein Wort w wird von einem Kellerautomaten akzeptiert, wenn er, mit dem Anfangszustand z_0 und dem Startsymbol k_0 beginnend, nach Abarbeitung von w in einen Endzustand übergegangen ist. Dabei beginnt die Bearbeitung von w mit dem ersten Symbol von w. Sie ist beendet, wenn der Lesekopf rechts von w steht, also das letzte Symbol von w abgearbeitet wurde. Eine Sprache L wird

5.3 Erkennende Automaten und Sprachen

von einem Kellerautomaten S erkannt, wenn L aus genau den Wörtern besteht, die von S akzeptiert werden. Es gilt der folgende Satz.

Satz 5.8: $\mathcal{L}_2$ ist gleich der Familie der durch nichtdeterministische Kellerautomaten akzeptierten Sprachen. □

Als Spezialfall kann man deterministische Kellerautomaten betrachten. Bei ihnen muß in jeder Situation der nächste auszuführende Schritt eindeutig bestimmt sein. Dies wird durch die folgende Definition erreicht.

Definition 5.20: Es sei $S = (Z, X, K, \delta, z_0, k_0, F)$ ein Kellerautomat. S heißt *deterministischer Kellerautomat*, wenn folgende Bedingungen erfüllt sind:
(a) Falls $\delta(z, \varepsilon, k) \neq \emptyset$ für einen Zustand $z \in Z$ und ein Kellersymbol $k \in K$ gilt, so folgt $\delta(z, a, k) = \emptyset$ für alle $a \in X$.
(b) Für alle $z \in Z$, $k \in K$ und $a \in X \cup \{\varepsilon\}$ gilt $|\delta(z, a, k)| \leq 1$. □

Möglich ist, daß ein deterministischer Kellerautomat wegen fehlender Instruktion stehenbleibt. Man kann zeigen, daß für die Familie $\mathcal{DK}$ der von deterministischen Kellerautomaten erkannten Sprachen die Beziehung

$$\mathcal{L}_3 \subsetneq \mathcal{DK} \subsetneq \mathcal{L}_2$$

gilt.

Beispiel 5.8: Wir betrachten den deterministischen Kellerautomaten

$$S = (\{z_0, z_1, z_2, z_3\}, \{a, b\}, \{k_0, a, a'\}, \delta, z_0, k_0, \{z_3\}),$$

wobei die Überführungsfunktion gegeben ist durch

$$\begin{aligned}
\delta(z_0, a, k_0) &= (z_1, a'k_0) & \delta(z_1, b, a') &= (z_2, a') \\
\delta(z_1, a, a) &= (z_1, aa) & \delta(z_2, a, a) &= (z_2, \varepsilon) \\
\delta(z_1, a, a') &= (z_1, aa') & \delta(z_2, a, a') &= (z_3, \varepsilon) \\
\delta(z_1, b, a) &= (z_2, a).
\end{aligned}$$

Dieser Kellerautomat erkennt die Sprache

$$\{a^n b a^n \mid n \in \mathbb{N}\}.$$

Der Lesekopf wird mit jedem Schritt bewegt. Das erste gelesene a wird als a' in den Keller geschrieben. Falls zuerst ein b gelesen wird, bleibt S wegen fehlender Instruktion stehen. Weitere gelesene Symbole a werden als a oben auf dem bisherigen Kellerinhalt gestapelt. Wird dann erstmals ein b gelesen, so erfolgt ein Übergang in den Zustand z_2, der die Überprüfung der restlichen Symbole vornimmt. Wird anschließend a gelesen und das oberste Kellerelement ist a, so

5. Sprachen, Grammatiken und erkennende Automaten

wird a gelöscht. Wird a gelesen und das oberste Kellerelement ist a', so erfolgt ein Übergang in den Endzustand z_3. In den anderen Fällen bleibt S stehen, bevor der Automat das ganze Wort w abgearbeitet hat. Dazu gehört auch der Fall, daß in einem Endzustand ein weiteres Element gelesen wird, was z.B. bei $a^n b a^{n+1}$ oder $a^n b a^n b$ eintreten kann. $\square$

Zum Abschluß gehen wir noch auf das Automatenmodell ein, das die Sprachfamilie $\mathcal{L}_1$ charakterisiert.

Definition 5.21: $B = (Z, X, \cent, \$, \delta, z_0, F)$ heißt *linear beschränkter Automat*, wenn $T = (Z, X, \delta, z_0, F)$ eine nichtdeterministische Turingmaschine ist und $\cent, \$ \in X$ gilt, so daß folgende Eigenschaften erfüllt sind:
 (a) Gilt $(z', x') \in \delta(z, \cent)$ für $z, z' \in Z$, $x' \in \bar{X}$, so folgt $x' = \cent$ oder $x' = r$.
 (b) Gilt $(z', x') \in \delta(z, \$)$ für $z, z' \in Z$, $x' \in \bar{X}$, so folgt $x' = \$$ oder $x' = l$.
 (c) Gilt $(z', x') \in \delta(z, x)$ für $z, z' \in Z$, $x' \in \bar{X}$, $x \in \bar{X} - \{\cent, \$\}$, so folgt $x' \neq \cent$ und $x' \neq \$$. $\square$

Wir können einen linear beschränkten Automaten durch das folgende Bild veranschaulichen:

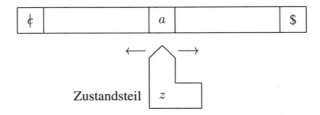

Ein linear beschränkter Automat besitzt ein beschränktes Lese- und Schreibband sowie einen Zustandsteil. Zwischen den beiden Randsymbolen wird das zu bearbeitende Wort w eingetragen, das weder $\cent$ noch $\$$ enthält. Der Automat geht in Abhängigkeit von seinem Zustand z und dem gerade gelesenen Symbol a in einen anderen Zustand über und ändert entweder das gelesene Zeichen oder bewegt seinen Schreib- und Lesekopf einen Schritt nach links oder rechts. Die Randsymbole dürfen nicht überschrieben werden. Eine Bewegung über die Ränder hinaus ist nicht möglich, so daß das Blankzeichen überflüssig ist und in der Definition entfernt werden könnte.

Ein Wort $w \in (X - \{\cent, \$\})^*$ wird von einem linear beschränkten Automaten akzeptiert, wenn er, ausgehend vom Anfangszustand und angesetzt auf das erste Zeichen von w, irgendwann in einen Endzustand gelangt und hält. Eine Sprache $L \subset \Sigma^*$, $\Sigma \subset X$, wird von einem linear beschränkten Automaten B erkannt, wenn L aus genau den Wörtern $w \in \Sigma^*$ besteht, die von B akzeptiert werden.

Satz 5.9: $\mathcal{L}_1$ ist gleich der Familie der durch nichtdeterministische linear beschränkte Automaten akzeptierten Sprachen. □

Beispiel 5.9: Ein linear beschränkter Automat, der die Sprache

$$\{a^n b^n c^n \mid n \in I\!\!N\}$$

erkennt, arbeitet nach folgendem Prinzip: Durch Hin- und Herlaufen und Markieren von je einem a, b und c pro Durchgang wird geprüft, ob gleich viele a's, b's und c's vorhanden sind. Wir verzichten auf die explizite Angabe der Abbildung δ, die etwas aufwendig ist. □

Für linear beschränkte Automaten können wir, wie schon bei den zugrundeliegenden Turingmaschinen, ein deterministisches Modell definieren. Ungelöst ist hier die Frage, ob deterministische und nichtdeterministische Automaten zur gleichen Sprachfamilie führen, wie es bei endlichen erkennenden Automaten und Turingmaschinen der Fall ist. Dieses offene Problem wird *lbA-Problem* genannt.

6. Fixpunkttheorie und kontextfreie Sprachen

Jeder hat vielleicht schon einmal beim Umrühren einer Tasse Kaffee beobachtet, daß ein „Punkt" auf der Oberfläche des Kaffees seinen ursprünglichen Platz dabei nicht verändert hat. Diesen „Tropfen" Kaffee nennt man Fixpunkt. Wahrscheinlich kennt man auch bereits aus der Schule Fixpunkte in der Geometrie. So sind z.B. bei der Achsenspiegelung alle Punkte der Achse Fixpunkte. In der Informatik werden Fixpunkte in der Semantik von Programmiersprachen oder Datenbanken benutzt. Fixpunktmethoden dienen unter anderem dazu, die Semantik eines Programms zu definieren (siehe Kapitel 8). Wir werden in diesem Kapitel sehen, daß Fixpunktmethoden auch in der Theorie der formalen Sprachen nützlich sind.

Die grundlegende Idee soll durch das folgende Beispiel veranschaulicht werden. Es sei $G = (V_N, V_T, X_0, F)$ eine kontextfreie Grammatik mit

$V_N = \{X\}$, $V_T = \{(,)\}$, $X_0 = X$ und $F = \{X \to XX, X \to (X), X \to ()\}$.

Statt durch die Grammatik kann $L(G)$ auch durch das folgende Verfahren beschrieben werden. Man betrachte zunächst die Gleichung

$$g(L) = LL + (L) + ()$$
$$= \{w_1 w_2 \mid w_1, w_2 \in L\} \cup \{(w) \mid w \in L\} \cup \{()\}.$$

Wenn wir $\emptyset$ an die Stelle von L einsetzen, erhalten wir

$$g(\emptyset) = \emptyset\emptyset + (\emptyset) + () = \{()\}.$$

Weiter ergibt sich

$$g(g(\emptyset)) = g(\{()\}) = \{()(), (()), ()\},$$

und es gilt $g(\emptyset), g(g(\emptyset)) \subset L(G)$ sowie $\emptyset = g^0(\emptyset) \subset g(\emptyset) \subset g(g(\emptyset))$. Später wird man sehen, daß für alle $n \in \mathbb{N}_0$

$$g^n(\emptyset) \subset g^{n+1}(\emptyset), \quad g^n(\emptyset) \subset L(G)$$

sowie

$$\bigcup_{n=0}^{\infty} g^n(\emptyset) = L(G) \quad \text{und} \quad L(G) = g(L(G))$$

gilt. Die letzte Gleichung zeigt, daß $L(G)$ ein Fixpunkt von g ist. Wir werden beweisen, daß $L(G)$ der kleinste Fixpunkt von g ist.

6. Fixpunkttheorie und kontextfreie Sprachen

6.1 Partielle Ordnungen und Fixpunkte

Um Fixpunktmethoden in der Theorie der formalen Sprachen anwenden zu können, benötigen wir den *Kleeneschen* Fixpunktsatz. Als Voraussetzung werden zunächst partiell-geordnete Mengen und speziell vollständige partiell-geordnete Mengen eingeführt.

Definition 6.1: $(P, \leq)$ heißt *partiell-geordnete Menge* (englisch: *partially ordered set*, kurz: poset), wenn P eine Menge mit einer Ordnungsrelation $\leq$ ist, die für alle $x, y, z \in P$ die folgenden Beziehungen erfüllt:

$$x \leq x \quad \text{(Reflexivität)}$$
$$x \leq y, \; y \leq z \implies x \leq z \quad \text{(Transitivität)}$$
$$x \leq y, \; y \leq x \implies x = y \quad \text{(Antisymmetrie)}. \quad \Box$$

Beispiel 6.1: Es sei $P = \mathbb{R}$, und $x \leq y$ habe die übliche Bedeutung „x kleiner oder gleich y". Dann ist $(\mathbb{R}, \leq)$ eine partiell-geordnete Menge. $\quad \Box$

Definition 6.2: Es sei $(P, \leq)$ eine partiell-geordnete Menge, und es gelte $A \subset P$. Die *Restriktion* $\leq_A$ von $\leq$ auf A wird durch

$$a \leq_A b \iff a \leq b$$

für alle $a, b \in A$ definiert. Wenn keine Mißverständnisse auftreten können, wird auch $\leq$ anstelle von $\leq_A$ geschrieben. $\quad \Box$

Satz 6.1: Es sei $(P, \leq)$ eine partiell-geordnete Menge, und es gelte $A \subset P$. Dann ist $(A, \leq)$ eine partiell-geordnete Menge.

Beweis: Der Beweis folgt unmittelbar aus den Definitionen. $\quad \Box$

Man erkennt also sofort, daß jede Menge von reellen, rationalen, ganzen oder natürlichen Zahlen partiell-geordnet ist. Zur Vereinfachung vereinbaren wir die folgenden Bezeichnungen.

Bezeichnungen: Es sei $(P, \leq)$ eine partiell-geordnete Menge. Wir setzen:

$$x < y \iff x \leq y, \; x \neq y$$
$$x > y \iff y < x$$
$$x \geq y \iff y \leq x \; . \quad \Box$$

In $(\mathbb{R}, \leq)$ gilt für alle $x, y \in \mathbb{R}$ die Ungleichung $x \leq y$ oder $y \leq x$. Eine derartige Aussage ist nicht für alle partiell-geordnete Mengen erfüllt, wie das folgende Beispiel zeigt.

Beispiel 6.2: Es sei A eine Menge, $P = \mathcal{P}(A)$ die Potenzmenge von A, und $\subset$ sei die Mengeninklusion. Dann ist $(P, \subset)$ eine partiell-geordnete Menge, denn für alle $X, Y, Z \subset A$ gilt offenbar:

$$X \subset X$$
$$X \subset Y, Y \subset Z \implies X \subset Z$$
$$X \subset Y, Y \subset X \implies X = Y.$$

Man beachte, daß es für $A \neq \emptyset$, $a \in A$ und $A \neq \{a\}$ immer unvergleichbare Elemente bezüglich $\subset$ gibt. Es sei etwa $\{a, b\} \subset A$, $a \neq b$. Dann sind $\{a\}$ und $\{b\}$ unvergleichbar. □

Eine partiell-geordnete Menge kann also Elemente enthalten, die nicht miteinander zu vergleichen sind. Deswegen ist auch der Name *partielle* Ordnung aus Definition 6.1 gerechtfertigt.

Beispiel 6.3: Es sei $A \neq \emptyset$ eine beliebige nichtleere Menge. Für alle $a, b \in A$ definieren wir eine partielle Ordnung durch

$$a \leq b \iff a = b.$$

Dann sind alle verschiedenen Elemente unvergleichbar. Man sagt, $(A, \leq)$ besitzt die *diskrete* Ordnung. □

Definition 6.3: Es sei $(P, \leq)$ eine partiell-geordnete Menge, und es gelte $A \subset P$. Ein Element a heißt *kleinstes Element* von A, wenn

$$a \in A \text{ und } a \leq b \text{ für alle } b \in A$$

gilt. □

Satz 6.2: Es sei $(P, \leq)$ eine partiell-geordnete Menge, und es gelte $A \subset P$. Dann besitzt A genau ein oder kein kleinstes Element.

Beweis: Es seien a und b kleinste Elemente von A. Nach Definition 6.3 gilt $a \leq b$ und $b \leq a$. Aufgrund der Antisymmetrie folgt $a = b$. □

Beispiel 6.4: Das kleinste Element von $\mathbb{N}$ ist 1. $\mathbb{Z}$ besitzt kein kleinstes Element. Für jede Menge A ist $\emptyset$ das kleinste Element der Potenzmenge $\mathcal{P}(A)$ von A. □

Definition 6.4: Es sei $(P, \leq)$ eine partiell-geordnete Menge, und es gelte $S \subset P$. x heißt *obere Schranke* (englisch: *upper bound*) von S, wenn

$$x \in P \text{ und } s \leq x \text{ für alle } s \in S$$

6. Fixpunkttheorie und kontextfreie Sprachen

gilt. Mit $UB(S)$ bezeichnen wir die *Menge aller oberen Schranken von S*. Dann wird die *kleinste obere Schranke* $\text{lub}(S)$ von S (englisch: *least upper bound*) als kleinstes Element von $UB(S)$ definiert. □

Da es ein kleinstes Element nicht geben muß, muß auch $\text{lub}(S)$ nicht in jedem Fall existieren. Es gilt jedoch der folgende Satz.

Satz 6.3: Es sei $(P, \leq)$ eine partiell-geordnete Menge, und es gelte $S \subset P$. Die kleinste obere Schranke $\text{lub}(S)$ von S existiere. Dann ist $\text{lub}(S)$ das eindeutige Element $x \in P$ mit

$$s \leq x \text{ für alle } s \in S \text{ und } x \leq y \text{ für alle } y \in UB(S).$$

Beweis: Da $x = \text{lub}(S)$ existiert, erfüllt es als obere Schranke nach Definition 6.4 die Relation $s \leq x$ für alle $s \in S$. Nach Definition 6.3 liefert x als kleinstes Element von $UB(S)$ die Gültigkeit von $x \leq y$ für alle $y \in UB(S)$. Die Eindeutigkeitsaussage des Satzes folgt aus Satz 6.2. □

Für die Potenzmenge $\mathcal{P}(A)$ von A wollen wir die kleinste obere Schranke einer Menge $S \subset \mathcal{P}(A)$ bestimmen.

Satz 6.4: Es sei A eine Menge und $S \subset \mathcal{P}(A)$. Dann gilt

$$\text{lub}(S) = \bigcup_{X \in S} X.$$

Beweis: Wir müssen die Eigenschaften einer kleinsten oberen Schranke aus Definition 6.4 für $\bigcup_{X \in S} X$ nachprüfen. Da S eine Menge von Teilmengen von A ist, folgt $\bigcup_{X \in S} X \in \mathcal{P}(A)$. Es sei weiter X' eine beliebige Menge aus S. Dann gilt offensichtlich $X' \subset \bigcup_{X \in S} X$, und wir erhalten, daß $\bigcup_{X \in S} X$ eine obere Schranke von S ist. Wir nehmen schließlich im Gegensatz zur Aussage des Satzes an, daß $\bigcup_{X \in S} X$ keine kleinste obere Schranke ist. Dann existiert eine obere Schranke $Y \in UB(S)$ mit $\bigcup_{X \in S} X \not\subset Y$. Es gibt also ein Element $x \in \bigcup_{X \in S} X$ mit $x \notin Y$. Wegen $x \in \bigcup_{X \in S} X$ folgt jedoch $x \in Z$ für ein geeignetes $Z \in S$. Damit erhalten wir $Z \not\subset Y$, einen Widerspruch zu $Y \in UB(S)$. □

Bezeichnungen: Es sei $(P, \leq)$ eine partiell-geordnete Menge und $(x_n \mid n = 0, 1, \ldots) = (x_n \mid n \geq 0)$ eine Folge von Elementen aus P. Dann wird $\text{lub}\{x_n \mid n = 0, 1, \ldots\}$ mit $\text{lub}(x_n)$, $\bigvee_{n \geq 0} x_n$ oder auch, wenn keine Mißverständnisse auftreten können, mit $\bigvee x_n$ bezeichnet. Statt von der kleinsten oberen Schranke spricht man auch von dem *Supremum* der Folge. Gelegentlich schreiben wir (x_n) für $(x_n \mid n \geq 0)$. □

Definition 6.5: Es sei $(P, \leq)$ eine partiell-geordnete Menge.
(a) (x_n) heißt (*aufsteigende*) *Kette* in $(P, \leq)$, wenn (x_n) eine Folge von Elementen aus P ist mit $x_n \leq x_{n+1}$ für alle $n \in \mathbb{N}_0$.
(b) $(P, \leq)$ heißt *vollständige partiell-geordnete Menge* (englisch: *complete partially ordered set*, kurz: cpo), wenn $(P, \leq)$ ein kleinstes Element $\bot$ (englisch: bottom) besitzt und, sofern (x_n) eine Kette in $(P, \leq)$ ist, $\text{lub}(x_n)$ existiert und $\text{lub}(x_n) \in P$ gilt. □

Beispiel 6.5: Wir betrachten die partiell-geordnete Menge $(\mathbb{N}, \leq)$. Für jede endliche Kette
$$(x_0, x_1, \ldots, x_n)$$
oder jede konstant werdende Kette
$$x_0 \leq x_1 \leq x_2 \leq \ldots \leq x_k = x_{k+1} = \ldots$$
ist das maximale Element die kleinste obere Schranke. Dagegen besitzt die Folge
$$(x_k \mid k \geq 0) \quad \text{mit} \quad x_k = 2^k$$
keine obere Schranke. Um auch in solchen Fällen formal eine kleinste obere Schranke zu erhalten, erweitern wir $(\mathbb{N}, \leq)$ zu $(\mathbb{N} \cup \{\infty\}, \leq)$, wobei $x \leq \infty$ definiert wird für alle $x \in \mathbb{N}$. Dann ist $(\mathbb{N} \cup \{\infty\}, \leq)$ eine vollständige partiell-geordnete Menge (cpo), denn 1 ist das kleinste Element und $\text{lub}(x_n) = \infty$, falls (x_n) kein maximales Element besitzt. □

Beispiel 6.6: Wir betrachten die partiell-geordnete Menge $(\mathbb{R}, \leq)$. Sie besitzt kein kleinstes Element. Die Teilmenge $\{x \mid 0 \leq x\}$ hat dagegen ein kleinstes Element 0, aber keine obere Schranke.

Die reellen Zahlen erfüllen jedoch die Vollständigkeitseigenschaft: Ist (x_n) eine Kette in $(\mathbb{R}, \leq)$ mit $UB(x_n) \neq \emptyset$, dann existiert $\text{lub}(x_n)$. Diese Eigenschaft muß nicht in jeder partiell-geordneten Menge gelten. Es sei zum Beispiel $P = \{x \mid x < 0\} \cup \{x \mid 0 < x\} \subset \mathbb{R}$. Ersichtlich ist $(P, \leq)$ partiell-geordnet. Wir definieren die Folge (x_n) durch
$$x_0 = -1, x_1 = -\frac{1}{2}, \ldots, x_n = -\frac{1}{n+1}, \ldots.$$
Dann gilt $UB(x_n) = \{x \mid 0 < x\} \neq \emptyset$. Da die Folge von links gegen $0 \notin P$ konvergiert, existiert allerdings $\text{lub}(x_n)$ nicht. □

Beispiel 6.7: Es sei X ein Alphabet. Dann ist die *Teilwort-Ordnung* $\leq_{\text{sub}}$ durch
$$x \leq_{\text{sub}} y \iff \text{es existieren } u, v \in X^* \text{ mit } uxv = y$$

6. Fixpunkttheorie und kontextfreie Sprachen

definiert. Durch Überprüfung von Definition 6.1 stellt man sofort fest, daß $(X^*, \leq_{\text{sub}})$ eine partiell-geordnete Menge ist. Das kleinste Element ist ε. Bei einer nicht konstant werdenden Kette werden die Wörter immer länger, so daß es keine kleinste obere Schranke gibt und somit $(X^*, \leq_{\text{sub}})$ keine cpo ist. □

Das nächste Beispiel ist für die Anwendung der Fixpunkttheorie von großer Bedeutung.

Beispiel 6.8: Es sei $(P, \subset)$ mit $P = \mathcal{P}(A)$ die partiell-geordnete Menge aus Beispiel 6.2. $(P, \subset)$ ist eine cpo, denn $\emptyset$ ist ihr kleinstes Element und für jede Kette (X_n) von Teilmengen von A existiert nach Satz 6.4 die kleinste obere Schranke $\text{lub}(X_n) = \bigcup X_n$ als ein Element von P.

Als Verallgemeinerung dieser cpo betrachten wir für ein festes $k \in \mathbb{N}$

$$((\mathcal{P}(A))^k, \leq).$$

Ist $pr_i : (\mathcal{P}(A))^k \to \mathcal{P}(A)$ die i-te Projektion, die die i-te Komponente eines k-Tupels aus $(\mathcal{P}(A))^k$ liefert, so ist für $Y, Z \in (\mathcal{P}(A))^k$ die Relation $Y \leq Z$ definiert durch $pr_i Y \subset pr_i Z$ für alle $i = 1, \ldots, k$. Das kleinste Element von $((\mathcal{P}(A))^k, \leq)$ ist offenbar $(\emptyset, \ldots, \emptyset)$ (k-mal). Wenn wir im Beweis von Satz 6.4 für S die Kette (X_n) einsetzen und die Inklusion durch die Relation $\leq$ ersetzen, so läßt sich der dortige Beweis vollständig übertragen. Wir erhalten also, daß jede Kette (X_n) von k-Tupeln in $(\mathcal{P}(A))^k$ das k-Tupel

$$\text{lub}(X_n) = (\bigcup(pr_1 X_n), \ldots, \bigcup(pr_k X_n)) \in (\mathcal{P}(A))^k$$

als kleinste obere Schranke besitzt. Folglich ist $((\mathcal{P}(A))^k, \leq)$ eine cpo. □

Satz 6.5: Es sei X ein Alphabet und $A = X^*$. (X_n) und (Y_n) seien Ketten in $(\mathcal{P}(A), \subset)$. Dann sind $(X_n Y_n)$ und $(X_n \cup Y_n)$ Ketten in $(\mathcal{P}(A), \subset)$, und es gilt

$$\text{lub}(X_n Y_n) = \text{lub}(X_n)\text{lub}(Y_n) \text{ und } \text{lub}(X_n \cup Y_n) = \text{lub}(X_n) \cup \text{lub}(Y_n).$$

Beweis: Da für Mengen X', X'', Y' und Y'' mit $X' \subset X''$ und $Y' \subset Y''$ die Inklusionen

$X' \cup Y' \subset X'' \cup Y''$ sowie $X'Y' = \{uv \mid u \in X' \subset X'', v \in Y' \subset Y''\} \subset X''Y''$

gelten, sind $(X_n \cup Y_n)$ und $(X_n Y_n)$ Ketten.

Wir nehmen an, daß $S = \text{lub}(X_n)\text{lub}(Y_n)$ nicht die kleinste obere Schranke ist. Dann existiert ein $Z \in UB(X_n Y_n)$ mit $S = (\bigcup X_n)(\bigcup Y_n) \not\subset Z$. Folglich gibt es ein $x \in S$ mit $x \notin Z$. Wegen $x \in (\bigcup X_n)(\bigcup Y_n)$ erhält man $x \in X_l Y_r$ für geeignete r und l. Es sei ohne Beschränkung der Allgemeinheit $l \geq r$. Dann gilt wegen der Ketteneigenschaft $x \in X_l Y_l$ und damit $X_l Y_l \not\subset Z$. Das ist ein Widerspruch zu $Z \in UB(X_n Y_n)$.

6.1 Partielle Ordnungen und Fixpunkte

Analog wird der Beweis für $\mathrm{lub}(X_n \cup Y_n)$ geführt. Dabei ist allerdings die Ketteneigenschaft nicht nötig. □

Die Aussage dieses Satzes in bezug auf die Vereinigungsbildung gilt auch, falls A eine beliebige Menge ist.

Definition 6.6: Es seien $(A, \leq_A)$ und $(B, \leq_B)$ partiell-geordnete Mengen und $f : A \to B$ eine Abbildung. $f : (A, \leq_A) \to (B, \leq_B)$ heißt *monoton*, wenn aus $x \leq_A y$ mit $x, y \in A$ die Relation $f(x) \leq_B f(y)$ folgt. □

Wenn keine Mißverständnisse möglich sind, verwenden wir im folgenden für $\leq_A$ und $\leq_B$ dasselbe Zeichen $\leq$. Zur Vereinfachung sagen wir oft auch, daß $f : A \to B$ monoton ist, und wir sprechen von den partiell-geordneten Mengen A und B.

Beispiel 6.9:
(a) $f : (\mathbb{R}, \leq) \to (\mathbb{R}, \leq)$ mit $f(x) = x + 1$ ist eine monotone Funktion.
(b) Es seien $A, B \neq \emptyset$, und es gelte $A \subset B$ und $b \in B - A$. Dann ist die durch $f(C) = C \cup \{b\}$ definierte Funktion $f : \mathcal{P}(A) \to \mathcal{P}(B)$ monoton.
(c) Es sei X ein Alphabet und $A = X^*$. Wir betrachten die partiell-geordnete Menge $(\mathcal{P}(A), \subset)$. Es sei weiter $L \subset X^*$. Dann definieren wir

$$\mathrm{Sub}(L) = \{x \in X^* \mid \text{es existiert } y \in L \text{ mit } x \leq_{\mathrm{sub}} y\}.$$

Die durch $L \mapsto \mathrm{Sub}(L)$ gegebene Abbildung ist monoton auf der partiell-geordneten Menge $(\mathcal{P}(A), \subset)$. □

Die nächste Definition verbindet Überlegungen der diskreten Mathematik mit Konzepten der Analysis.

Definition 6.7: Es seien $(D, \leq)$ und $(D', \leq)$ vollständige partiell-geordnete Mengen, und $f : D \to D'$ sei eine Abbildung. $f : (D, \leq) \to (D', \leq)$ heißt *stetig*, wenn für jede Kette

$$x_0 \leq x_1 \leq x_2 \leq \ldots \text{ in } D$$

die kleinste obere Schranke $\bigvee f(x_n)$ der Folge $(f(x_n) \mid n \geq 0)$ in D' existiert und

$$\bigvee f(x_n) = f(\bigvee x_n)$$

erfüllt. □

Man erkennt die Analogie mit der Definition der Stetigkeit in der Analysis, wenn man $\bigvee$ durch $\lim$ ersetzt. Es ist ja $f : \mathbb{R} \to \mathbb{R}$ stetig, falls für eine Folge (x_n) von reellen Zahlen die Limites $\lim_{n \to \infty} x_n$ und $\lim_{n \to \infty} f(x_n)$ existieren und

$$\lim_{n \to \infty} f(x_n) = f(\lim_{n \to \infty} x_n)$$

gilt.

6. Fixpunkttheorie und kontextfreie Sprachen

Satz 6.6: Es seien $(D, \leq)$ und $(D', \leq)$ vollständige partiell-geordnete Mengen, und $f : D \to D'$ sei eine Abbildung. Ist f stetig, dann ist f auch monoton.

Beweis: Es sei $f : (D, \leq) \to (D', \leq)$ stetig. Für $a, b \in D$ gelte $a \leq b$. Wir betrachten die Kette

$$a \leq b \leq b \leq b \leq \ldots.$$

Ihre kleinste obere Schranke ist b. Nach Definition 6.7 ist $\text{lub}\{f(a), f(b)\} = f(b)$. Es folgt $f(a) \leq f(b)$. □

Wir können aus diesem Satz schließen, daß für eine stetige Funktion die Folge $(f(x_n) \mid n \geq 0)$ aus Definition 6.7 ebenfalls eine Kette ist.

Satz 6.7: Es sei A eine Menge und $k \in \mathbb{N}$.
  (a) Die Projektionsabbildungen $pr_j : ((\mathcal{P}(A))^k, \leq) \to (\mathcal{P}(A), \subset), 1 \leq j \leq k$, sind stetig.
  (b) Es sei A' eine beliebige Teilmenge von A. Dann ist die durch die Zuordnung $g(V_1, \ldots, V_k) = A'$ für $V_1, \ldots, V_k \in \mathcal{P}(A)$ gegebene konstante Abbildung $g : ((\mathcal{P}(A))^k, \leq) \to (\mathcal{P}(A), \subset)$ stetig.

Beweis: Es sei (X_n) eine Kette in $(\mathcal{P}(A))^k$.
  (a) Nach Beispiel 6.8 ist $(pr_j X_n)$ eine Kette in der cpo $\mathcal{P}(A)$, die eine kleinste obere Schranke besitzt. Unter Verwendung von Beispiel 6.8 erhalten wir

$$\begin{aligned}\bigvee(pr_j X_n) &= \bigcup(pr_j X_n) \\ &= pr_j(\bigcup(pr_1 X_n), \ldots, \bigcup(pr_k X_n)) = pr_j(\bigvee X_n).\end{aligned}$$

  (b) Wegen $g(X_n) = A'$ folgt $\bigvee g(X_n) = \bigvee A' = A' = g(\bigvee X_n)$. □

Satz 6.8: Es sei X ein Alphabet und $A = X^*$, und $h_1, h_2 : ((\mathcal{P}(A))^k, \leq) \to (\mathcal{P}(A), \subset)$ seien stetige Abbildungen. Damit werden Abbildungen $h_1 \cdot h_2$, $h_1 + h_2 : ((\mathcal{P}(A))^k, \leq) \to (\mathcal{P}(A), \subset)$ durch

$$\begin{aligned}(h_1 \cdot h_2)(V_1, \ldots, V_k) &= h_1(V_1, \ldots, V_k) \cdot h_2(V_1, \ldots, V_k) \text{ und} \\ (h_1 + h_2)(V_1, \ldots, V_k) &= h_1(V_1, \ldots, V_k) \cup h_2(V_1, \ldots, V_k)\end{aligned}$$

definiert. Dann sind $h_1 \cdot h_2$ sowie $h_1 + h_2$ stetig.

Beweis: Es sei (X_n) eine Kette in $(\mathcal{P}(A))^k$. Mit Satz 6.5 und der Stetigkeit von h_1 und h_2 folgt

$$\begin{aligned}\bigvee(h_1 \cdot h_2)(X_n) &= \bigvee(h_1(X_n) \cdot h_2(X_n)) = \bigvee h_1(X_n) \cdot \bigvee h_2(X_n) \\ &= h_1(\bigvee X_n) \cdot h_2(\bigvee X_n) = (h_1 \cdot h_2)(\bigvee X_n)\end{aligned}$$

6.1 Partielle Ordnungen und Fixpunkte

und

$$\bigvee (h_1 + h_2)(X_n) = \bigvee(h_1(X_n) \cup h_2(X_n)) = \bigvee h_1(X_n) \cup \bigvee h_2(X_n)$$
$$= h_1(\bigvee X_n) \cup h_2(\bigvee X_n) = (h_1 + h_2)(\bigvee X_n). \quad \Box$$

Die Aussage dieses Satzes in bezug auf die Vereinigungsbildung gilt auch, falls A eine beliebige Menge ist.

Satz 6.9: Es seien $f : (A, \leq) \to (B, \leq)$ und $g : (B, \leq) \to (C, \leq)$ stetige Abbildungen. Dann ist auch $g \circ f : (A, \leq) \to (C, \leq)$ stetig.

Beweis: Es sei (x_n) eine Kette in A. Dann ist nach den Bemerkungen im Anschluß an den Beweis von Satz 6.6 $(f(x_n))$ eine Kette in B. Somit gilt

$$\bigvee((g \circ f)(x_n)) = \bigvee(g(f(x_n))) = g(\bigvee f(x_n))$$
$$= g(f(\bigvee x_n)) = (g \circ f)(\bigvee x_n). \quad \Box$$

Satz 6.10: Eine Abbildung $g : ((\mathcal{P}(A))^k, \leq) \to ((\mathcal{P}(A))^k, \leq)$ ist stetig genau dann, wenn $pr_j \circ g = g_j : ((\mathcal{P}(A))^k, \leq) \to (\mathcal{P}(A), \subset)$ für alle $j = 1, \ldots, k$ stetig ist.

Beweis: Ist g stetig, so folgt mit Hilfe von Satz 6.7(a) und Satz 6.9, daß g_j stetig ist. Für die andere Beweisrichtung stellen wir zunächst fest, daß für Teilmengen $V_1, \ldots, V_n$ von A offenbar

$$g(V_1, \ldots, V_k) = (g_1(V_1, \ldots, V_k), \ldots, g_k(V_1, \ldots, V_k))$$

gelten muß. Es sei nun (X_n) eine Kette in $(\mathcal{P}(A))^k$. Wegen der Stetigkeit der g_j sind die $g_j(X_n)$ Ketten in $\mathcal{P}(A)$. Dann gilt

$$\bigvee g(X_n) = \bigvee(g_1(X_n), \ldots, g_k(X_n))$$
$$= (\bigvee g_1(X_n), \ldots, \bigvee g_k(X_n)) \quad \text{(nach Beispiel 6.8)}$$
$$= (g_1(\bigvee X_n), \ldots, g_k(\bigvee X_n)) \quad \text{(wegen der Stetigkeit der } g_j)$$
$$= g(\bigvee X_n). \quad \Box$$

Definition 6.8: Es sei $(A, \leq)$ eine partiell-geordnete Menge und $f : A \to A$ eine Abbildung. $a \in A$ heißt *Fixpunkt* von f, wenn $f(a) = a$ gilt. $a \in A$ heißt *kleinster Fixpunkt* von f, wenn a ein Fixpunkt von f ist und für alle Fixpunkte b von f die Relation $a \leq b$ gilt. $\Box$

Diese Begriffe wollen wir an einem einfachen Beispiel verdeutlichen.

Beispiel 6.10: Fixpunkte können existieren oder auch nicht. Für die identische Abbildung $id : \mathbb{N} \to \mathbb{N}$ sind alle $n \in \mathbb{N}$ Fixpunkte. Dabei ist 1 der kleinste

6. Fixpunkttheorie und kontextfreie Sprachen

Fixpunkt. Die Abbildung $s : I\!N \to I\!N$ mit $s(n) = n + 1$ besitzt dagegen keinen Fixpunkt.

Für die Abbildung $id : \mathbb{Z} \to \mathbb{Z}$ sind alle $z \in \mathbb{Z}$ Fixpunkte. Es existiert jedoch kein kleinster Fixpunkt. □

Der folgende Satz ist zum Beweis des *Kleeneschen* Fixpunktsatzes nötig.

Satz 6.11: Es sei $(P, \leq)$ eine vollständige partiell-geordnete Menge, und $x_1 \leq x_2 \leq x_3 \leq \ldots$ und $y_1 \leq y_2 \leq y_3 \leq \ldots$ seien Ketten in P, die die folgenden Eigenschaften erfüllen:
  (a) Für alle x_i gibt es ein y_j mit $x_i \leq y_j$.
  (b) Für alle y_i gibt es ein x_j mit $y_i \leq x_j$.
  (Man sagt, (x_i) und (y_j) sind *kofinal ineinander enthalten*.)
Dann folgt
$$\bigvee x_i = \bigvee y_j.$$

Beweis: Es sei $a = \bigvee x_i$ und $b = \bigvee y_j$. Zu zeigen ist $a \leq b$ und $b \leq a$. Wir zeigen $b \leq a$ (analog wird $a \leq b$ bewiesen). Es werde ein beliebiges y_j gewählt. Nach (b) existiert ein k mit $y_j \leq x_k$. Dann gilt $y_j \leq x_k \leq \bigvee x_i = a$. Aufgrund der Transitivität von $\leq$ folgt $y_j \leq a$. Da y_j beliebig ist, erhalten wir $a \in UB(y_j)$ und damit $b = \mathrm{lub}(y_j) \leq a$. □

Satz 6.12: (*Kleenescher* Fixpunktsatz) Es sei $(D, \leq)$ eine vollständige partiell-geordnete Menge und $f : (D, \leq) \to (D, \leq)$ eine stetige Abbildung. $\bot$ sei das kleinste Element von $(D, \leq)$. Es sei $f^n = f \circ \cdots \circ f$ die n-fache Komposition von f mit sich selbst. Dann besitzt f einen kleinsten Fixpunkt, und zwar
$$\bigvee_{n \in I\!N_0} f^n(\bot).$$

Beweis: Man setze $a_0 = \bot$ und $a_n = f^n(\bot)$ für $n \in I\!N$. Offenbar gilt $a_0 = \bot \leq a_1$. Da f als stetige Funktion auch monoton ist, folgt daraus $f(a_0) \leq f(a_1)$, d.h. $a_1 \leq a_2$. Wir gehen nun weiter induktiv vor und nehmen an, daß $f^n(\bot) \leq f^{n+1}(\bot)$ für ein $n \in I\!N$ gilt. Wegen der Monotonie von f erhalten wir $f^{n+1}(\bot) \leq f^{n+2}(\bot)$. Wir sehen also, daß $(a_i \mid i \geq 0)$ eine (aufsteigende) Kette ist. Da $(D, \leq)$ eine cpo ist, existiert somit die kleinste obere Schranke $c = \bigvee a_i$. Aus der Stetigkeit von f schließen wir
$$f(c) = f(\bigvee a_i) = \bigvee f(a_i) = \bigvee a_{i+1}.$$

Die Ketten $a_0 \leq a_1 \leq a_2 \leq \ldots$ mit $\bigvee a_i = c$ und $a_1 \leq a_2 \leq a_3 \leq \ldots$ mit $\bigvee a_{i+1} = f(c)$ sind offensichtlich kofinal ineinander enthalten. Nach Satz 6.11 folgt $c = f(c)$, d.h., c ist ein Fixpunkt von f.

Wir nehmen nun an, daß d ein beliebiger Fixpunkt von f ist, also $f(d) = d$. Es gilt $a_0 = \bot \leq d$. Aus der Monotonie von f folgt $a_1 = f(\bot) \leq f(d) = d$ und daraus $a_2 = ff(\bot) \leq ff(d) = d$ usw. Man erhält also $d \in UB(a_i \mid i \geq 0)$. Da c die kleinste obere Schranke von $(a_i \mid i \geq 0)$ ist, ergibt sich $c \leq d$. Somit ist c der kleinste Fixpunkt von f. □

6.2 Fixpunkttheorie und kontextfreie Sprachen

Wir kommen auf das zu Beginn dieses Kapitels betrachtete Beispiel zurück.

Beispiel 6.11: Man betrachte die kontextfreie Grammatik $G = (V_N, V_T, X, F)$ mit $V_N = \{X\}$, $V_T = \{(,)\}$ und

$$F = \{X \to XX, X \to (X), X \to ()\}.$$

Wir fassen X als Mengenvariable auf und definieren eine Abbildung $g : \mathcal{P}(V_T^*) \to \mathcal{P}(V_T^*)$ durch

$$g(X) = XX + (X) + (),$$

die sich durch „Addition" der Produktionen von G ergibt. Dabei wird $+$ als Vereinigungsbildung interpretiert. Ist X eine beliebige Menge, dann ist

$$\begin{aligned} XX &= \{uv \mid u,v \in X\} \quad \text{(Konkatenation von } X \text{ mit sich selbst)}\\ (X) &= \{(\}X\{)\} = \{(u) \mid u \in X\}\\ () &= \{()\}. \end{aligned}$$

Später werden wir sehen, daß g stetig ist. Dann existiert nach Satz 6.12 die kleinste obere Schranke $\bigvee g^n(\bot)$, die auch der kleinste Fixpunkt von g ist. Man erhält

$$\begin{aligned} g(\emptyset) &= \{()\}\\ gg(\emptyset) &= g(\{()\}) = \{()(), (()), ()\} \end{aligned}$$

usw.

Man überlegt sich, daß die Vereinigung dieser Folgen die Sprache der „passenden" Klammerstrukturen ergibt. □

Beispiel 6.12: Es sei $G = (V_N, V_T, X_1, F)$ eine kontextfreie Grammatik. Dabei sei $V_N = \{X_1, X_2, X_3\}$, $V_T = \{a, b\}$ und

$$F = \{X_1 \to X_2, X_1 \to X_3, X_2 \to aX_2b, X_2 \to ab, X_3 \to bX_3a, X_3 \to ba\}.$$

Offenbar gilt

$$L(G) = \{a^n b^n \mid n \geq 1\} \cup \{b^n a^n \mid n \geq 1\}.$$

6. Fixpunkttheorie und kontextfreie Sprachen

Wie in Beispiel 6.11 betrachten wir X_1, X_2 und X_3 als Variablen, die ihre Werte in $\mathcal{P}(V_T^*)$ annehmen. Die rechten Seiten der Produktionen mit jeweils gleicher linker Seite werden aufaddiert und der entsprechenden Komponente einer Funktion $g : (\mathcal{P}(V_T^*))^3 \to (\mathcal{P}(V_T^*))^3$ zugeordnet. Wir erhalten so

$$g(X_1, X_2, X_3) = (X_2 + X_3, aX_2b + ab, bX_3a + ba).$$

Dabei ist z.B. $aX_2b + ab$ eine Abkürzung für $\{a\}X_2\{b\} \cup \{ab\}$. Nach Beispiel 6.8 ist $((\mathcal{P}(V_T^*))^3, \leq)$ eine cpo mit kleinstem Element $\bot = (\emptyset, \emptyset, \emptyset)$, und die Relation $\leq$ ist durch

$$(Y_1, Y_2, Y_3) \leq (Z_1, Z_2, Z_3) \iff Y_1 \subset Z_1, Y_2 \subset Z_2, Y_3 \subset Z_3$$

gegeben. Wenn (X_1^i, X_2^i, X_3^i) eine Kette in $(\mathcal{P}(V_T^*))^3$ ist, dann gilt

$$\mathrm{lub}(X_1^i, X_2^i, X_3^i) = (\bigcup_i X_1^i, \bigcup_i X_2^i, \bigcup_i X_3^i) \in (\mathcal{P}(V_T^*))^3,$$

die kleinste obere Schranke wird also komponentenweise gebildet. Wir werden später sehen, daß g stetig ist. Dann wird nach Satz 6.12 der kleinste Fixpunkt von g durch

$$\begin{aligned}
g^0(\bot) &= (\emptyset, \emptyset, \emptyset) \\
g^1(\bot) &= (\emptyset, \{ab\}, \{ba\}) \\
g^2(\bot) &= g(\emptyset, \{ab\}, \{ba\}) = (\{ab, ba\}, \{a^2b^2, ab\}, \{b^2a^2, ba\})
\end{aligned}$$

usw.

bestimmt. Durch Induktion über m erhält man

$g^m(\emptyset, \emptyset, \emptyset)$
$= (\{a^kb^k, b^ka^k \mid 0 < k < m\}, \{a^kb^k \mid 0 < k \leq m\}, \{b^ka^k \mid 0 < k \leq m\}).$

Dann folgt

$$\bigvee_{m \in \mathbb{N}_0} g^m(\bot) = (L(G), \{a^jb^j \mid j \geq 1\}, \{b^ja^j \mid j \geq 1\}).$$

Wir sehen also, daß $L(G)$ die erste Komponente des kleinsten Fixpunktes von g ist. $\square$

Allgemein werden wir in Satz 6.13 feststellen, daß jede kontextfreie Grammatik mit k Nichtterminalzeichen eine stetige Abbildung $g : (\mathcal{P}(V_T^*))^k \to (\mathcal{P}(V_T^*))^k$ bestimmt. Jede Komponente ist mit einem anderen Nichtterminalzeichen assoziiert. Ist $(L_1, \ldots, L_k)$ der kleinste Fixpunkt und gehört die erste Komponente zum Anfangssymbol der Grammatik, dann werden wir in Satz 6.14 zeigen, daß $L_1 = L(G)$ gilt.

6.2 Fixpunkttheorie und kontextfreie Sprachen

Definition 6.9: Es sei $G = (V_N, V_T, X_1, F)$ eine kontextfreie Grammatik. Dabei gelte $V_N = \{X_1, \ldots, X_k\}$ mit $k \in \mathbb{N}$. Die Produktionen aus F mit X_j, $j = 1, \ldots, k$, auf der linken Seite seien durch

$$X_j \to P_{j1}, \ldots, X_j \to P_{jk_j}$$

mit $k_j \in \mathbb{N}_0$ gegeben. Diese k_j Produktionen können für jedes j, $j = 1, \ldots, k$, jeweils als eine Abbildung $g_j : (\mathcal{P}(V_T^*))^k \to \mathcal{P}(V_T^*)$ aufgefaßt werden, die in der Form

$$g_j(X_1, \ldots, X_k) = P_{j1} + \cdots + P_{jk_j}$$

geschrieben werden kann, mit den Nichtterminalzeichen $X_1, \ldots, X_k$ als Variablen über $\mathcal{P}(V_T^*)$. Für $V_i \in \mathcal{P}(V_T^*)$, $i = 1, \ldots, k$, ergibt sich somit $g_j(V_1, \ldots, V_k)$, indem man in $P_{j1} + \cdots + P_{jk_j}$ jedes Vorkommens von X_i durch V_i ersetzt (Interpretation von $+$ und Konkatenation wie in Beispiel 6.11). Dann ist die *Abbildung* $g : (\mathcal{P}(V_T^*))^k \to (\mathcal{P}(V_T^*))^k$ *der Grammatik* G durch

$$g(V_1, \ldots, V_k) = (g_1(V_1, \ldots, V_k), \ldots, g_k(V_1, \ldots, V_k))$$

definiert. □

Man beachte, daß speziell für $k_j = 0$ die Abbildung g_j in der Form $g_j(X_1, \ldots, X_k) = \emptyset$ geschrieben wird. Außerdem folgt aus der Definition von g die Gültigkeit von $g_j = pr_j \circ g$, $j = 1, \ldots, k$. Diese Gleichung werden wir in den Beweisen der nächsten beiden Sätze verwenden.

Satz 6.13: Die Abbildung $g : (\mathcal{P}(V_T^*))^k \to (\mathcal{P}(V_T^*))^k$ einer kontextfreien Grammatik ist stetig auf $(\mathcal{P}(V_T^*))^k, \leq)$.

Beweis: Wir stellen zunächst fest, daß für jedes $P \in (V_N \cup V_T)^*$ die durch $h(X_1, \ldots, X_k) = P$ gegebene Funktion $h : (\mathcal{P}(V_T^*))^k \to \mathcal{P}(V_T^*)$ wegen Satz 6.7 sowie Satz 6.8 (Multiplikation) stetig ist. Dies wollen wir an dem Beispiel $P = abX_jc$ mit $a, b, c \in V_T$ verdeutlichen. Die durch $f_1(X_1, \ldots, X_k) = ab$ und $f_2(X_1, \ldots, X_k) = c$ gegebenen konstanten Funktionen sind nach Satz 6.7(b) stetig, und die Projektionsfunktion $pr_j(X_1, \ldots, X_k) = X_j$ ist nach Satz 6.7(a) stetig. Aus Satz 6.8 (Multiplikation) folgt dann, daß $h = f_1 \cdot pr_j \cdot f_2$ stetig ist. Weiter folgt aufgrund der Definition der g_j (siehe Definition 6.9) und Satz 6.8 (Addition) die Stetigkeit der g_j, $j = 1, \ldots, k$. Wegen $g_j = pr_j \circ g$ schließen wir aus Satz 6.10, daß g stetig ist. □

Nach Satz 6.12 besitzt die stetige Abbildung g den kleinsten Fixpunkt $\bigcup_{n \geq 0} g^n(\bot)$ mit $\bot = (\emptyset, \ldots, \emptyset)$ (k-mal).

Im Beweis des folgenden Satzes werden Ableitungsbäume kontextfreier Grammatiken benötigt. Wir wollen sie hier nicht formal einführen. Durch das

6. Fixpunkttheorie und kontextfreie Sprachen

folgende Beispiel wird dieser Begriff deutlich gemacht. Der Strukturbaum aus Beispiel 5.2 stellt schon einen Ableitungsbaum dar.

Beispiel 6.13: Es sei $G = (\{X\}, \{a, b\}, X, \{X \to a, X \to b, X \to XX\})$ eine kontextfreie Grammatik. Es gilt offenbar $L(G) = \{a, b\}^+$. Zur Erzeugung des Wortes $aba \in L(G)$ gibt es unter anderem folgende Möglichkeiten:

(1) $X \Longrightarrow XX \Longrightarrow XXX \Longrightarrow aXX \Longrightarrow abX \Longrightarrow aba$
(2) $X \Longrightarrow XX \Longrightarrow Xa \Longrightarrow XXa \Longrightarrow aXa \Longrightarrow aba$
(3) $X \Longrightarrow XX \Longrightarrow aX \Longrightarrow aXX \Longrightarrow abX \Longrightarrow aba$

Diese Ableitungen lassen sich durch zwei Ableitungsbäume darstellen:

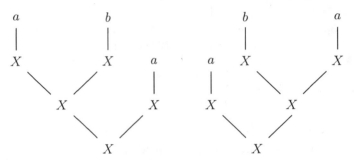

Ableitungsbaum für (1) und (2)   Ableitungsbaum für (1) und (3)

Die Knoten der Bäume sind mit Zeichen aus $V_N = \{X\}$ oder $V_T = \{a, b\}$ bezeichnet. Die Wurzel ist der einzige Knoten der Höhe 0. Die unmittelbar darüber liegenden Knoten haben die Höhe 1 usw. Beide Bäume haben die Höhe 3. Die Blätter sind mit Terminalsymbolen oder ggf., jedoch nicht in unserem Beispiel, mit ε bezeichnet. Verschiedene Ableitungen können, wie wir auch an diesem Beispiel sehen, denselben Ableitungsbaum besitzen. □

Satz 6.14: Es sei G eine kontextfreie Grammatik und g die Abbildung von G. Dann ist die erste Komponente des kleinsten Fixpunktes von g gleich $L(G)$.

Beweis: Es sei $G = (V_N, V_T, X_1, F)$ mit $V_N = \{X_1, \ldots, X_k\}$. Durch Induktion beweisen wir die folgende Behauptung:

> Für $w \in V_T^*$ existiert genau dann ein Ableitungsbaum mit der durch X_j bezeichneten Wurzel und der Höhe $\leq n$, wenn $w \in pr_j(g^n(\bot))$ gilt.

Wir erinnern zunächst daran, daß $\bot = (\emptyset, \ldots, \emptyset)$ (k-mal) gilt.

Für $n = 1$ wird ein Ableitungsbaum für w mit der durch X_j bezeichneten Wurzel durch eine Produktion $X_j \to w$ gegeben. Nach Definition 6.9 ist das genau dann der Fall, wenn w als Term in der Definition von g_j erscheint, also

$g_j(X_1, \ldots, X_k) = \cdots + w + \cdots$ gilt. Wegen $w \in V_T^*$ ist dies äquivalent zu $w \in g_j(\bot) = pr_j(g(\bot))$.

Wir nehmen nun an, daß die Behauptung für alle $m \leq n$ erfüllt ist.

Für $w \in V_T^*$ existiere ein Ableitungsbaum der Höhe $\leq n+1$, dessen Wurzel mit X_j bezeichnet ist. Wir betrachten die Knoten der Höhe 1 und nehmen an, daß ihre Bezeichnungen, von links nach rechts konkateniert, das Wort

$$\alpha = v_1 X_{\alpha_1} v_2 \ldots X_{\alpha_l} v_{l+1} \in (V_N \cup V_T)^+,$$
$$v_1, \ldots, v_{l+1} \in V_T^*, \; X_{\alpha_1}, \ldots, X_{\alpha_l} \in V_N, \; l \in \mathbb{N}_0,$$

liefern. Zu diesem Wort gehört die Produktion $X_j \to \alpha$, es ist also $g_j(X_1, \ldots, X_k) = \cdots + \alpha + \cdots$. Jedes $X_{\alpha_\lambda} \in V_N$, $\lambda = 1, \ldots, l$, bezeichnet die Wurzel eines Baums der Höhe $\leq n$, der ein Teilwort w_{α_λ} von w ableitet. Nach Induktionsannahme gilt $w_{\alpha_\lambda} \in pr_{\alpha_\lambda}(g^n(\bot))$. Wir betrachten nun $pr_j(g^{n+1}(\bot)) = g_j(g^n(\bot))$. Ein spezielles Wort dieser Menge erhalten wir, wenn wir im Term α von g_j die Variablen X_{α_λ} durch $w_{\alpha_\lambda} \in pr_{\alpha_\lambda}(g^n(\bot))$ ersetzen. Damit ist $v_1 w_{\alpha_1} v_2 \ldots w_{\alpha_l} v_{l+1} = w \in g_j(g^n(\bot))$.

Diese Argumente sind umkehrbar. Es sei $w \in pr_j(g^{n+1}(\bot)) = g_j(g^n(\bot))$. Dann ist w mit Hilfe eines Terms aus g_j gewonnen worden. Wir nehmen an, daß er einer Produktion

$$X_j \to \alpha = v_1 X_{\alpha_1} v_2 \ldots X_{\alpha_l} v_{l+1}$$

wie oben entspricht. Dann hat w die Darstellung $w = v_1 w_{\alpha_1} v_2 \ldots w_{\alpha_l} v_{l+1}$ mit $w_{\alpha_\lambda} \in pr_{\alpha_\lambda}(g^n(\bot))$. Nach Induktionsannahme existiert für $w_{\alpha_\lambda} \in V_T^*$ ein Ableitungsbaum der Höhe $\leq n$, dessen Wurzel mit X_{α_λ} bezeichnet ist. Das Einsetzen dieser Ableitungsbäume an der Stelle der jeweiligen X_{α_λ} in der Produktion $X_j \to \alpha$ liefert einen Ableitungsbaum für $w \in V_T^*$ mit der durch X_j bezeichneten Wurzel und der Höhe $\leq n+1$. Damit ist der Induktionsbeweis beendet.

Aus der eben bewiesenen Behauptung ergibt sich, daß $X_1 \Longrightarrow^* w$ mit $w \in V_T^*$, also $w \in L(G)$, genau dann erfüllt ist, wenn ein $n \geq 1$ existiert mit $w \in pr_1(g^n(\bot))$. Das bedeutet, daß

$$w \in \bigcup_{n \geq 0} pr_1(g^n(\bot))$$

gilt. Wegen der Stetigkeit von pr_1 erhalten wir äquivalent

$$w \in pr_1(\bigcup_{n \geq 0} g^n(\bot)).$$

Somit ist $L(G)$ nach Satz 6.12 die erste Komponente des kleinsten Fixpunktes $\bigcup_{n \geq 0} g^n(\bot)$ von g. □

6. Fixpunkttheorie und kontextfreie Sprachen

Die Aussage von Satz 6.14 kann man so interpretieren, daß $g(X_1, \ldots, X_k)$ als ein System von Gleichungen aufgefaßt und nach $X_1, \ldots, X_k$ aufgelöst wird. Für den kleinsten Fixpunkt $(V_1, \ldots, V_k)$ von g gilt ja $g(V_1, \ldots, V_k) = (V_1, \ldots, V_k)$. So möchten wir in Beispiel 6.11 die Gleichung

$$X = XX + (X) + ()$$

auflösen nach der Mengenvariablen X und in Beispiel 6.12 das Gleichungssystem

$$\begin{aligned} X_1 &= X_2 + X_3 \\ X_2 &= aX_2b + ab \\ X_3 &= bX_3a + ba \end{aligned}$$

nach den Mengenvariablen X_1, X_2 und X_3. Diese Betrachtungsweise der Abbildung g einer kontextfreien Grammatik G wird auch im folgenden Satz angenommen. Die erhaltene Aussage ist aber allgemeiner gültig.

Satz 6.15: Es seien $A, B \subset V^*$ Sprachen über dem Alphabet V. Die kleinste Lösung der Gleichung

$$X = AX + B$$

ist A^*B, wobei $A^* = \bigcup_{n \in \mathbb{N}_0} A^n$ gilt (A^n: n-fache Konkatenation von A mit sich selbst).

Beweis: Es ist $(\mathcal{P}(V^*), \subset)$ nach Beispiel 6.8 eine vollständige partiell-geordnete Menge mit $\perp = \emptyset$. Wir definieren eine Abbildung $g : \mathcal{P}(V^*) \to \mathcal{P}(V^*)$ durch

$$g(X) = AX + B.$$

Nach den Sätzen 6.7 und 6.8 ist g stetig. Es gilt $g(\emptyset) = B$, $g^2(\emptyset) = AB \cup B$ und allgemein $g^{n+1}(\emptyset) = A^nB \cup A^{n-1}B \cup \cdots \cup AB \cup B$ für $n \in \mathbb{N}_0$. Nach Satz 6.12 folgt, daß $\emptyset \cup B \cup AB \cup A^2B \cup \cdots = A^*B$ der kleinste Fixpunkt von g ist. □

Man kann zeigen, daß die Sprache A^*B vom Typ 3 ist, wenn A und B vom Typ 3 sind. Die Gleichung $X = AX + B$ muß, wie wir sehen, nicht unbedingt aus den Produktionen einer Grammatik herrühren. Wir erhalten in Satz 6.15 direkt eine geschlossene Lösung A^*B. Es ist nicht nötig, wie in Satz 6.14 die Folge $\perp, g(\perp), g^2(\perp)$ usw. zu berechnen.

Analog zu Satz 6.15 kann der folgende Satz bewiesen werden.

Satz 6.16: Es sei V ein Alphabet und $A, B \subset V^*$ Sprachen über V. Die kleinste Lösung der Gleichung

$$X = XA + B$$

ist BA^*. □

6.2 Fixpunkttheorie und kontextfreie Sprachen

Beispiel 6.14: Wir betrachten das Gleichungssystem
(1) $\qquad X_1 = aX_1 + bX_2 + a$
(2) $\qquad X_2 = aX_1 + aX_2 + b$.

Dabei sind X_1 und X_2 Variablen über $\mathcal{P}(V^*)$, wobei $V = \{a,b\}$ gilt. Mit Hilfe von Satz 6.15 erhalten wir aus (1)

(3) $\qquad X_1 = a^*(bX_2 + a),$

wobei a^* als abkürzende Schreibweise für $\{a\}^*$ verwendet wird. Einsetzen von (3) in (2) und anschließende Umordnung liefert

(4) $\qquad X_2 = (aa^*b + a)X_2 + aa^*a + b.$

Erneute Anwendung von Satz 6.15 ergibt

(5) $\qquad X_2 = (aa^*b + a)^*(aa^*a + b).$

Durch Einsetzen von (5) in (3) finden wir dann die kleinste Lösung für X_1, nämlich

$$a^*(b(aa^*b + a)^*(aa^*a + b) + a). \qquad \square$$

Beispiel 6.15: Wir betrachten den folgenden endlichen erkennenden Automaten E:

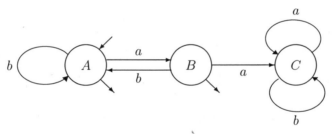

Entsprechend dem Beweis von Satz 5.6 konstruieren wir zwei Typ-3-Grammatiken G_A und G_B, die beide dieselbe Produktionenmenge F haben. Dabei ist F durch die Produktionen

$$A \to Ab, \quad A \to Bb, \quad A \to \varepsilon,$$
$$B \to Aa,$$
$$C \to Ba, \quad C \to Ca, \quad C \to Cb$$

gegeben. Die Anfangssymbole sind A bzw. B. In den Grammatiken ist C von A oder B aus nicht erreichbar, so daß die Produktionen, die C enthalten, entfallen können. Nach dem Beweis von Satz 5.6 ist $L(E) = L(G_A) \cup L(G_B)$. Diese Vereinigung wird durch die Grammatik G erzeugt, die wir durch Hinzunahme der Produktionen

$$Y \to A, \ Y \to B$$

erhalten, wobei das neue Symbol Y das Anfangssymbol ist. $L(E) = L(G)$ ist nun die zu Y gehörende Komponente des kleinsten Fixpunktes der Abbildung der Grammatik G, d.h. die kleinste Lösung für Y im Gleichungssystem

$$\begin{aligned} A &= Ab + Bb + \varepsilon \\ B &= Aa \\ Y &= A + B. \end{aligned}$$

Einsetzen von B in der ersten Gleichung liefert

$$A = Ab + Aab + \varepsilon = A(b + ab) + \varepsilon.$$

Nach Satz 6.16 ist

$$A = \varepsilon(b + ab)^* = (b + ab)^*$$

die kleinste Lösung für A. Somit ist

$$Y = A + B = A + Aa = A(\varepsilon + a) = (b + ab)^*(\varepsilon + a)$$

die kleinste Lösung für Y. Es folgt

$$L(E) = \{b, ab\}^*\{\varepsilon, a\}. \quad \square$$

7. Komplexitätstheorie

7.1 Die Klassen P und NP und NP-Vollständigkeit

In Kapitel 3 haben wir entscheidbare und unentscheidbare Probleme betrachtet. Jetzt wollen wir die entscheidbaren Probleme noch weiter unterteilen. In der Komplexitätstheorie werden Probleme unter anderem bezüglich der (Rechen-)Zeit oder des (Speicher-)Platzes klassifiziert, die oder den ein Algorithmus für die ungünstigsten Fälle des Problems zur Lösung benötigt. So gibt es Probleme mit mindestens exponentiellem Zeitbedarf bezüglich der Länge, die die Darstellung eines Problems benötigt (dieser Zeitbedarf wird auch als $\Omega(2^n)$ geschrieben, wobei n die Länge der Darstellung des Problems ist). Wir wollen hier vor allem die Klassen P und NP betrachten. Bevor wir sie exakt definieren, erläutern wir sie zunächst informal. Es ist

$P = $ Klasse aller Entscheidungsprobleme, die durch deterministische Algorithmen in polynomialer Zeit lösbar sind.

Dabei besitzt ein Entscheidungsproblem als Lösung für jeden speziellen Fall (jede Eingabe) des Problems die möglichen Antworten „ja" oder „nein". Der Zeitbedarf des Algorithmus für die ungünstigsten Fälle des Problems, also seine Zeitkomplexität, ist durch ein Polynom in der Länge der Eingabe nach oben beschränkt. Ein solcher Algorithmus hält immer an und liefert für jeden Fall des Problems die Antwort „ja" oder „nein".

Weiter ist

$NP = $ Klasse aller Entscheidungsprobleme, die durch nichtdeterministische Algorithmen in polynomialer Zeit lösbar sind.

Ein nichtdeterministischer Algorithmus, der allerdings nur ein theoretisches Konzept darstellt, hat nach jedem Schritt in nichtdeterministischer Weise mehrere Zwischenergebnisse zur Verfügung. Er kann diejenigen Zwischenergebnisse „erraten", die ihn zu einer Lösung des Problems führen. Der Algorithmus hält für jeden Fall, der die Antwort „ja" liefert, in polynomialer Zeit an. Der Zeitbedarf richtet sich nach der kürzest möglichen Rechnung, die zu dieser Lösung führt. In anderen Fällen muß der Algorithmus nicht halten.

Offenbar gilt $P \subset NP$. Ein nichtdeterministischer Algorithmus für ein Problem aus NP kann mit Hilfe eines deterministischen Algorithmus mit exponentiellem Zeitbedarf simuliert werden. Dieser deterministische Algorithmus ist im allgemeinen sehr ineffizient und kaum handzuhaben.

7. Komplexitätstheorie

Beispiel 7.1: Wir betrachten das Knapsack-Problem (Knapsack = Rucksack). Es sei $A = \{a_1, \ldots, a_n\}$, $a_i \in \mathbb{N}$, $i = 1, \ldots, n$ und $S \in \mathbb{N}$. Existiert ein $A' \subset A$ mit $\sum_{a' \in A'} a' = S$?

Die a_i repräsentieren dabei Gegenstände des Volumens a_i. Das Problem ist, ob ein Rucksack des Volumens S gefüllt werden kann, ohne Platz zu verschenken. Da für jedes $A' \subset A$ die Überprüfung $\sum_{a' \in A'} a' = S$ in polynomialer Zeit durchgeführt werden kann, gehört das Problem in die Klasse NP. Ein deterministischer Algorithmus kann alle 2^n Möglichkeiten $A' \subset A$ durchprobieren. Seine Zeitkomplexität beträgt dann $\Omega(2^n)$. □

Intuitiv gelten die Probleme aus P als effizient entscheidbar. Die Probleme sind für vernünftig große Eingaben in vernünftiger Zeit lösbar. Für Probleme mit einer Zeitabschätzung durch ein Polynom des Grades 47 kann man dies zwar kaum behaupten, aber es sind keine praktischen Probleme aus P bekannt, bei denen der Exponent auch nur annähernd so groß wäre. Die Probleme aus der Klasse P werden als *bearbeitbar* aufgefaßt. Andere Probleme gelten als praktisch nicht zu bearbeiten bzw. schwer.

Die Antwort auf die Frage, ob $P = NP$ oder $P \neq NP$ gilt, ist offen. Die allgemeine Ansicht ist $P \neq NP$, was gestützt wird durch die Existenz von mehr als tausend sogenannten *NP-vollständigen Problemen* aus NP. Diese Probleme zeichnen sich wie folgt aus: Wenn für ein einziges von ihnen nachgewiesen werden kann, daß es in polynomialer Zeit durch einen deterministischen Algorithmus lösbar ist, so gilt dies für alle Probleme aus NP, d.h., dann gilt $P = NP$.

Wir wollen diese Begriffe formalisieren. Nach der Churchschen These wird dabei ein Algorithmus durch eine Turingmaschine dargestellt, und die Probleme werden geeignet als Bandinschriften von Turingmaschinen kodiert. Die Turingmaschinen liefern als Antwort „ja" oder „nein", d.h., sie halten in einem Endzustand oder auch nicht. Die Komplexität hängt von der Art der Kodierung ab, die unter anderem nicht zu viel Redundanz enthalten sollte. Bei „vernünftigen" Kodierungen mit mindestens zwei Symbolen außer dem Blankzeichen kann man davon ausgehen, daß entsprechend kodierte Probleme in polynomialer Zeit ineinander überführt werden können. Dies machen wir uns anhand der Längendarstellung einer Zahl $x \in \mathbb{N}_0$ klar, die wir im wesentlichen als die Kodierung eines Problems auffassen können. In m-adischer Darstellung ist ihre Länge $\leq \log_m x + 1$, speziell in Dualdarstellung $\leq \log_2 x + 1$. Wegen $\log_m x = \log_m 2 \cdot \log_2 x$ unterscheidet sich für jedes $x \in \mathbb{N}_0$ die Länge der m-adischen Darstellung von der der Dualdarstellung nur um den konstanten Faktor $\log_m 2$. Somit spielt die Kodierung für die Klassen der Probleme aus P und NP keine Rolle.

Im folgenden verwenden wir Turingmaschinen gemäß Definition 5.16. Die Begriffe einer haltenden oder akzeptierenden Rechnung sowie der Begriff der Länge einer Rechnung werden wie in Definition 5.17 benutzt.

7.1 Die Klassen P und NP und NP-Vollständigkeit

Definition 7.1: Es sei $T = (Z, X, \delta, z_0, F)$ eine nichtdeterministische Turingmaschine.

(a) Es sei T speziell eine deterministische Turingmaschine, die an jedem $w \in X^*$ hält. *T berechnet die totale Funktion $f_T : X^* \to X^*$*, wenn für alle $w \in X^*$ die Bandinschrift der Endkonfiguration der Rechnung von T an w durch $\ldots b f_T(w) \underline{b} \ldots$ gegeben ist.

(b) Es sei T nichtdeterministisch. Dann heißt

$$K_T(n) = \max_{w \in L(T), |w|=n} \min\{k \mid$$
k ist die Länge einer akzeptierenden Rechnung an $w\}$

die *Zeitkomplexität von T*. Ist T speziell eine deterministische Turingmaschine, so definieren wir

$$K_T(n) = \max_{w \in X^*, |w|=n} \{k \mid k \text{ ist die Länge einer haltenden Rechnung an } w\}.$$

Falls ein w mit $|w| = n$ existiert, an dem die deterministische Turingmaschine T nicht hält, wird $K_T(n) = \infty$ gesetzt. □

Wir erinnern daran, daß nach Definition 5.17 die Turingmaschine T über dem ersten Symbol des vorgegebenen Wortes w startet oder, falls $w = \varepsilon$ gilt, über dem Blankzeichen. Bei der Bestimmung der Zeitkomplexität von nichtdeterministischen Maschinen bildet man das Maximum nur über Wörter der akzeptierten Sprache. Für jedes Wort wird dabei die Länge der kürzesten akzeptierenden Rechnung berücksichtigt. Bei deterministischen Turingmaschinen spielen die Endzustände für die Bestimmung der Zeitkomplexität keine Rolle, da die Maximumbildung über alle haltenden Rechnungen erfolgt. Hält die deterministische Turingmaschine für mindestens eine Eingabe w mit $|w| = n$ nicht, so wird $K_T(n) = \infty$ gesetzt.

Nach diesen Vorarbeiten kommen wir zu den zentralen Definitionen dieses Kapitels.

Definition 7.2: Wir definieren zwei Komplexitätsklassen durch
$P = \{L \mid$ es existiert eine deterministische Turingmaschine T mit $L = L(T)$ und $K_T(n) \leq p_T(n)$ für ein Polynom p_T und alle $n\}$ und
$NP = \{L \mid$ es existiert eine nichtdeterministische Turingmaschine T mit $L = L(T)$ und $K_T(n) \leq p_T(n)$ für ein Polynom p_T und alle $n\}$. □

Da für ein beliebiges Polynom p und ein beliebiges $n \in \mathbb{N}_0$ der Wert $p(n)$ endlich ist, folgt nach der Definition der Zeitkomplexität einer deterministischen Turingmaschine, daß für jedes $L \in P$ die zugehörige Turingmaschine T immer

7. Komplexitätstheorie

halten muß. Weiter kann jede deterministische Turingmaschine auch als nichtdeterministische Turingmaschine aufgefaßt werden. Die Definition der Zeitkomplexität ist bei deterministischen Turingmaschinen strenger als bei nichtdeterministischen. Gilt nämlich $K_T(n) \leq p_T(n)$ für alle Wörter $w \in X^*$, $|w| = n$, so gilt dies erst recht für alle $w \in L(T)$ mit $|w| = n$. Folglich erhalten wir:

Folgerung: Es gilt $P \subset NP$. □

Nach wie vor ist die Frage offen, ob diese Inklusion echt ist.

Wir untersuchen jetzt den Zusammenhang zwischen deterministischer und nichtdeterministischer Zeitkomplexität. Die beste bekannte Simulation nichtdeterministischer Maschinen durch deterministische bringt einen exponentiellen Zeitverlust.

Satz 7.1: Es sei p ein Polynom, $L \subset X^*$ eine Sprache und T eine nichtdeterministische Turingmaschine mit $L(T) = L$ und $K_T(n) = O(p(n))$. Dann existiert eine deterministische Turingmaschine D mit $L(D) = L$ und $K_D(n) = O(c^{p(n)})$ für ein geeignetes $c \in \mathbb{N}$.

Beweisskizze: Für jedes $w \in L$ existiert eine akzeptierende Rechnung der Länge $\leq K_T(|w|)$. Es sei

$$k = \max\{|\delta(z,a)| \mid z \text{ Zustand von } T, a \in \bar{X}\}.$$

Die Turingmaschine T kann also bei jedem Schritt zwischen höchstens k Aktionen wählen. Zum Test, ob $w \in L$ gilt, müssen $\leq k^{K_T(|w|)}$ Rechnungen durchprobiert werden, wobei $K_T(|w|) \leq m\, p(|w|)$ gilt mit einer Konstanten $m \in \mathbb{N}$. Beim Durchprobieren zählt man von 0 bis $k^{m \cdot p(|w|)} - 1$ zur Basis k. Jede solche Zahl kann unter Verwendung von führenden Nullen mit genau $m \cdot p(|w|)$ Ziffern geschrieben werden. Sie ist dann die Darstellung einer möglichen Rechnung, und zwar gibt die i-te Ziffer der k-adischen Darstellung die Wahl der Aktion im i-ten Schritt von T an.

Unter Berücksichtigung des Polynoms p und der Konstanten m konstruieren wir eine deterministische Turingmaschine D, die zunächst $p(|w|)$ berechnet und sich dann nacheinander die Zahlen von 0 bis $k^{mp(|w|)} - 1$ auf das Band schreibt. Ist eine Zahl geschrieben, so simuliert D auf einem benachbarten Bereich des Bandes gemäß den entsprechenden Ziffern eine Rechnung der Länge $\leq m \cdot p(|w|)$ der nichtdeterministischen Turingmaschine T. Für jede Zahl muß sie bei jedem der höchstens $m \cdot p(|w|)$ zu simulierenden Schritte von T zum Feststellen der Ziffern über das Band der Länge $O(m \cdot p(|w|))$ hin- und herlaufen, so daß sich für eine Rechnung von T höchstens die Zeit $m_1 \cdot (m \cdot p(|w|))^2$ mit einer geeigneten Konstanten m_1 ergibt. D simuliert somit alle Rechnungen mit einem geeigneten $m_2 \in \mathbb{N}$ in höchstens

$$\begin{aligned}
m_1 \cdot (m \cdot p(|w|))^2 \cdot k^{m \cdot p(|w|)} &\leq m_2 \cdot 2^{m \cdot p(|w|)} \cdot k^{m \cdot p(|w|)} = m_2 \cdot ((2k)^m)^{p(|w|)} \\
&= O(c^{p(|w|)})
\end{aligned}$$

Schritten, wobei $c = (2k)^m$ gesetzt wird. □

In Definition 7.2 haben wir P und NP als Mengen von Sprachen definiert. Probleme wie z.B. das Knapsack-Problem in Beispiel 7.1 stellt man sich jedoch im allgemeinen nicht als Spracherkennungsprobleme vor. Bei Problemen erwartet man für jede Fragestellung die Antwort „ja" oder „nein". Daher identifiziert man jedes Problem mit der Menge seiner Fragestellungen, auf die die Antwort „ja" lautet. Zur Bestimmung der mit den Problemen assoziierten Sprache ist es notwendig, die Fragestellungen als Worte über irgendeinem Alphabet zu kodieren.

Man kann also mit jedem ja/nein-Problem in natürlicher Weise eine Sprache verbinden, nämlich die Menge der Fragestellungen mit positiver Antwort. Die zugehörige Sprache hängt von der Kodierung der Fragestellung ab. Weiterhin hängt die Komplexität des Problems von der Kodierung ab. Bei „vernünftigen" Kodierungen werden dadurch, wie wir schon zuvor erwähnt haben, die Klassen P und NP nicht beeinflußt.

Definition 7.3: (a) Es seien X, Σ und Γ Alphabete mit $\Sigma, \Gamma \subset X$, und $f : \Sigma^* \to \Gamma^*$ sei eine Abbildung. f heißt *(polynomialzeit-berechenbare) Transformation*, wenn f in Polynomialzeit auf einer deterministischen Turingmaschine mit Alphabet X im Sinne von Definition 7.1(a) berechenbar ist.
(b) Es seien $L_1 \subset \Sigma^*$ und $L_2 \subset \Sigma^*$ Sprachen. L_1 heißt *polynomial auf L_2 transformierbar* (kurz $L_1 \leq L_2$), wenn eine Transformation f existiert, für die für alle $w \in \Sigma^*$
$$w \in L_1 \iff f(w) \in L_2$$
gilt.
(c) Es sei L eine Sprache. L heißt *NP-vollständig*, wenn
  (1) $L \in NP$ ist und
  (2) $L' \leq L$ für alle $L' \in NP$ gilt. □

Wir werden in Abschnitt 7.2 NP-vollständige Probleme kennenlernen. Der nächste Satz erhellt die Bedeutung von Definition 7.3.

Satz 7.2: Es sei L_0 NP-vollständig. Dann gelten die folgenden Aussagen:
(a) Es ist $L_0 \in P$ genau dann, wenn $P = NP$ gilt.
(b) Es sei $L_0 \leq L_1$ und $L_1 \in NP$. Dann ist L_1 NP-vollständig.

Beweis: (a) Es gelte $P = NP$. Da L_0 nach Voraussetzung NP-vollständig ist, folgt daraus nach Definition 7.3(c) $L_0 \in NP = P$. Umgekehrt sei $L_0 \in P$. Dann existiert eine deterministische Turingmaschine D_1, die L_0 in Polynomialzeit akzeptiert. Durch das Polynom p sei eine obere Schranke für die Laufzeit von D_1 gegeben. Da L_0 NP-vollständig ist,

7. Komplexitätstheorie

gilt $L \leq L_0$ für eine beliebige Sprache $L \in NP$. Folglich existiert eine Transformation f, für die $w \in L$ genau dann gilt, wenn $f(w) \in L_0$ ist. Weiter sei D_2 eine deterministische Turingmaschine, die f gemäß Definition 7.1(a) berechnet. Eine obere Schranke für die Laufzeit von D_2 werde durch das Polynom q bestimmt. Wir konstruieren nun eine neue deterministische Turingmaschine

$$D: D_2 \to \mathbf{Lr} \to D_1,$$

wobei $\mathbf{L}$ die große Linksmaschine und $\mathbf{r}$ die Rechtsmaschine ist. Wir verlangen, daß D die gleiche Endzustandsmenge wie D_1 hat. Die Turingmaschine $\mathbf{Lr}$ dient dazu, nach der Berechnung von $f(w)$ gemäß D_2 den Kopf von D vom Feld unmittelbar rechts von $f(w)$ zum Feld mit dem ersten Symbol von $f(w)$ zu bewegen. Offenbar akzeptiert D die Eingabe w genau dann, wenn D_1 den Wert $f(w)$ akzeptiert. Daraus folgt, daß L von D erkannt wird. Die Laufzeit von D ist

$$\leq q(|w|) + |f(w)| + 2 + p(|f(w)|).$$

Um eine Schranke für $|f(w)|$ zu bestimmen, überlegen wir uns, daß die Turingmaschine D_2, die mit dem ersten Nichtblankzeichen von $\ldots bwb \ldots$ startet und mit der Bandinschrift $\ldots bf(w)\underline{b} \ldots$ stoppt, jedes Feld von $f(w)$ mindestens einmal betreten muß. Folglich ist

$$|f(w)| \leq q(|w|).$$

Die Laufzeit von D ist also

$$\leq q(|w|) + q(|w|) + 2 + p(q(|w|)) \leq r(|w|)$$

mit einem geeigneten Polynom r. Somit ist $L \in P$.

(b) Es sei L_0 NP-vollständig, $L_1 \in NP$, $L_0 \leq L_1$ und $L \in NP$ beliebig. Zu zeigen ist $L \leq L_1$. Da L_0 NP-vollständig ist, gilt $L \leq L_0$, d.h., es existiert eine Transformation f, für die $w \in L$ genau dann gilt, wenn $f(w) \in L_0$ ist. Wegen $L_0 \leq L_1$ existiert weiter eine Transformation g, für die $w' \in L_0$ genau dann gilt, wenn $g(w') \in L_1$ ist. Insgesamt erhalten wir

$$w \in L \iff g(f(w)) \in L_1,$$

d.h., $g \circ f$ transformiert L auf L_1. Dabei bleibt zu zeigen, daß $g \circ f$ in Polynomialzeit berechenbar ist. Es seien T_f und T_g die Turingmaschinen, die f bzw. g in Polynomialzeit berechnen. Dann wird eine deterministische Turingmaschine, die $g \circ f$ berechnet, durch

$$D': T_f \to \mathbf{Lr} \to T_g$$

gegeben. Ihre Laufzeitabschätzung wird ähnlich wie die für D in (a) durchgeführt. $\square$

Die Aussage (a) des Satzes bedeutet, daß NP-vollständige Probleme die schwierigsten Probleme in NP sind. Wenn ein NP-vollständiges Problem in Polynomialzeit lösbar ist, dann gilt dies für alle Probleme in NP. Gilt umgekehrt $P \neq NP$, was allgemein angenommen wird, dann folgt $L_0 \notin P$, d.h., NP-vollständige Probleme sind nicht in Polynomialzeit lösbar.

Weiter liefert die Aussage (b) eine einfache Technik, um die NP-Vollständigkeit einer Sprache L_1 nachzuweisen. Wenn nämlich eine NP-vollständige Sprache L_0 bekannt ist, reicht der Nachweis von $L_0 \leq L_1$ und $L_1 \in NP$ aus.

7.2 Einige NP-vollständige Probleme

Wir betrachten das folgende Problem.

Erfüllbarkeitsproblem der Aussagenlogik: Gegeben sei ein logischer Ausdruck mit den Verknüpfungen $\wedge$, $\vee$ und $^-$. Existiert eine Belegung der Variablen mit 0 oder 1, so daß der gesamte Ausdruck 1, d.h. wahr, wird? □

Dieses Problem ist NP-vollständig. Zum Nachweis beschränken wir uns auf Ausdrücke in konjunktiver Normalform (siehe Definition 1.9). In der folgenden Definition werden zunächst einige Bezeichnungen festgelegt.

Definition 7.4: Es sei $V = \{x_1, x_2, \ldots\}$ eine unendliche Menge von logischen Variablen.
(a) x_i und $\bar{x}_i$ heißen *Literale*.
(b) $y_1 \vee \ldots \vee y_k$ heißt *Klausel vom Grad k*, wenn $y_1, \ldots, y_k$ Literale sind.
(c) $c_1 \wedge \ldots \wedge c_m$ heißt *Ausdruck in konjunktiver Normalform mit höchstens k Literalen pro Klausel*, wenn $c_1, \ldots, c_m$ Klauseln vom Grad $\leq k$ sind.
(d) Eine Abbildung $\Psi : V \to \{0,1\}$ heißt *Belegung der Variablen*. Man kann Ψ auf Literale, Klauseln und Ausdrücke erweitern und erhält damit eine logische Funktion (siehe Definition 1.5 und die darauf folgenden Ausführungen).
(e) Ein Ausdruck α heißt *erfüllbar*, wenn eine Belegung Ψ existiert mit $\Psi(\alpha) = 1$.
(f) Ausdrücke werden in natürlicher Weise kodiert, indem die Indizes der Variablen in Binärdarstellung hinter das Symbol x geschrieben werden, wobei die Indexmenge immer ein Anfangsabschnitt von $\mathbb{N}$ ist. Außerdem wird ein Literal $\bar{x}$ durch $\neg x$ dargestellt. Damit erhält man Ausdrücke in *Standardkodierung*. Der Ausdruck

$$(x_1 \vee \bar{x}_2) \wedge (\bar{x}_1 \vee x_2)$$

wird z.B. durch

$$(x1 \vee \neg x10) \wedge (\neg x1 \vee x10)$$

kodiert.

7. Komplexitätstheorie

(g) SAT sei die Menge der erfüllbaren Ausdrücke in konjunktiver Normalform.

$SAT(k)$ sei die Menge der erfüllbaren Ausdrücke in konjunktiver Normalform mit höchstens k Literalen pro Klausel. □

Satz 7.3: Es gilt $SAT \in NP$.

Beweis: Es sei α ein Ausdruck in konjunktiver Normalform und $V_\alpha = \{x_1, \ldots, x_m\}$, $m \in I\!N$, die Menge der in α auftretenden Variablen. Dann gilt $m \leq |\alpha|$, wobei $|\alpha|$ die Länge der Darstellung von α ist. Intuitiv ist klar, daß man einen nichtdeterministischen Algorithmus finden kann, der eine Belegung errät und überprüft, ob mit dieser Belegung der Ausdruck α erfüllbar ist. Das Raten und die Überprüfung sind dabei in polynomialer Zeit möglich.

Formal muß nach Definition 7.2 eine nichtdeterministische Turingmaschine T konstruiert werden, die SAT in Polynomialzeit akzeptiert. Wir geben eine Konstruktionsidee für T an. Zuerst steht T links auf dem ersten Feld von α und errät nichtdeterministisch eine Belegung für $x1$. Das bedeutet, daß sich T die Zahl 0 oder 1 im Zustand merkt. T durchläuft dann das Wort α von links nach rechts und erniedrigt bei jeder Variablen den Index um 1. Dabei kann der anfängliche Index 1 dadurch identifiziert werden, daß er auf den Wert 0 herabgesetzt wird. An diesen Stellen, an denen also anfangs die Variable $x1$ stand, wird jeweils der Wert für $x1$ eingesetzt, den sich die Turingmaschine im Zustand gemerkt hat. Dabei werden nicht benötigte Felder z.B. mit dem Symbol $*$ gefüllt. Im Zustand wird die Information gehalten, ob noch eine Variable vorhanden ist, deren Index nicht auf 0 erniedrigt wurde. Wenn dies nach Durchlaufen von α noch der Fall ist, wandert T nach links und wiederholt das obige Verfahren. Das bedeutet, daß die Variable $x10$, die im ersten Durchgang zu $x01$ umbenannt wurde, überall in α durch denjenigen Wert ersetzt wird, der zu Beginn dieses Durchlaufs erraten und im Zustand gemerkt wurde. Dieses Verfahren wird so lange wiederholt, bis alle Werte eingesetzt sind. Das ist durch den Zustand feststellbar. Der Zeitbedarf für diese Arbeiten von T ist $O(|\alpha|^2)$.

Dann läuft T nach links, und die Klauseln werden der Reihe nach getestet. Falls in der ersten Klausel *keine* 1 enthalten ist, geht T in eine nichtakzeptierende Endkonfiguration über. Anderenfalls geht T weiter zur nächsten Klausel. Ist schließlich ganz α durchlaufen, dann geht T in eine akzeptierende Endkonfiguration über. Der Zeitbedarf für diese Arbeiten ist $O(|\alpha|)$. Da T genau dann das Wort α akzeptiert, wenn der Wert von α unter einer der geratenen Belegungen 1 ist, folgt nun, daß SAT von T akzeptiert wird. Der Gesamtzeitbedarf dafür ist $O(|\alpha|^2)$. Also gilt $SAT \in NP$. □

Satz 7.4: SAT ist NP-vollständig.

Beweis: Es sei $L \in NP$. Wegen Satz 7.3 und Definition 7.3(c) bleibt zu zeigen, daß $L \leq SAT$ gilt. Wegen $L \in NP$ existiert eine nichtdeterministische Turing-

7.2 Einige NP-vollständige Probleme

maschine T, die L in der Zeit p akzeptiert, wobei p ein Polynom ist. Wir werden nun eine deterministische Turingmaschine angeben, die in Polynomialzeit zu jedem $w \in X^*$ einen Ausdruck $\alpha(w)$ konstruiert mit:

$$w \in L \iff \alpha(w) \text{ erfüllbar (d.h. } \alpha(w) \in SAT).$$

Dann ist der Satz bewiesen.

Wir betrachten T. Die Turingmaschine T besitze die Zustände $z_0, \ldots, z_s$, das Bandalphabet $X = \{A_2, \ldots, A_v\}$ sowie das Blankzeichen $A_1 = b$, den Startzustand z_0 und die Endzustandsmenge $F = \{z_r, z_{r+1}, \ldots, z_s\}$. Für diesen Beweis wollen wir die Arbeitsweise der Turingmaschine so ändern, daß bei einer Endkonfiguration nicht gestoppt wird, sondern diese unendlich oft wiederholt wird. Um dies zu erreichen, müssen wir zu einer Turingmaschine T' gemäß Definition 5.16 eine äquivalente Turingmaschine T konstruieren, die diese Arbeitsweise besitzt. Dabei wird zunächst jede Zeile der Turingtafel von T', die die Gestalt $z\,x\,z'\,s$ hat, durch zwei Zeilen $z\,x\,z''\,x$ und $z''\,x\,z''\,x$ ersetzt mit je einem neuen Zustand z'' für jedes solche z'. Die Endzustandsmenge F von T bestehe aus genau solchen Zuständen z'', für die z' ein Endzustand von T' ist. Eine akzeptierende Endkonfiguration von T ist daher äquivalent zu einer Konfiguration mit einem Zustand $z \in F$. Bei diesem Modell gilt nun: T akzeptiert w mit $|w| = n$ genau dann, wenn eine Folge $C_0, C_1, \ldots, C_{p(n)}$ von Konfigurationen existiert, in der C_0 die Anfangskonfiguration zu w, C_{i+1} die Folgekonfiguration von C_i für $0 \leq i \leq p(n) - 1$ und $C_{p(n)} = (n', \Gamma(\beta), z)$ eine akzeptierende Endkonfiguration mit $z \in F$ und $n' \in \mathbb{Z}$ ist.

Es sei m die Anzahl der Zeilen der zu T gehörenden Turingtafel. Es sei $w \in X^*$ mit $|w| = n$. Wir werden den Ausdruck $\alpha(w)$ aus folgenden Variablen aufbauen:

Variable	Bereich	beabsichtigte Bedeutung
$z_{t,k}$	$0 \leq t \leq p(n)$ $0 \leq k \leq s$	$z_{t,k} = 1 \iff T$ ist nach t Schritten im Zustand z_k
$a_{t,i,j}$	$0 \leq t \leq p(n)$ $-p(n) \leq i \leq p(n)$ $1 \leq j \leq v$	$a_{t,i,j} = 1 \iff \beta(i) = A_j$ nach t Schritten
$s_{t,i}$	$0 \leq t \leq p(n)$ $-p(n) \leq i \leq p(n)$	$s_{t,i} = 1 \iff T$ liest nach t Schritten das Feld i
$b_{t,l}$	$0 \leq t \leq p(n)$ $1 \leq l \leq m$	$b_{t,l} = 1 \iff T$ wendet beim Übergang von der Zeit t zur Zeit $t+1$ die l-te Zeile der Turingtafel an

Die beabsichtigte Bedeutung ist, daß die Variablen $z_{t,k}$ den Zustand, die Variablen $a_{t,i,j}$ die Bandinschrift, $s_{t,i}$ die Position des Kopfes und $b_{t,l}$ das Übergangsverhalten der Turingmaschine kodieren. In einer akzeptierenden Rechnung werden

7. Komplexitätstheorie

höchstens $p(n)$ Schritte betrachtet, wobei die Turingmaschine nach links oder rechts laufen kann. Dadurch ist der Bereich für den Index i bestimmt. Im folgenden werden Ausdrücke gebildet, die den Variablen im Hinblick auf eine Rechnung der Turingmaschine T genau die Bedeutung geben, wie sie in der Tabelle notiert ist. Dabei müssen wir dafür sorgen, daß folgendes eingehalten wird:

(a) Die Anfangsbedingung, d.h., T startet im Zustand z_0 auf dem Feld 0 und $\dots b^{p(n)} w\, b^{p(n)-n+1} \dots$ ist die Bandinschrift, wobei das erste Symbol von w im Feld 0 steht.

(b) Die Randbedingungen, d.h., T befindet sich zu jedem Zeitpunkt in genau einem Zustand und liest genau ein Zeichen. Jedes Feld enthält genau ein Zeichen, und es wird genau eine Zeile der Turingtafel angewendet.

(c) Das Übergangsverhalten, d.h., der Zustand, die Kopfposition und die Bandinschriften zu aufeinanderfolgenden Zeiten sind mit der Turingtafel verträglich.

Wir sehen, daß das Wort w nur für die Anfangsbedingung berücksichtigt werden muß. Die beiden anderen Bedingungen beruhen allein auf der Gestalt von T. Mit A werde der Ausdruck für die Anfangsbedingung, mit R der Ausdruck für die Randbedingungen und mit U der Ausdruck für das Übergangsverhalten bezeichnet. Damit setzen wir

$$\alpha(w) = A \wedge R \wedge U \wedge (z_{p(n),r} \vee z_{p(n),r+1} \vee \dots \vee z_{p(n),s}).$$

Der Inhalt der Klammer bedeutet in Übereinstimmung mit der Tabelle, daß sich die Turingmaschine am Ende der Rechnung in einem Endzustand befindet. Hat ein solches $\alpha(w)$ den Wert 1, so entspricht dies aufgrund der beabsichtigten Bedeutung einer akzeptierenden Rechnung der Turingmaschine. Wir konstruieren nun A, R und U in konjunktiver Normalform.

(a) Es sei $w = A_{j_1} \dots A_{j_n}$. Dann setzen wir

$$\begin{aligned} A = &\ (z_{0,0} \wedge s_{0,0} \wedge a_{0,0,j_1} \wedge a_{0,1,j_2} \wedge \dots \wedge a_{0,n-1,j_n} \\ &\wedge a_{0,-p(n),1} \wedge \dots \wedge a_{0,-1,1} \wedge a_{0,n,1} \wedge \dots \wedge a_{0,p(n),1}). \end{aligned}$$

Dies soll bedeuten, daß sich T zur Zeit 0 im Zustand z_0 befindet, das Feld 0 liest und $\dots b^{p(n)} w b^{p(n)-n+1} \dots$ die Bandinschrift ist. A ist ein Ausdruck in konjunktiver Normalform. Es treten $2p(n) + 3 = O(p(n))$ Variablen auf.

(b) Im Ausdruck R müssen wir Bedingungen ausdrücken wie „T befindet sich in genau einem Zustand". Allgemein wird der Sachverhalt, daß von einer Menge von Variablen $x_1, \dots, x_h$ genau eine Variable wahr ist, durch die Formel

$$\begin{aligned} &\text{Genau-Eine}(x_1, \dots, x_h) \\ &= \text{Mindestens-Eine}(x_1, \dots, x_h) \wedge \text{Höchstens-Eine}(x_1, \dots, x_h), \end{aligned}$$

7.2 Einige NP-vollständige Probleme

beschrieben, wobei

$$\text{Mindestens-Eine}(x_1, \ldots, x_h) = (x_1 \vee \ldots \vee x_h) \quad \text{und}$$

$$\text{Höchstens-Eine}(x_1, \ldots, x_h) = \neg(\text{Mindestens-Zwei}(x_1, \ldots, x_h))$$
$$= \neg \bigvee_{1 \leq i < j \leq h} (x_i \wedge x_j) = \bigwedge_{1 \leq i < j \leq h} (\bar{x}_i \vee \bar{x}_j)$$

gesetzt wird. Genau-Eine$(x_1, \ldots, x_n)$ ist ein Ausdruck in konjunktiver Normalform. Es treten $h + 2\binom{h}{2} = h + 2h(h-1)/2 = h^2$ Variablen auf. Wir sehen, daß eine Belegung Ψ der Variablen $x_1, \ldots, x_h$ genau dann Genau-Eine$(x_1, \ldots, x_h)$ erfüllt, wenn $\Psi(x_i) = 1$ für genau ein i gilt mit $1 \leq i \leq h$.

Es sei nun

$$R = \bigwedge_{0 \leq t \leq p(n)} (R_{Zustände}(t) \wedge R_{Position}(t)$$
$$\wedge R_{Bandinschrift}(t) \wedge R_{Zugauswahl}(t)),$$

wobei die Ausdrücke in der Klammer noch definiert werden müssen. Sie sollen entsprechend der vorliegenden Reihenfolge angeben, daß zum Zeitpunkt t

(1) T sich in genau einem Zustand befindet,
(2) T genau ein Feld des Bandes liest,
(3) jedes Feld genau ein Zeichen enthält und
(4) T beim Übergang von der Zeit t zur Zeit $t + 1$ genau eine Zeile der Turingtafel anwendet.

Um diese Bedeutung zu erreichen, setzen wir

$$\begin{aligned} R_{Zustände}(t) &= \text{Genau-Eine}(z_{t,0}, \ldots, z_{t,s}), \\ R_{Position}(t) &= \text{Genau-Eine}(s_{t,-p(n)}, \ldots, s_{t,p(n)}), \\ R_{Bandinschrift}(t) &= \bigwedge_{-p(n) \leq i \leq p(n)} \text{Genau-Eine}(a_{t,i,1}, \ldots, a_{t,i,v}), \\ R_{Zugauswahl}(t) &= \text{Genau-Eine}(b_{t,1}, \ldots, b_{t,m}). \end{aligned}$$

Dies sind Ausdrücke in konjunktiver Normalform, in denen $(s+1)^2$, $(2p(n)+1)^2$, $(2p(n)+1)v^2$ bzw. m^2 Variablen vorkommen. Folglich ist R ein Ausdruck in konjunktiver Normalform, in dem

$$(p(n)+1)((s+1)^2 + (2p(n)+1)^2 + (2p(n)+1)v^2 + m^2) = O((p(n))^3)$$

Variablen auftreten.

7. Komplexitätstheorie

(c) Wir setzen $U = \bigwedge_{0 \leq t < p(n)} U(t)$. Der Ausdruck $U(t)$ soll beschreiben, daß der Übergang von der Zeit t zur Zeit $t+1$ verträglich ist mit der Zeile der Turingtafel, die durch die jeweilige Variable aus $b_{t,1}, \ldots, b_{t,m}$ bestimmt wird. Die l-te Zeile der Turingtafel ($1 \leq l \leq m$) sei

$$z_{k_l} \; A_{j_l} \; z_{\tilde{k}_l} \; B_{j_l},$$

wobei $B_{j_l} = A_{\tilde{j}_l}$ mit einem $\tilde{j}_l \in \{1, \ldots, v\}$ oder $B_{j_l} = R_l$ gilt mit $R_l = -1 = l$ oder $R_l = 1 = r$. Das Übergangsverhalten der Turingmaschine T kann dadurch beschrieben werden, daß man für jedes Feld i des Bandes, $-p(n) \leq i \leq p(n)$, folgendes ausdrückt:

(1) Falls T zur Zeit t das i-te Feld *nicht* liest, dann ändert sich sein Inhalt nicht.

(2) Falls T zur Zeit t das i-te Feld liest und die l-te Zeile der Turingtafel angewendet werden soll, dann

(α) ist zur Zeit t der Zustand durch z_{k_l} und der Inhalt des i-ten Feldes durch A_{j_l} gegeben, und

(β) zur Zeit $t+1$ ist $z_{\tilde{k}_l}$ der Zustand, und

entweder steht A_{j_l} im i-ten Feld, und T liest das Feld $i + R_l$, *oder* $A_{\tilde{j}_l}$ steht im i-ten Feld, und T liest das Feld i.

Für ein festes Feld i wird (1) beschrieben durch

$$\bigwedge_{1 \leq j \leq v} (\bar{s}_{t,i} \wedge a_{t,i,j} \implies a_{t+1,i,j}).$$

Wegen der logischen Äquivalenz von $A \implies B$ mit $\bar{A} \vee B$ ist dies äquivalent zu

$$\bigwedge_{1 \leq j \leq v} (s_{t,i} \vee \bar{a}_{t,i,j} \vee a_{t+1,i,j}).$$

Unter Verwendung dieser Äquivalenz ergibt sich bei Berücksichtigung der durch (1) und (2) gegebenen beabsichtigten Bedeutung

$$U(t) = \bigwedge_{-p(n) \leq i \leq p(n)} \{ \bigwedge_{1 \leq j \leq v} (s_{t,i} \vee \bar{a}_{t,i,j} \vee a_{t+1,i,j})$$

$$\wedge \bigwedge_{1 \leq l \leq m} [(\bar{s}_{t,i} \vee \bar{b}_{t,l} \vee z_{t,k_l}) \wedge (\bar{s}_{t,i} \vee \bar{b}_{t,l} \vee a_{t,i,j_l})$$

$$\wedge (\bar{s}_{t,i} \vee \bar{b}_{t,l} \vee z_{t+1,\tilde{k}_l}) \wedge (\bar{s}_{t,i} \vee \bar{b}_{t,l} \vee a_{t+1,i,\tilde{j}}) \wedge (\bar{s}_{t,i} \vee \bar{b}_{t,l} \vee s_{t+1,i+M_l})]\}.$$

Für $B_{j_l} = A_{\tilde{j}_l}$ gilt dabei $\tilde{\tilde{j}}_l = \tilde{j}_l$ und $M_l = 0$, da in diesem Fall das Feld i beschrieben wird und keine Bewegung des Kopfes stattfindet. Für $B_{j_l} = R_l$

7.2 Einige NP-vollständige Probleme

dagegen ist $\tilde{\tilde{j_l}} = j_l$ und $M_l = R_l$. $U(t)$ ist ein Ausdruck in konjunktiver Normalform. In ihm kommen

$$(2p(n) + 1)(3v + 15m) = O(p(n))$$

Variablen vor. Damit ist auch U ein Ausdruck in konjunktiver Normalform, und es treten $O(p(n)^2)$ Variablen in U auf.

Insgesamt haben wir damit einen Ausdruck

$$\alpha(w) = A \wedge R \wedge U \wedge (z_{p(n),r} \vee \ldots \vee z_{p(n),s})$$

in konjunktiver Normalform bestimmt.

Aus $w \in L$ folgt, daß eine akzeptierende Berechnung $C_0, C_1, \ldots, C_{p(n)}$ der Länge $p(n)$ auf w existiert. Diese Berechnung induziert eine Belegung Ψ der Variablen:

$$\Psi(z_{t,k}) = \begin{cases} 1, & \text{falls } z_k \text{ der Zustand in } C_t \text{ ist} \\ 0 & \text{sonst,} \end{cases}$$

$$\Psi(a_{t,i,j}) = \begin{cases} 1, & \text{falls } A_j \text{ das } i\text{-te Zeichen der Bandinschrift von } C_t \text{ ist} \\ 0 & \text{sonst,} \end{cases}$$

$$\Psi(s_{t,i}) = \begin{cases} 1, & \text{falls in } C_t \text{ das } i\text{-te Feld gelesen wird} \\ 0 & \text{sonst,} \end{cases}$$

$$\Psi(b_{t,l}) = \begin{cases} 1, & \text{falls beim Übergang von } C_t \text{ zu } C_{t+1} \text{ die } l\text{-te} \\ & \text{Zeile der Turingtafel von } T \text{ benutzt wird} \\ 0 & \text{sonst.} \end{cases}$$

Nach der Konstruktion von $\alpha(w)$ ist mit dieser Belegung von Ψ der Ausdruck $\alpha(w)$ erfüllt. Umgekehrt ist die Konstruktion von $\alpha(w)$ mit Hilfe von T und $p(n)$ so durchgeführt worden, daß zu jeder erfüllbaren Belegung eine akzeptierende Berechnung von T auf w gehört. Also gilt $w \in L$ genau dann, wenn $\alpha(w)$ erfüllbar ist.

Zu zeigen bleibt, daß die Konstruktion von $\alpha(w)$ aus w mit einer deterministischen Turingmaschine in Polynomialzeit möglich ist. Wir führen zunächst Überlegungen zur Länge der Darstellung von $\alpha(w)$ durch. In $\alpha(w)$ treten $O(p(n)^3)$ Variablen auf, und $\alpha(w)$ wird in Standardkodierung aufgeschrieben. Dafür werden $z_{t,k}, a_{t,i,j}, s_{t,i}$ und $b_{t,l}$ mit den Variablen $x_1, \ldots, x_q$ identifiziert. Die Bereiche der Variablen zeigen, daß $q = O(p(n)^2)$ gilt. Folglich haben die Indizes in Binärdarstellung die Länge

$$O(\log p(n)^2) = O(\log p(n)).$$

Außerdem ist die Anzahl der Zeichen $\wedge$, $\vee$, $\neg$, „)" und „(" zu der Anzahl der Variablen proportional. Also ist die Länge der Standardkodierung von $\alpha(w)$

$$O(p(n)^3 \cdot \log p(n)).$$

7. Komplexitätstheorie

Intuitiv erkennt man, daß $\alpha(w)$ bei Kenntnis von T und p aus w leicht zu konstruieren ist. Nach der Berechnung von $p(|w|)$ in polynomialer Zeit können die Ausdrücke A, R und U und damit auch $\alpha(w)$ in polynomialer Zeit aufgeschrieben werden. Formal muß diese Konstruktion durch eine deterministische Turingmaschine erfolgen. Dabei müssen die gegebene Turingmaschine T und das Polynom p im Zustand und damit auch in der Überführungsfunktion der deterministischen Turingmaschine berücksichtigt werden. Sie muß zum einen $p(|w|)$ berechnen. Zum anderen muß sie dann unter weiterer Berücksichtigung von T den Ausdruck $\alpha(w)$ der Länge $O(p(|w|)^3 \cdot \log p(|w|))$ aufschreiben. Man erkennt, daß man mit einigem Aufwand eine solche deterministische Turingmaschine für jede nichtdeterministische Turingmaschine T und jedes Polynom p konstruieren kann. Für jedes w berechnet sie $\alpha(w)$ in polynomialer Zeit. Daraus folgt, daß SAT NP-vollständig ist. $\square$

Satz 7.5: $SAT(3)$ ist NP-vollständig.

Beweis: Wegen $SAT \in NP$ gilt erst recht $SAT(3) \in NP$. Nach Satz 7.2(b) bleibt $SAT \leq SAT(3)$ zu zeigen. Wir ersetzen im folgenden eine beliebige Klausel $x_1 \vee \ldots \vee x_n$ durch eine Konjunktion von Klauseln vom Grad ≤ 3. Es sei $Y = \{y_1, \ldots, y_n\}$ eine Menge neuer Variablen, und wir betrachten den Ausdruck

$$\alpha = (x_1 \vee \neg y_1) \wedge (y_1 \vee x_2 \vee \neg y_2) \wedge \ldots \wedge (y_{n-1} \vee x_n \vee \neg y_n) \wedge y_n.$$

Wir behaupten: Zu jeder Belegung $\psi : X = \{x_1, \ldots, x_n\} \to \{0, 1\}$ existiert eine Erweiterung $\varphi : X \cup Y \to \{0, 1\}$ von ψ mit

$$\varphi(\alpha) = 1 \iff \psi(x_1 \vee \ldots \vee x_n) = 1.$$

Um diese Behauptung zu beweisen, setzen wir

$$i_0 = \min(\{i \mid \psi(x_i) = 1, i = 1, \ldots, n\} \cup \{n+1\}) \text{ und}$$

$$\varphi(z) = \begin{cases} \psi(x_j) & \text{für } z = x_j, j = 1, \ldots, n \\ 0 & \text{für } z = y_j, j = 1, \ldots, i_0 - 1 \\ 1 & \text{für } z = y_j, j = i_0, \ldots, n. \end{cases}$$

Es sei nun $\psi(x_1 \vee \ldots \vee x_n) = 1$. Folglich ist $i_0 \leq n$. Dann betrachten wir die verschiedenen Klauseln von α. Für die letzte Klausel gilt wegen $i_0 \leq n$

$$\varphi(y_n) = 1.$$

Für die erste Klausel unterscheiden wir zwei Fälle: für $i_0 = 1$ gilt $\varphi(x_1) = 1$ und $\varphi(\neg y_1) = 0$, und für $i_0 \neq 1$ gilt $\varphi(x_1) = 0$ und $\varphi(\neg y_1) = 1$. In jedem Fall erhalten wir also

$$\varphi(x_1 \vee \neg y_1) = 1.$$

7.2 Einige NP-vollständige Probleme

Für die übrigen Klauseln gelten die folgenden Überlegungen: für $1 \leq j < i_0 - 1$ ist $\varphi(\neg y_{j+1}) = 1$, für $j = i_0 - 1$ ist $\varphi(x_{j+1}) = \varphi(x_{i_0}) = 1$, und für $i_0 \leq j \leq n-1$ ist $\varphi(y_j) = 1$. Somit folgt für alle j, $1 \leq j \leq n - 1$,

$$\varphi(y_j \vee x_{j+1} \vee \neg y_{j+1}) = 1.$$

Insgesamt ergibt sich $\varphi(\alpha) = 1$.

Umgekehrt sei $\varphi(\alpha) = 1$. Dann gilt auch $\varphi(y_n) = 1$. Wir nehmen nun an, daß $\psi(x_1 \vee \ldots \vee x_n) = \varphi(x_1 \vee \ldots \vee x_n) = 0$ erfüllt ist. Dann ist $\varphi(x_i) = \psi(x_i) = 0$ für alle i, $1 \leq i \leq n$. Folglich gilt $i_0 = n + 1$. Nach der Definition von φ erhalten wir damit $\varphi(y_n) = 0$, einen Widerspruch zu $\varphi(y_n) = 1$. Wir schließen, daß $\psi(x_1 \vee \ldots \vee x_n) = 1$ gelten muß.

Offenbar ist α in Polynomialzeit aus $x_1 \vee \ldots \vee x_n$ konstruierbar, und α ist genau dann erfüllbar, wenn $x_1 \vee \ldots \vee x_n$ erfüllbar ist. Das obige Beweisargument kann auf beliebige konjunktive Normalformen erweitert werden. Somit ist $SAT(3)$ NP-vollständig. □

Wir weisen darauf hin, daß $SAT(2) \in P$ gilt.

Die polynomialzeit-beschränkte Transformation von SAT auf $SAT(3)$ im Beweis von Satz 7.5 ist nicht explizit durch eine Turingmaschine angegeben worden. Aufgrund der Churchschen These ist jedoch klar, daß eine solche Turingmaschine konstruiert werden kann.

Nach Satz 7.2(b) kann der Nachweis der NP-Vollständigkeit weiterer Probleme mit Hilfe eines schon bekannten NP-vollständigen Problems geführt werden. Die notwendigen Algorithmen werden üblicherweise nur intuitiv angegeben. Aufgrund seiner beschränkten Struktur ist für diesen Nachweis $SAT(3)$ geeigneter als SAT. Dies wollen wir speziell am Clique-Problem zeigen.

Clique-Problem: Es sei $G = (V, E)$ ein Graph mit der Knotenmenge V und der Kantenmenge E, und es sei $k \in I\!N$ mit $k \leq |V|$. Enthält G eine Clique der Größe k für G, d.h., existiert eine Teilmenge $V' \subset V$ mit $|V'| = k$, so daß je zwei Knoten in V' durch eine Kante in E verbunden sind? □

Als Beispiel betrachten wir den Graphen

Es existiert keine Clique der Größe ≥ 3. Es ist z.B. $\{1, 2\}$ eine Clique der Größe 2, $\{1, 3\}$ jedoch nicht.

7. Komplexitätstheorie

Satz 7.6: Das Clique-Problem ist NP-vollständig.

Beweis: Für einen Graphen $G = (V, E)$ wird nichtdeterministisch eine Teilmenge $V' \subset V$ erraten. Dann kann deterministisch in quadratischer Zeit bezüglich der Anzahl der Knoten von V überprüft werden, ob V' eine Clique ist. Das Problem gehört also zur Klasse NP.

Weiter betrachten wir für $k \in \mathbb{N}$ einen Ausdruck in konjunktiver Normalform mit höchstens drei Literalen pro Klausel. Ohne Beschränkung der Allgemeinheit gehen wir dabei von genau drei Literalen pro Klausel aus. Anderenfalls können fehlende Literale geeignet ergänzt werden, zum Beispiel kann man $x_1 \vee \neg x_2$ durch $x_1 \vee x_1 \vee \neg x_2$ ersetzen. Es sei also

$$\alpha = c_1 \wedge \ldots \wedge c_k \text{ mit } c_i = x_{i1}^{\delta_{i1}} \vee x_{i2}^{\delta_{i2}} \vee x_{i3}^{\delta_{i3}}, \delta_{ij} \in \{0, 1\}, i = 1, \ldots, k, j = 1, 2, 3.$$

Dabei sind die x_{ij} Variablen, und es gilt $x_{ij}^0 = \neg x_{ij}$ und $x_{ij}^1 = x_{ij}$. Zu α konstruieren wir einen Graphen $G(\alpha) = (V, E)$ mit $V = \{u_{ij} \mid 1 \leq i \leq k, 1 \leq j \leq 3\}$ und

$$\{u_{ij}, u_{i'j'}\} \in E \iff i \neq i' \text{ und } (x_{ij} \neq x_{i'j'} \text{ oder } \delta_{ij} = \delta_{i'j'}).$$

Wir beweisen die Äquivalenz

$$\alpha \text{ erfüllbar} \iff G(\alpha) \text{ besitzt eine Clique der Größe } k.$$

Es sei α erfüllbar. Dann existiert eine Belegung Ψ der Variablen mit $\Psi(\alpha) = 1$. Folglich existiert zu jedem $i, 1 \leq i \leq k$, ein $j(i), 1 \leq j(i) \leq 3$, mit $\Psi(x_{ij(i)}^{\delta_{ij(i)}}) = 1$. Wir setzen $V' = \{u_{ij(i)} \mid i = 1, \ldots, k\}$. Es seien $u_{ij(i)}, u_{i'j(i')} \in V'$ Knoten mit $u_{ij(i)} \neq u_{i'j(i')}$. Dann ist $i \neq i'$. Falls $x_{ij(i)} = x_{i'j(i')}$ gilt, muß wegen $\Psi(x_{ij(i)}^{\delta_{ij(i)}}) = \Psi(x_{i'j(i')}^{\delta_{i'j(i')}}) = 1$ die Gleichung $\delta_{ij(i)} = \delta_{i'j(i')}$ folgen. Somit ist $\{u_{ij(i)}, u_{i'j(i')}\} \in E$ und V' eine Clique der Größe k.

Umgekehrt sei $V' \subset V$ eine Clique der Größe k. Aus der Cliqueneigenschaft und der Definition von E folgt dann $V' = \{u_{ij(i)} \mid 1 \leq i \leq k\}$ mit einem geeigneten $j(i), 1 \leq j(i) \leq 3$, für alle $i, 1 \leq i \leq k$. Wir definieren eine Belegung Ψ der Variablen durch

$$\Psi(x) = \begin{cases} 1, & \text{falls } x = x_{ij(i)} \text{ für ein } i \text{ mit } \delta_{ij(i)} = 1 \\ 0, & \text{falls } x = x_{ij(i)} \text{ für ein } i \text{ mit } \delta_{ij(i)} = 0 \\ 0 & \text{sonst.} \end{cases}$$

Ψ ist wohldefiniert, denn wäre $x = x_{ij(i)} = x_{i'j(i')}$ mit $\delta_{ij(i)} \neq \delta_{i'j(i')}$, so würde nach Definition von E folgen, daß $\{u_{ij(i)}, u_{i'j(i')}\} \notin E$ gilt und damit V' keine Clique ist. Die Alternative zwischen 1 und 0 ist gerade so gewählt, daß $\Psi(x_{ij(i)}^{\delta_{ij(i)}}) = 1$ für alle $i, 1 \leq i \leq k$, folgt. Wir erhalten $\Psi(\alpha) = 1$ und damit die Erfüllbarkeit von α.

Die Konstruktion von $G(\alpha)$ aus α kann offenbar in Polynomialzeit bezüglich der Länge der Darstellung von α durchgeführt werden. $\square$

Man kann zeigen, daß das Knapsack-Problem aus Beispiel 7.1 NP-vollständig ist. Ohne Beweis geben wir einige weitere NP-vollständige Probleme an.

Beispiel 7.2: (a) *Knotenüberdeckung eines Graphen:* Es sei $G = (V, E)$ ein Graph, und es sei $k \in I\!N$ mit $k \leq |V|$. Existiert eine Knotenüberdeckung der Größe $\leq k$ für G, d.h., existiert ein $V' \subset V$ mit $|V'| \leq k$, so daß für jede Kante $\{u, v\} \in E$ entweder $u \in V'$ oder $v \in V'$ gilt?

Als Beispiel betrachten wir den linken Graphen der unten stehenden Abbildung. Dabei ist $\{2, 3\}$ eine Knotenüberdeckung der Größe 2. Für $k = 1$ existiert hier keine Knotenüberdeckung.

(b) *Hamiltonscher Kreis:* Es sei ein Graph $G = (V, E)$ gegeben. Existiert in G ein Hamiltonscher Kreis, d.h., existiert eine Ordnung $(v_1, \ldots, v_n)$ aller Knoten, so daß $\{v_n, v_1\} \in E$ und $\{v_i, v_{i+1}\} \in E$ für $i = 1, \ldots, n-1$ gilt?

Wir betrachten den rechten Graphen der oben stehenden Abbildung. Ein Hamiltonscher Kreis dieses Graphen ist durch die zusätzliche Strichelung der Kanten dargestellt.

(c) *Partition:* Es sei eine endliche Menge A und eine Abbildung $s : A \to I\!N$ gegeben. Existiert ein $A' \subset A$ mit

$$\sum_{a \in A'} s(a) = \sum_{a \in A - A'} s(a)? \quad \square$$

7.3 Ausblick

Probleme aus P sind bearbeitbar. Dagegen sind Probleme aus NP im allgemeinen praktisch nicht zu bearbeiten. Es ist jedoch möglich, daß Teilprobleme leicht zu lösen sind. Für allgemeine Probleme, also nicht nur Entscheidungsprobleme, wird ein Problem L als NP-*hart* bezeichnet, wenn SAT in polynomialer Zeit durch eine deterministische Turingmaschine auf L reduzierbar ist, und zwar so, daß eine Lösung in polynomialer Zeit für L zu einer Lösung in polynomialer Zeit für SAT führen würde. Speziell sind NP-vollständige Probleme auch NP-hart. NP-harte Probleme müssen jedoch nicht aus NP stammen, sie sind aber mindestens ebenso schwer wie jedes Problem aus NP. Für NP-harte Probleme oder Probleme, für die nicht bekannt ist, ob sie aus P stammen, kann es approximierende Algorithmen geben, die einen möglicherweise guten Näherungswert

7. Komplexitätstheorie

liefern. Weiter gibt es Algorithmen, die zwar immer das richtige Ergebnis liefern, aber nur mit einer gewissen Wahrscheinlichkeit in polynomialer Zeit. Unter Umständen erhält man keine Lösung in vernünftiger Zeit. Außerdem existieren auch Algorithmen, die mit einer gewissen Wahrscheinlichkeit das richtige Ergebnis liefern, also auch ein falsches Ergebnis liefern können.

Ein derartiges Problem, das vermutlich nicht NP-vollständig ist, ist die Frage, ob eine Zahl $n \in \mathbb{N}$ zusammengesetzt, d.h. keine Primzahl ist. Dafür ist kein polynomialer Algorithmus bekannt. 1976 wurde von *Rabin* der folgende *probabilistische Algorithmus* angegeben:

Es sei $n \in \mathbb{N}$ gegeben,
wähle zufällig $b \in \mathbb{N}$, $1 \leq b < n$;
if $W_n(b)$ then „n zusammengesetzt"
        else „n prim"
fi;

Dabei ist die Bedingung $W_n(b)$ durch

(a) $b^{n-1} \not\equiv 1 \mod n$ oder

(b) es existiert ein i mit $2^i \mid (n-1)$ und $1 < \gcd(b^{\frac{n-1}{2^i}} - 1, n) < n$.

gegeben. Wenn die Bedingung (a) erfüllt ist, dann ist n aufgrund des Satzes von *Fermat* nicht prim. Wenn die Bedingung (b) erfüllt ist, dann ist n offensichtlich nicht prim. Das bedeutet: Ist $W_n(b)$ erfüllt, so ist die Antwort „n ist zusammengesetzt" richtig. Wenn n prim ist, lautet die Antwort in jedem Fall „n ist prim", und wenn n zusammengesetzt ist, so kann gezeigt werden, daß mit einer von n unabhängigen Wahrscheinlichkeit $> \frac{3}{4}$ die Antwort „n ist zusammengesetzt" geliefert wird. Es kann also mit einer Wahrscheinlichkeit $< \frac{1}{4}$ für eine zusammengesetzte Zahl eine falsche Antwort gegeben werden. Wir stellen somit fest: Die Antwort „n ist zusammengesetzt" ist immer richtig, und die Antwort „n ist prim" ist mit der Fehlerwahrscheinlichkeit $< \frac{1}{4}$ richtig. Falls bei 100 Versuchen die Antwort jedesmal „n ist prim" lautet, dann ist die Fehlerwahrscheinlichkeit $< \left(\frac{1}{4}\right)^{100}$, d.h., n ist mit ziemlicher Sicherheit prim. Rabin hat gezeigt, daß der Algorithmus einen Zeitbedarf hat, der polynomial in der Länge der Darstellung von n ist. Informal kann man definieren:

$R =$ Klasse aller Entscheidungsprobleme, die durch probabilistische Algorithmen in polynomialer Zeit mit Wahrscheinlichkeit $> \frac{1}{2}$ und Nullfehlerwahrscheinlichkeit auf dem Komplement des Problems lösbar sind.

Ein solcher Algorithmus hält immer in polynomialer Zeit an. Falls die „nein"-Antwort richtig ist, hält er mit „nein", und falls die „ja"-Antwort richtig ist, hält er mit der Wahrscheinlichkeit $> \frac{1}{2}$ mit „ja".

Die Frage, ob $n \in \mathbb{N}$ zusammengesetzt ist, gehört zur Klasse R. Es gilt $P \subset R \subset NP$. Wenn S NP-vollständig ist, gilt, ähnlich Satz 7.2(a), $S \in R$ genau dann, wenn $R = NP$ ist.

8. Syntax und Semantik von Programmiersprachen

8.1 Einführung

Eine wichtige Voraussetzung für die Erstellung korrekter Programme ist die genaue Kenntnis der verwendeten Programmiersprache. In vielen Fällen ist diese Sprache durch eine informelle Beschreibung definiert. Erfahrungen in der Praxis, z.B. mit Pascal oder Modula-2, haben gezeigt, daß derartige Beschreibungen die Programmiersprache meist weder vollständig noch präzise festlegen. Dies kann zu unnötigen Mißverständnissen und Fehlern bei der Programmierung führen. Es ist daher wünschenswert, eine endliche, vollständige, präzise und widerspruchsfreie Definition der jeweiligen Programmiersprache zur Verfügung zu haben. Eine solche Definition führt zu einer *Standardisierung der Sprache.* Falls sich die Entwickler von Compilern (Sprachübersetzern) genau an diese Definition halten, sind die Programme dieser Programmiersprache portabel. Das bedeutet, daß sie auf verschiedenen Rechnern laufen können und immer zu denselben Ergebnissen führen. Außer zur Standardisierung ist eine mathematisch präzise Definition der Programmiersprache auch zur *Programmverifikation* notwendig. Unter Programmverifikation versteht man den mathematischen Nachweis, daß ein gegebenes Programm vorgelegte Vor- und Nachbedingungen erfüllt. Darauf werden wir in Abschnitt 8.6 eingehen.

Wir sehen also, daß eine mathematisch exakte Definition einer Programmiersprache wünschenswert ist. Bevor wir diese für eine spezielle Beispielsprache angeben, überlegen wir uns, welche Bestandteile zu solch einer Definition gehören. Dabei setzen wir voraus, daß der Leser schon gewisse Kenntnisse von Programmiersprachen hat.

Eine *Programmiersprache* $P = (A, L, B, S)$ wird charakterisiert durch ein endliches Alphabet A, eine formale Sprache $L \subset A^*$, eine Menge B und eine Abbildung $S : L \to B$. Diese einzelnen Bestandteile wollen wir näher beschreiben.

Das Alphabet A enthält alle Zeichen, die in Programmen aus P auftreten dürfen. Für Pascal-ähnliche Sprachen sind dies die Buchstaben $a, \ldots, z$, die Ziffern $0, \ldots, 9$, Sonderzeichen wie z.B. „;", „(" oder „)" und reservierte Wörter, z.B. **begin, end, if**. Das Alphabet A wird in der Regel durch die explizite Angabe aller seiner Elemente definiert.

Die Sprache L enthält alle „syntaktisch korrekten" Programme. L wird daher als die *Syntax* von P bezeichnet. Es gibt verschiedene Möglichkeiten, die

8. Syntax und Semantik von Programmiersprachen

Syntax einer Programmiersprache zu definieren. Am häufigsten geschieht dies durch die Angabe einer kontextfreien Grammatik G. Dabei sind die syntaktisch korrekten Programme genau die Wörter, die gemäß G erzeugt werden. Es gilt also $L = L(G)$. Die Syntax von Pascal und vieler anderer Programmiersprachen wird auf diese Art bestimmt. Eine andere Möglichkeit zur Definition von L ist die Verwendung einer zweischichtigen Grammatik. Hiervon macht Algol 68 Gebrauch. Wir gehen jedoch darauf nicht ein.

Die Menge B und die Abbildung S definieren gemeinsam die *Semantik* von P. B ist die Menge aller möglichen „Bedeutungen" von Programmen, und S ist eine Abbildung, die Semantikfunktion, die jedem Programm $p \in L$ jeweils genau ein Element $S(p) \in B$ als seine Bedeutung zuordnet. Wie die Menge B und die Abbildung S im einzelnen aussehen können, soll im folgenden zunächst an zwei Methoden kurz diskutiert und später genauer ausgeführt werden.

Bei der *operationellen Methode* wird einer Programmiersprache P zunächst ein abstrakter Automat $\mathcal{M} = (Z, M, f, Z_a)$ zugeordnet. Dieser Automat soll die Abarbeitung der Programme von P beschreiben, und zwar ungefähr so, wie es den aufeinanderfolgenden Operationen eines Programms entspricht. Dabei ist Z die im allgemeinen unendliche Zustandsmenge dieses Automaten, $M : Z \to Z$ die partielle Zustandsüberführungsfunktion, f ist die Zustandsinitialisierungsfunktion und $Z_a \subset Z$ die Ausgabezustandsmenge. Durch die Zustandsinitialisierungsfunktion ordnet man zunächst jedem Programm p und jeder Eingabe d einen Startzustand $z_0 = f(p, d) \in Z$ zu. Intuitiv wird durch einen Zustand gekennzeichnet, welchen Stand die Berechnung bei der Ausführung eines Programms hat. Dies geschieht unter anderem auch durch die Zuordnung zwischen den Variablen und den ihnen zugewiesenen Werten. Durch die Zustandsüberführungsfunktion wird im wesentlichen ein Bearbeitungsschritt des Programms durch den abstrakten Automaten simuliert. Ein „erfolgreiches" Programm muß in einem Ausgabezustand enden. Entsprechend diesen Überlegungen bezeichnen wir als Berechnungsfolge des Programms p bei Vorliegen der Eingabe d die eventuell unendliche Zustandsfolge

$$z_0 = f(p, d), z_1, z_2, \ldots, z_i, \ldots$$

mit $z_i = M(z_{i-1})$, $i \geq 1$. Es gibt drei mögliche Fälle für diese Zustandsfolge:
(1) Es existiert ein kleinstes $n \in \mathbb{N}_0$ mit $z_n \in Z_a$. In diesem Fall ist das Programm p bei der Eingabe d semantisch korrekt, und seine Bedeutung bei d ist durch die Berechnungsfolge $z_0, z_1, \ldots, z_n$ gegeben.
(2) Für alle $n \in \mathbb{N}_0$ ist $M(z_n)$ definiert, aber $z_n \notin Z_a$. In diesem Fall terminiert die Ausführung von p bei der Eingabe d nicht. Das Programm ist bei d semantisch inkorrekt und besitzt für d keine Bedeutung.
(3) Es existiert ein kleinstes $n \in \mathbb{N}_0$, für das $M(z_n)$ undefiniert ist und $z_{n'} \notin Z_a$ für $n' < n$ gilt. Das Programm p ist für die Eingabe d semantisch inkorrekt und besitzt für d keine Bedeutung.

8.1 Einführung

Die Bedeutung $S(p)$ eines Programms ist nach den weiter oben ausgeführten Überlegungen nur vom Programm und nicht von der Eingabe abhängig. Erst durch Anwendung auf eine Eingabe wird dann eventuell eine endliche Berechnungsfolge geliefert. Folglich besteht die Menge B bei der operationellen Methode aus der Menge der partiellen Abbildungen von der Menge der möglichen Eingaben des abstrakten Automaten in die Menge seiner möglichen endlichen Zustandsfolgen. Die totale Abbildung S ordnet, wie weiter oben beschrieben, jedem Programm $p \in L$ ein Element $S(p) \in B$, also eine solche partielle Abbildung, als Bedeutung zu.

Eine andere Vorgehensweise ergibt sich bei der *denotationalen Methode*. Die Bedeutung eines Programms p ist bei dieser Methode eine Funktion f_p, die Eingabedaten auf Ausgabedaten abbildet. Allgemeiner sagen wir, daß f_p eine partielle Abbildung ist, die einen Eingabezustand $z \in Z$ auf einen Ausgabezustand $f_p(z) \in Z$ abbildet, falls $f_p(z)$ definiert ist. Der Name denotationale Methode rührt daher, daß die Funktion f_p durch das syntaktische Konstrukt p „bezeichnet" wird. Um die Semantik einer Programmiersprache mit dieser Methode zu definieren, muß zunächst die Zustandsmenge Z angegeben werden, in der sich die Ein- und Ausgabewerte widerspiegeln müssen. Diese Zustandsmenge muß jedoch nicht mit der Zustandsmenge bei der operationellen Methode übereinstimmen. Dann gibt man die Bedeutung einfacher Anweisungen durch elementare Funktionen an, um schließlich die Bedeutung zusammengesetzter Anweisungen mit Hilfe der Bedeutung der elementaren Anweisungen festzulegen.

Ein Programm p sei beispielsweise dadurch gegeben, daß die Anweisungen $s_1, s_2, \ldots, s_n$ hintereinander ausgeführt werden, also

$$p = \textbf{begin } s_1; s_2; \ldots; s_n \textbf{ end}.$$

Wenn die Anweisungen $s_1, \ldots, s_n$ die Bedeutungen $f_{s_1}, \ldots, f_{s_n}$ besitzen, dann gilt für die Bedeutung f_p von p

$$f_p = f_{s_n} \circ \ldots \circ f_{s_1}.$$

Die Menge B aller Bedeutungen ist also bei dieser Methode die Menge aller partiellen Abbildungen von Z nach Z. Die totale Funktion S ordnet jedem Programm $p \in L$ eine geeignete Funktion $S(p)$ aus dieser Menge zu. Für die Menge aller partiellen Abbildungen von einer Menge X in eine Menge Y wollen wir künftig $(X \to Y)$ schreiben. Mit dieser Notation ist $B = (Z \to Z)$.

In diesem Kapitel wird die Syntax einer einfachen Beispielsprache definiert und anschließend ihre Semantik bezüglich der operationellen und der denotationalen Methode angegeben. In Abschnitt 8.6 gehen wir noch auf Fragen der Programmverifikation ein.

8. Syntax und Semantik von Programmiersprachen

8.2 Syntax der Beispielsprache

In diesem Abschnitt wird die Syntax der einfachen Beispielsprache definiert, und zwar mit Hilfe einer *Backus-Naur-Form*. Hierunter verstehen wir eine spezielle Darstellungsweise kontextfreier Grammatiken. Dabei werden Nichtterminalzeichen als in „<" und „>" eingeschlossene Wörter dargestellt. Falls es zu einem Nichtterminalzeichen mehrere Produktionen mit diesem Zeichen als linker Seite gibt, so werden die rechten Seiten der verschiedenen Produktionen durch „|" getrennt hintereinander aufgeschrieben. Die zugehörige linke Seite wird durch das Zeichen „::=" von den rechten Seiten abgetrennt.

Das Terminalalphabet A der Beispielsprache sei

$$A = \{a, \ldots, z, 0, \ldots, 9, \text{skip}, \text{begin}, \text{end}, \text{if}, \text{then}, \text{else}, \text{fi}, \text{while}, \text{do}, \text{od},$$
$$:=, ;, +, -, *, <, \leq, >, \geq, =, \neq, (,)\}.$$

Das Anfangssymbol der Grammatik heiße $< program >$. Die Nichtterminalzeichen seien durch die auf der linken Seite der Produktionen auftretenden Symbole gegeben. Die Produktionen sind in der folgenden Tabelle zusammengestellt.

$< program >$	::=	$< stmt >$
$< stmt >$	::=	$< nullstmt > \mid < assignstmt > \mid < compstmt > \mid$
		$< ifstmt > \mid < whilestmt >$
$< nullstmt >$	::=	**skip**
$< assignstmt >$	::=	$< id >:=< expr >$
$< compstmt >$	::=	**begin** $< stmt >;< stmt >$ **end**
$< ifstmt >$	::=	**if** $< test >$ **then** $< stmt >$ **else** $< stmt >$ **fi**
$< whilestmt >$	::=	**while** $< test >$ **do** $< stmt >$ **od**
$< test >$	::=	$< expr >< relation >< expr >$
$< relation >$	::=	$< \mid \leq \mid > \mid \geq \mid = \mid \neq$
$< expr >$	::=	$< opd > \mid < mopr >< opd > \mid$
		$< opd >< dopr >< opd >$
$< mopr >$	::=	$+$
$< dopr >$	::=	$+ \mid - \mid *$
$< opd >$	::=	$< const > \mid < id > \mid (< expr >)$
$< const >$	::=	$< const >< digit > \mid < digit >$
$< digit >$	::=	$0 \mid \ldots \mid 9$
$< id >$	::=	$< id >< letter > \mid < letter >$
$< letter >$	::=	$a \mid \ldots \mid z$

Falls in der Grammatik ein Wort w aus einem Wort v ableitbar ist, so schreiben wir hierfür, wie schon in Kapitel 5, $v \Longrightarrow^* w$. Die Menge aller Wörter aus A^*, die aus einem bestimmten Nichtterminalzeichen ableitbar sind, nennen wir den *syntaktischen Bereich* des jeweiligen Nichtterminalzeichens und bezeichnen sie mit dem entsprechenden Nichtterminalzeichen, geschrieben in Großbuchstaben, also z.B. $PROGRAM = \{w \in A^* | <program> \Longrightarrow^* w\}$ oder $STMT = \{w \in A^* | <stmt> \Longrightarrow^* w\}$. $STMT$ wird als Menge aller Statements, $EXPR$ als Menge aller Ausdrücke, $MOPR$ als Menge „aller" monadischen Operatoren bezeichnet usw.

Im folgenden werden häufig Funktionen verwendet, deren Definitionsmenge ein syntaktischer Bereich ist. Für solche Funktionen f schreiben wir für den Funktionswert an der Stelle w statt $f(w)$ immer $f[\![w]\!]$.

8.3 Semantische Bereiche

Wenn wir die Bedeutung der Programme der Beispielsprache definieren wollen, so müssen wir uns zunächst Klarheit darüber verschaffen, von welcher Art die Objekte sind, die bei der Ausführung eines Programms manipuliert werden. Mengen derartiger Objekte, zusammen mit gewissen auf diesen Mengen definierten Operationen, nennen wir *semantische Bereiche*. Für unsere Sprache benötigen wir die vier semantischen Bereiche $I\!N_0, I\!B, VAR$ und STG. Diese Mengen und ihre Operationen beschreiben wir im folgenden.

(1) $I\!N_0$ ist, wie auch sonst in diesem Buch, die Menge der natürlichen Zahlen einschließlich der 0. Auf ihr stehen uns die monadische Operation + (Identität), die dyadischen Operationen + (Addition), − (Monus-Operation) und ∗ (Multiplikation) sowie die Vergleichsoperationen $<, \leq, >, \geq, =$ und $\neq$ (kleiner, kleinergleich, größer, größergleich, gleich und ungleich) zur Verfügung. Die natürlichen Zahlen werden in Programmen der Beispielsprache, wie wir in Abschnitt 8.2 gesehen haben, durch Konstanten aus $CONST$ dargestellt. Wir benötigen also eine Abbildung $\text{val} : CONST \to I\!N_0$, die jeder Konstanten als Bedeutung eine natürliche Zahl zuordnet. Werden die Zahlen aus $I\!N_0$ wie üblich als Dezimalzahlen geschrieben, so wird val rekursiv durch

$\text{val}[\![0]\!] = 0, \ldots, \text{val}[\![9]\!] = 9,$
$\text{val}[\![const\ digit]\!] = 10 * \text{val}[\![const]\!] + \text{val}[\![digit]\!]$

für alle $const \in CONST$ und $digit \in DIGIT$ definiert. Es gilt z.B.

$\text{val}[\![0013]\!] = \text{val}[\![13]\!] = 13.$

Wir sehen, daß die Abbildung val von einem syntaktischen Bereich zu einem semantischen Bereich führt. Allgemein müssen wir zwischen zwei Sprachebenen unterscheiden. Auf der syntaktischen Ebene haben wir die Beispielsprache (*Objektsprache*), in der wir Programme schreiben. Auf der semantischen Ebene liegt die *Metasprache*, in der wir über Programme reden und in der wir die Semantik der Objektsprache definieren. In der Metasprache benutzen wir die übliche

8. Syntax und Semantik von Programmiersprachen

mathematische Symbolik und verwenden dabei Mengen, Abbildungen, Zahlen und ähnliche Objekte. Zur deutlichen Trennung der beiden Sprachen müßten wir strenggenommen zwei disjunkte Zeichenvorräte verwenden. Da aber keine Verwechslungen zu befürchten sind, benutzen wir einige Zeichen in doppelter Bedeutung. So ist z. B. + ein Zeichen der Beispielsprache als auch das Symbol für die Addition von natürlichen Zahlen. Ebenso stellt $13 \in CONST$ sowohl einen Text der Objektsprache dar als auch die natürliche Zahl $13 \in \mathbb{N}_0$.

(2) Die Menge der beiden Wahrheitswerte $wahr$ und $falsch$ nennen wir $\mathbb{B}$. Die unter (1) beschriebenen Vergleichsoperationen liefern bekanntlich Werte aus $\mathbb{B}$ als Ergebnis.

(3) $VAR = \{var_1, var_2, var_3, \ldots\}$ ist eine abzählbar unendliche Menge, die zu allen bisher aufgetretenen Mengen disjunkt ist. Die Elemente von VAR heißen *Variablen*. Im Programmtext entsprechen den Variablen die Identifier. Eine Abbildung $den : ID \to VAR$ ordnet den Identifiern der Objektsprache die Variablen als Bedeutung zu. Wir können annehmen, daß die Abbildung den injektiv ist.

(4) Ein Speicherzustand stg gibt eine „Belegung" der Variablen mit natürlichen Zahlen an. Es ist also $stg : VAR \to \mathbb{N}_0$ eine totale Abbildung, die jeder Variablen eine natürliche Zahl als ihren derzeitigen Wert zuordnet. Wir definieren den semantischen Bereich aller Speicherzustände durch $STG = \{stg \mid stg : VAR \to \mathbb{N}_0 \text{ totale Abbildung}\}$. Als Operationen auf STG benötigen wir, um die Werte der Variablen verändern und abfragen zu können, eine Speicher- und eine Lesefunktion. Die Speicherfunktion $st : STG \times VAR \times \mathbb{N}_0 \to STG$ ist definiert durch

$$st(stg, var, n)(var') = \begin{cases} n, & \text{falls } var' = var \\ stg(var'), & \text{falls } var' \neq var \end{cases}$$

für alle $n \in \mathbb{N}_0$, $stg \in STG$, $var, var' \in VAR$. Bei dem neuen Speicherzustand $st(stg, var, n)$ wird der Variablen var ein neuer Wert n zugewiesen. Für eine Variable $var' \neq var$ dagegen wird der zugeordnete Wert nicht verändert. Die Lesefunktion ist definiert durch die Abbildung $rd : STG \times VAR \to \mathbb{N}_0$ mit

$$rd(stg, var) = stg(var)$$

für alle $stg \in STG$, $var \in VAR$. Es wird also die Belegung der Variablen var beim Speicherzustand stg gelesen.

Sowohl für die operationelle als auch für die denotationale Definition der Semantik der Beispielsprache benötigen wir Funktionen, die Tests und Ausdrücke in Abhängigkeit von einem Speicherzustand auswerten, also Funktionen

$$T : TEST \to (STG \to \mathbb{B}) \quad \text{und} \quad E : EXPR \to (STG \to \mathbb{N}_0).$$

8.3 Semantische Bereiche

Man beachte, daß die Definitionsmengen dieser Funktionen syntaktische Bereiche sind, während die Wertebereiche Mengen partieller Abbildungen von dem semantischen Bereich STG in den semantischen Bereich $I\!B$ bzw. $I\!N_0$ sind. Zunächst müssen wir drei Hilfsfunktionen

$$R: RELATION \to (I\!N_0 \times I\!N_0 \to I\!B),$$

$$M: MOPR \to (I\!N_0 \to I\!N_0) \quad \text{und} \quad D: DOPR \to (I\!N_0 \times I\!N_0 \to I\!N_0)$$

einführen. Diese Funktionen ordnen den Operationssymbolen der Objektsprache die entsprechenden Operationen auf den natürlichen Zahlen zu. Sie werden durch Fallunterscheidungen definiert. Wir geben die Definitionen dieser Funktionen nicht vollständig an, sondern erläutern sie nur an vier ausgewählten Beispielen. Die anderen Fälle werden analog behandelt. Für alle $n_1, n_2 \in I\!N_0$ setzen wir z.B.

$$\begin{aligned}
R[\![<]\!](n_1,n_2) &= \begin{cases} wahr, & \text{falls } n_1 < n_2 \\ falsch, & \text{falls } n_1 \geq n_2, \end{cases} \\
M[\![+]\!](n_1) &= n_1, \\
D[\![+]\!](n_1,n_2) &= n_1 + n_2 \text{ sowie} \\
D[\![-]\!](n_1,n_2) &= \begin{cases} n_1 - n_2, & \text{falls } n_1 \geq n_2 \\ 0, & \text{falls } n_1 < n_2. \end{cases}
\end{aligned}$$

Wir sehen, daß $D[\![-]\!]$ gleich der Monusoperation $\dot{-}$ aus Beispiel 3.12 ist.

Weiter benötigen wir eine Funktion

$$O: OPD \to (STG \to I\!N_0),$$

die einem Operanden in Abhängigkeit vom Speicherzustand den jeweiligen Wert zuordnet. Die Funktion O wird in wechselseitiger Rekursion mit der Funktion $E: EXPR \to (STG \to I\!N_0)$ zur Ausdrucksauswertung definiert. Die Definitionen richten sich nach der Syntaxdefinition in Abschnitt 8.2 und der intuitiven Vorstellung dieser Konstrukte. Für alle $expr \in EXPR$, $stg \in STG$ und $opd \in OPD$ setzen wir

$E[\![expr]\!](stg) =$

$$\begin{cases}
O[\![opd]\!](stg), & \text{falls } expr = opd \in OPD \\
M[\![mopr]\!](O[\![opd]\!](stg)), & \text{falls } expr = mopr\ opd \\
& \quad \in MOPR \cdot OPD \\
D[\![dopr]\!](O[\![opd_1]\!](stg), O[\![opd_2]\!](stg)), & \text{falls } expr = opd_1\ dopr\ opd_2 \\
& \quad \in OPD \cdot DOPR \cdot OPD
\end{cases}$$

sowie

$$O[\![opd]\!](stg) = \begin{cases} val[\![const]\!], & \text{falls } opd = const \in CONST \\ rd(stg, den[\![id]\!]), & \text{falls } opd = id \in ID \\ E[\![expr]\!](stg), & \text{falls } opd = (expr) \in \{(\} \cdot EXPR \cdot \{)\}. \end{cases}$$

175

8. Syntax und Semantik von Programmiersprachen

„·" bedeutet die Konkatenation der entsprechenden syntaktischen Bereiche. Die Rekursion erfolgt dabei über die Länge der Ausdrücke. Da diese Länge bei jedem Rekursionsschritt um mindestens zwei abnimmt, ist sichergestellt, daß die Funktionen wohldefiniert sind. Die Auswertung von Tests kann schließlich durch

$$T[\![expr_1\ relation\ expr_2]\!](\text{stg})$$
$$= R[\![relation]\!](E[\![expr_1]\!](\text{stg}), E[\![expr_2]\!](\text{stg}))$$

für alle $expr_1, expr_2 \in EXPR$, $relation \in RELATION$ und $\text{stg} \in STG$ beschrieben werden.

8.4 Operationelle Semantik

Wir definieren nun die Semantik der Beispielsprache mit Hilfe der operationellen Methode. Entsprechend den Überlegungen von Seite 170 ordnen wir der Beispielsprache einen abstrakten Automaten $\mathcal{M} = (Z, M, f, Z_a)$ zu. Dabei ist $Z = STG \times STMT^*$ die Zustandsmenge, $Z_a = \{(\text{stg}, \varepsilon) \mid \text{stg} \in STG\}$ die Ausgabezustandsmenge, und die Zustandsinitialisierungsfunktion ist eine Abbildung $f : PROGRAM \times STG \to Z$ mit $f(program, \text{stg}) = (\text{stg}, program)$ für alle $program \in PROGRAM$ und alle Eingabespeicherzustände $\text{stg} \in STG$. Im Zustand wird sich durch die erste Komponente die jeweilige Belegung der Variablen gemerkt, und durch die zweite Komponente sollen die noch abzuarbeitenden Statements des Programms festgehalten werden. In einem Ausgabezustand ist die Statement-Liste leer, und die erste Komponente liefert dann den Ausgabespeicherzustand. Unter Berücksichtigung dieser anschaulichen Bedeutung der Zustände, der Syntax gemäß Abschnitt 8.2 und der intuitiven Vorstellung der Beispielsprache definieren wir jetzt die partielle Zustandsüberführungsfunktion $M : Z \to Z$ durch

$M(\text{stg}, stmt\ list) =$

$\begin{cases}
(\text{stg}, list), & \text{falls } stmt = \textbf{skip} \\
(\text{st}(\text{stg}, \text{den}[\![id]\!], E[\![expr]\!](\text{stg})), list), & \text{falls } stmt = id := expr \\
(\text{stg}, stmt_1\ stmt_2\ list), & \text{falls } stmt = \textbf{begin } stmt_1; stmt_2\ \textbf{end} \\
(\text{stg}, stmt_1\ list), & \text{falls } stmt = \\
& \quad \textbf{if } test\ \textbf{then } stmt_1 \textbf{else } stmt_2\ \textbf{fi} \\
& \quad \text{und } T[\![test]\!](\text{stg}) = wahr \\
(\text{stg}, stmt_2\ list), & \text{falls } stmt = \\
& \quad \textbf{if } test\ \textbf{then } stmt_1 \textbf{else } stmt_2\ \textbf{fi} \\
& \quad \text{und } T[\![test]\!](\text{stg}) = falsch \\
(\text{stg}, stmt_1\ stmt\ list), & \text{falls } stmt = \textbf{while } test\ \textbf{do } stmt_1\ \textbf{od} \\
& \quad \text{und } T[\![test]\!](\text{stg}) = wahr \\
(\text{stg}, list), & \text{falls } stmt = \textbf{while } test\ \textbf{do } stmt_1\ \textbf{od} \\
& \quad \text{und } T[\![test]\!](\text{stg}) = falsch.
\end{cases}$

8.4 Operationelle Semantik

Bei der Ausführung von $program \in PROGRAM$ mit dem Eingabespeicherzustand $\text{stg}_e \in STG$ durchläuft der Automat die *Berechnungsfolge* $z_0, z_1, z_2, \ldots$ mit $z_0 = (\text{stg}_e, program) = f(program, \text{stg}_e)$ und $z_i = M(z_{i-1}), i \geq 1$. Für die Berechnungsfolge schreiben wir auch $z_0 z_1 z_2 \ldots$. Im Gegensatz zu den Überlegungen auf Seite 170 sind für die Beispielsprache nur zwei Fälle möglich:

(1) Es gibt in der Berechnungsfolge einen Ausgabezustand $z_n = (\text{stg}_a, \varepsilon)$. Dann ist $program$ für die Eingabe stg_e semantisch korrekt und besitzt dabei als Bedeutung die Berechnungsfolge $z_0 z_1 \ldots z_n$ und als Ausgabe den Speicherzustand stg_a.

(2) Für alle $n \in I\!N_0$ ist $z_n \notin Z_a$. Dann terminiert die Ausführung von $program$ für die Eingabe stg_e nicht. $program$ ist für diese Eingabe semantisch inkorrekt und besitzt dafür keine Bedeutung.

Entsprechend den Ausführungen von Abschnitt 8.1 kann jetzt die operationelle Semantik der Beispielsprache definiert werden.

Definition 8.1: Gegeben sei die Beispielsprache aus Abschnitt 8.2. Die *operationelle Semantik* dieser Sprache wird durch die Funktion $S_o : PROGRAM \to (STG \to Z^*)$ mit

$$S_o[\![program]\!](\text{stg}_e) = \begin{cases} z_0 z_1 \ldots z_n & \text{im Fall (1),} \\ \text{undefiniert} & \text{im Fall (2)} \end{cases}$$

für alle $program \in PROGRAM$ und alle Eingabespeicherzustände $\text{stg}_e \in STG$ definiert. □

Die Bedeutung eines Programms ist also eine partielle Funktion von der Menge STG der Speicherzustände in die Menge Z^* der endlichen Zustandsfolgen. Man beachte, daß die Funktion S_o total ist, während dies für $S_o[\![program]\!]$ nur gilt, wenn $program$ für alle Eingaben terminiert. Wir stellen fest, daß $program$ auf stg genau dann terminiert, wenn stg im Definitionsbereich der Abbildung $S_o[\![program]\!]$ liegt.

Bei den Überlegungen von Seite 170 gab es für die Zustandsfolge noch einen dritten Fall. Dieser kann bei Sprachen eintreten, die umfangreicher definiert sind. Es ist nämlich möglich, daß während der Auswertung eines Ausdrucks ein Fehler auftritt wie z.B. Division durch Null oder Zahlbereichsüberschreitung. Dann ist die Funktion $E[\![expr]\!]$ undefiniert, und in der Folge $z_0 z_1 \ldots$ gibt es einen Zustand z_n, für den $M(z_n)$ nicht definiert ist. Da in der Beispielsprache $E[\![expr]\!]$ eine totale Funktion ist, kann dieser Fehlerfall hier nicht eintreten.

Bei der operationellen Definition der Semantik stellt sich die Frage, wann eine Implementierung, d.h. eine reale Maschine, als korrekt anzusehen ist. Naiv könnte man zunächst fordern, daß die reale Maschine eine Zustandsfolge durchlaufen muß, die sich bijektiv auf die Berechnungsfolge des abstrakten Automaten

8. Syntax und Semantik von Programmiersprachen

abbilden läßt. In der Wirklichkeit läßt sich aber ein Schritt des abstrakten Automaten nicht immer in einem Maschinenzyklus realisieren. Dies gilt z.B. für die Auswertung von umfangreichen Ausdrücken. Andererseits kann es auch vorkommen, daß mehrere Schritte des abstrakten Automaten in einem Maschinenzyklus der realen Maschine durchgeführt werden. Als Beispiel seien die organisatorischen Schritte bei einem Compound-Statement aus $COMPSTMT$ genannt, die nur die Statement-Liste umformen und den Speicherzustand nicht verändern. Die Arbeitsweise des abstrakten Automaten enthält also gewisse Willkürlichkeiten. Um von diesen Willkürlichkeiten befreit zu werden, definieren wir im nächsten Abschnitt die Semantik der Beispielsprache denotational. Dabei kommt es dann nicht mehr auf die durchlaufene Zustandsfolge, sondern nur noch auf den Eingabe- und den Ausgabespeicherzustand an.

8.5 Denotationale Semantik

Wir definieren zunächst mit Hilfe der operationellen Semantik eine Funktion S'_0, die jedem Statement eine Zustandstransformation so zuordnet, daß diese jeden Eingabespeicherzustand auf einen Ausgabespeicherzustand abbildet. Wir erhalten damit also eine Funktion $S'_o : STMT \to (STG \to STG)$, die wegen $STMT = PROGRAM$ auch für jedes Programm definiert ist.

Für alle $stmt \in STMT$, $stg \in STG$ setzen wir

$$S'_o[\![stmt]\!](stg) = \begin{cases} stg', & \text{falls } S_o[\![stmt]\!](stg) = z_0 \cdots z_n \text{ und} \\ & z_n = (stg', \varepsilon) \text{ gilt} \\ \text{undefiniert}, & \text{falls } S_o[\![stmt]\!](stg) \text{ undefiniert ist.} \end{cases}$$

Überführt der abstrakte Automat $\mathcal{M}$ das Programm $program \in PROGRAM$ bei Vorliegen der Eingabe $stg_e \in STG$ in endlich vielen Schritten in den Ausgabezustand (stg_a, ε), so gilt $S'_o[\![program]\!](stg_e) = stg_a$, andernfalls ist $S'_o[\![program]\!](stg_e)$ undefiniert.

Die Funktion S'_o entspricht in ihrem Definitions- und Wertebereich einer Funktion, wie wir sie nach den Ausführungen von Abschnitt 8.1 für die denotationale Semantik angeben wollen. Sie ist jedoch mit Hilfe der operationellen Semantik S_o und folglich mit Hilfe des abstrakten Automaten konstruiert. Die denotationale Semantik soll jedoch ohne Bezug auf den abstrakten Automaten definiert werden. Bevor wir darauf eingehen, geben wir zunächst einen Satz an, der die Funktion S'_o in Abhängigkeit von der syntaktischen Struktur beschreibt. Wir werden später sehen, daß die zu definierende denotationale Semantikfunktion S_d ebenso wie S'_o die Gleichung des folgenden Satzes erfüllt und für einige der angegebenen Fälle auch durch diese Gleichung definiert werden kann. Außerdem kann $S'_o = S_d$ gezeigt werden. In diesem Sinn stimmen die operationelle und denotationale Semantik überein. Gelegentlich wird daher in der Literatur die

8.5 Denotationale Semantik

Funktion S'_o auch als operationelle Semantik bezeichnet. Allerdings sind für ein $program \in PROGRAM$ im Wertebereich von $S'_o[\![program]\!]$ die eigentlichen Operationen nicht mehr zu erkennen.

Satz 8.1 : Für alle $stmt \in STMT$ und für alle $stg \in STG$ gilt

$S'_o[\![stmt]\!](stg) =$

$$\begin{cases} stg, & \text{falls } stmt = \textbf{skip} \\ st(stg, den[\![id]\!], E[\![expr]\!](stg)), & \text{falls } stmt = id := expr \\ S'_o[\![stmt_2]\!](S'_o[\![stmt_1]\!](stg)), & \text{falls } stmt = \textbf{begin } stmt_1; stmt_2 \textbf{ end} \\ S'_o[\![stmt_1]\!](stg), & \text{falls } stmt = \\ & \textbf{if } test \textbf{ then } stmt_1 \textbf{ else } stmt_2 \textbf{ fi} \\ & \text{und } T[\![test]\!](stg) = wahr \\ S'_o[\![stmt_2]\!](stg), & \text{falls } stmt = \\ & \textbf{if } test \textbf{ then } stmt_1 \textbf{ else } stmt_2 \textbf{ fi} \\ & \text{und } T[\![test]\!](stg) = falsch \\ S'_o[\![stmt]\!](S'_o[\![stmt_1]\!](stg)), & \text{falls } stmt = \textbf{while } test \textbf{ do } stmt_1 \textbf{ od} \\ & \text{und } T[\![test]\!](stg) = wahr \\ stg, & \text{falls } stmt = \textbf{while } test \textbf{ do } stmt_1 \textbf{ od} \\ & \text{und } T[\![test]\!](stg) = falsch. \end{cases}$$

Beweis: Zur Berechnung von $S'_o[\![stmt]\!](stg)$ ist $S_o[\![stmt]\!](stg)$ zu betrachten. Nach Definition ist $S'_o[\![stmt]\!]$ genau dann definiert, wenn $S_o[\![stmt]\!]$ definiert ist. Wir gehen im folgenden davon aus, daß die zu berücksichtigenden Berechnungsfolgen jeweils zu einem Ausgabezustand führen. In diesem Fall sind also sowohl $S_o[\![stmt]\!](stg)$ als auch $S'_o[\![stmt]\!](stg)$ definiert.

Falls $stmt = id := expr$ oder $stmt = \textbf{skip}$ gilt oder $stmt$ ein While-Statement $\textbf{while } test \textbf{ do } stmt_1 \textbf{ od}$ ist mit $T[\![test]\!](stg) = falsch$, so erhalten wir nach der Definition von M auf Seite 176 die Gleichung $M(stg, stmt) = (stg', \varepsilon)$ und damit die Berechnungsfolge

$$S_o[\![stmt]\!](stg) = (stg, stmt)(stg', \varepsilon),$$

und zwar mit $stg' = st(stg, den[\![id]\!], E[\![expr]\!](stg))$ im Fall der Zuweisung $id := expr$ bzw. $stg' = stg$ in den beiden anderen Fällen. Nach der Definition von S'_0 folgt $S'_o[\![stmt]\!](stg) = stg'$, wobei stg' wie gewünscht die Werte aus der Formulierung des Satzes hat.

Als nächstes betrachten wir das If-Statement. Zur Bestimmung des Wertes von $S_o[\![stmt]\!](stg)$ berechnen wir zunächst

$$M(stg, stmt) = (stg, stmt'),$$

wobei $stmt'$ vom Ausgang des Tests abhängig ist. Weitere Anwendung von M liefert offenbar die Berechnungsfolge $S_o[\![stmt']\!](stg)$, die nach Definition von S'_o mit dem Zustand $(S'_o[\![stmt']\!](stg), \varepsilon)$ terminiert.

8. Syntax und Semantik von Programmiersprachen

Bevor wir auf die verbleibenden Fälle eingehen, betrachten wir die Definition von M und stellen fest, daß *list* in der zweiten Komponente des Arguments niemals verändert wird. Für

$$M(\text{stg}, stmt_1) = (\text{stg}', stmt')$$

gilt also speziell

$$M(\text{stg}, stmt_1\ stmt_2) = (\text{stg}', stmt'\ stmt_2).$$

Existiert eine Berechnungsfolge

$$(\text{stg}, stmt_1) \ldots (\text{stg}', \varepsilon),$$

so gilt zunächst nach Definition von S'_o die Gleichung $\text{stg}' = S'_o[\![stmt_1]\!](\text{stg})$. Durch Hinzufügen des Statements $stmt_2$ erhält man dann die Berechnungsfolge

$$(\text{stg}, stmt_1\ stmt_2) \ldots (S'_o[\![stmt_1]\!](\text{stg}), stmt_2).$$

Das While-Statement **while** $test$ **do** $stmt_1$ **od** für $T[\![test]\!](\text{stg}) = wahr$ sowie das Compound-Statement **begin** $stmt_1; stmt_2$ **end** können jetzt gemeinsam behandelt werden. Aufgrund der Definition von M für diese Statements (im folgenden $stmt$ genannt) ergibt sich mit Hilfe der eben durchgeführten Überlegungen eine Berechnungsfolge

$$(\text{stg}, stmt)\ (\text{stg}, stmt_1\ stmt'') \ldots (S'_o[\![stmt_1]\!](\text{stg}), stmt''),$$

wobei $stmt''$ entweder $stmt$ oder $stmt_2$ entsprechend den Fallunterscheidungen der Definition von M ist. Weitere Anwendungen von M führen dann zu einer Verlängerung der Berechnungsfolge, die schließlich mit

$$(S'_o[\![stmt'']\!](S'_o[\![stmt_1]\!](\text{stg})), \varepsilon)$$

endet. □

Wie wir zuvor gesagt haben, soll die denotationale Semantik durch eine Funktion S_d definiert werden, für die die Gleichung aus Satz 8.1 ebenfalls erfüllt ist und für die zusätzlich $S'_0 = S_d$ gilt. Wir erkennen, daß dann für $stmt = \textbf{skip}$ und $stmt = id := expr$ die Funktion S_d notwendig durch die entsprechenden Alternativen aus Satz 8.1, wobei S'_o durch S_d ersetzt wird, definiert werden muß. Wir betrachten nun die anderen Alternativen. In ihnen treten verschiedene Arten der Rekursion auf. Im Falle des Compound- und des If-Statements liegt eine *syntaktische Rekursion* vor, denn es wird z.B.

$$S'_o[\![\textbf{begin}\ stmt_1; stmt_2\ \textbf{end}]\!]$$

8.5 Denotationale Semantik

auf $S'_o[\![stmt_1]\!]$ und $S'_o[\![stmt_2]\!]$ zurückgeführt. Syntaktische Rekursionen führen, sofern in tieferen Rekursionsstufen niemals das While-Statement verwendet wird, wegen der endlichen Länge von Programmtexten stets auf die Funktionen $S'_o[\![\textbf{skip}]\!]$ und $S'_o[\![id := expr]\!]$. Eine auf diese Weise durch syntaktische Rekursion bestimmte Funktion $S_d[\![stmt]\!]$ ist also wohldefiniert und erfüllt $S_d[\![stmt]\!] = S'_o[\![stmt]\!]$. Für eine durch ein While-Statement gegebene Funktion ist dies nicht so einfach möglich, wie wir unten sehen werden. Darüber hinaus können die Teil-Statements bei der syntaktischen Rekursion While-Statements enthalten, und dasselbe ist auch bei While-Statements selbst möglich, z.B.

while $test_1$ **do begin** $stmt_1$; **while** $test_2$ **do** $stmt_2$ **od end od**.

Deswegen erfolgt die Definition von S_d induktiv über die Schachtelungstiefe der vorkommenden While-Statements. Sind so bei einem Compound-Statement $stmt_c = \textbf{begin } stmt_1; stmt_2 \textbf{ end}$ die Funktionen $S_d[\![stmt_1]\!]$ und $S_d[\![stmt_2]\!]$ wohldefiniert, so ist die durch die entsprechende Alternative aus Satz 8.1 gegebene Funktion $S_d[\![stmt_c]\!]$ ebenfalls wohldefiniert. Gilt dabei $S'_o[\![stmt_1]\!] = S_d[\![stmt_1]\!]$ und $S'_o[\![stmt_2]\!] = S_d[\![stmt_2]\!]$, dann folgt offenbar $S'_o[\![stmt_c]\!] = S_d[\![stmt_c]\!]$. Dasselbe gilt für ein If-Statement. Wir nehmen jetzt weiter an, daß für ein beliebiges While-Statement $stmt_w = \textbf{while } test \textbf{ do } stmt \textbf{ od}$ die Funktion $S_d[\![stmt]\!]$ wohldefiniert und gleich $S'_o[\![stmt]\!]$ ist. Wenn in diesem Fall $S_d[\![stmt_w]\!]$ ebenfalls eindeutig definiert werden kann mit $S_d[\![stmt_w]\!] = S'_o[\![stmt_w]\!]$, dann können für das Null-, Assignment-, Compound- und If-Statement die ersten fünf Alternativen aus Satz 8.1 als definierende Gleichungen für S_d gewählt werden, und es gilt insgesamt $S_d = S'_o$.

Es bleibt also noch das While-Statement zu betrachten. In den entsprechenden Alternativen aus Satz 8.1 tritt die *semantische Rekursion* auf, nämlich

$S'_o[\![\textbf{while } test \textbf{ do } stmt \textbf{ od}]\!](\text{stg}) =$

$\begin{cases} S'_o[\![\textbf{while } test \textbf{ do } stmt \textbf{ od}]\!](S'_o[\![stmt]\!](\text{stg})), & \text{falls } T[\![test]\!](\text{stg}) = wahr \\ \text{stg}, & \text{falls } T[\![test]\!](\text{stg}) = falsch. \end{cases}$

Wir erkennen, daß auf beiden Seiten dieser Gleichung dieselbe Funktion $S'_o[\![\textbf{while } test \textbf{ do } stmt \textbf{ od}]\!]$ erscheint, im allgemeinen allerdings mit unterschiedlichen Argumenten. Die Frage ist, ob durch eine solche Gleichung eine Funktion $f = S_d[\![\textbf{while } test \textbf{ do } stmt \textbf{ od}]\!] : STG \to STG$ und damit auch S_d eindeutig bestimmt ist. Zur Abkürzung setzen wir

$g = S_d[\![stmt]\!] : STG \to STG,$
$p = T[\![test]\!] : STG \to \mathbb{B},$

wobei wir annehmen, daß $S_d[\![stmt]\!]$ bereits definiert ist und gleich $S'_o[\![stmt]\!]$ ist. Wir suchen jetzt eine Funktion $f : STG \to STG$ mit

$$f(\text{stg}) = \begin{cases} f(g(\text{stg})), & \text{falls } p(\text{stg}) = wahr \\ \text{stg}, & \text{falls } p(\text{stg}) = falsch. \end{cases} \quad (8.1)$$

8. Syntax und Semantik von Programmiersprachen

Gilt speziell $stmt = \textbf{skip}$ und ist $test$ durch $1 = 1$ gegeben, so ist g die Identitätsfunktion auf STG, und es folgt $f(g(\text{stg})) = f(\text{stg})$. Das bedeutet, daß in diesem Fall jede partielle Funktion $f : STG \to STG$ die Gleichung (8.1) erfüllt. Aufgrund der speziellen Gestalt des While-Statements und unserer Vorstellung der Beispielsprache kommt jedoch für $S_d[\![\textbf{while } 1 = 1 \textbf{ do skip od}]\!]$ nur eine Funktion in Frage, und zwar die leere Funktion. Wir stellen also fest, daß durch Gleichung (8.1) die Funktion f nicht eindeutig definiert wird. Mit Hilfe von Satz 6.12 (Fixpunktsatz von *Kleene*) werden wir eine Funktion $S_d[\![\textbf{while } test \textbf{ do } stmt \textbf{ od}]\!]$ auswählen, die (8.1) erfüllt. Insgesamt können wir damit auch $S_d = S'_o$ zeigen. Diese Semantikdefinition hat dann keinen direkten Bezug auf die abstrakte Maschine und die operationelle Semantik.

Zunächst definieren wir für ein While-Statement **while** $test$ **do** $stmt$ **od** die Funktion $\Phi : (STG \to STG) \to (STG \to STG)$ durch

$$\Phi(f)(\text{stg}) = \begin{cases} f(g(\text{stg})), & \text{falls } p(\text{stg}) = wahr \\ \text{stg}, & \text{falls } p(\text{stg}) = falsch \end{cases} \quad (8.2)$$

für alle $f : STG \to STG$, $\text{stg} \in STG$. Dabei sind $g : STG \to STG$ und $p : STG \to \mathbb{B}$ die durch das spezielle While-Statement gegebenen festen Funktionen. Mit Hilfe von Φ können wir (8.1) kurz als

$$f = \Phi(f) \quad (8.3)$$

schreiben. Man beachte, daß Φ eine totale Funktion ist, während $\Phi(f)$ im allgemeinen nur eine partielle Funktion ist. Wir suchen die Lösungen der Gleichung (8.3). Eine solche Lösung erfüllt auch (8.1). Diese Lösungen sind die *Fixpunkte* von Φ. Wir werden sehen, daß Φ stets einen Fixpunkt besitzt und die gesuchte Funktion der kleinste Fixpunkt von Φ bezüglich der in der folgenden Definition gegebenen partiellen Ordnung ist.

Definition 8.2: Es seien M und N beliebige Mengen.
(a) Es sei $f : M \to N$ eine partielle Abbildung von M nach N. Der Definitionsbereich von f werde mit $D(f)$ bezeichnet. Die eindeutig bestimmte partielle Funktion f mit $D(f) = \emptyset$ heißt *leere Funktion* und wird durch das Symbol $\bot$ dargestellt.
(b) Auf der Menge $(M \to N)$ der partiellen Funktionen von M nach N wird eine Relation $\leq$ durch

$$f \leq g \iff (D(f) \subset D(g) \text{ und für alle } m \in D(f) \text{ gilt } f(m) = g(m))$$

definiert. □

Wir sehen, daß zwei beliebige Funktionen $f, g : M \to N$ mit $f \leq g$ auf einem beliebigen Argument $m \in M$ entweder übereinstimmen oder anderenfalls f auf m nicht definiert ist.

8.5 Denotationale Semantik

Satz 8.2: Es seien M und N beliebige Mengen. Dann ist $((M \to N), \leq)$ eine vollständige partiell-geordnete Menge. Dabei wird die kleinste obere Schranke $\bigvee_{i \in \mathbb{N}_0} f_i$ einer Kette $f_0 \leq f_1 \leq f_2 \leq \ldots$ partieller Funktionen von M nach N durch die partielle Funktion k mit $D(k) = \bigcup_{i \in \mathbb{N}_0} D(f_i)$ gegeben, bei der für jedes $m \in D(f_i) \subset D(k)$ die Funktion k durch $k(m) = f_i(m)$ definiert ist. Das kleinste Element in $(M \to N)$ ist die leere Funktion $\bot$.

Beweis: Nach Definition 6.5 muß nachgewiesen werden, daß $((M \to N), \leq)$ eine partiell-geordnete Menge mit kleinstem Element $\bot$ sowie $\bigvee_{i \in \mathbb{N}_0} f_i : M \to N$ als kleinste obere Schranke der Kette $f_0 \leq f_1 \leq f_2 \leq \ldots$ ist. Zunächst werden die Eigenschaften einer partiell-geordneten Menge aus Definition 6.1 überprüft.

Die Relation $\leq$ ist offenbar reflexiv. Für die Transitivität betrachten wir partielle Abbildungen

$$f, g, h : M \to N \text{ mit } f \leq g \text{ und } g \leq h.$$

Nach Definition 8.2 erhalten wir $D(f) \subset D(g)$, $D(g) \subset D(h)$ und für alle $m \in D(f)$, $m' \in D(g)$ gelten die Gleichungen $f(m) = g(m)$ und $g(m') = h(m')$. Es folgt $D(f) \subset D(h)$ und $f(m) = h(m)$ für alle $m \in D(f)$ und damit $f \leq h$. Zum Beweis der Antisymmetrie seien weiter partielle Abbildungen

$$f, g : M \to N \quad \text{mit} \quad f \leq g, \; g \leq f$$

gegeben. Dann gelten nach Definition 8.2 die Inklusionen $D(f) \subset D(g)$ und $D(g) \subset D(f)$, und es folgt $D(f) = D(g)$. Für alle $m \in D(f) = D(g)$ ergibt sich dann $f(m) = g(m)$, d.h. $f = g$. Damit ist $((M \to N), \leq)$ partiell-geordnet.

Trivialerweise gilt $\bot \leq f$ für alle partiellen Abbildungen $f : M \to N$. Es sei nun $f_0 \leq f_1 \leq f_2 \leq \ldots$ eine Kette in $(M \to N)$, und k sei wie in der Formulierung des Satzes definiert. Die Funktion k ist nach der Bemerkung im Anschluß an Definition 8.2 wohldefiniert. Wir müssen zeigen, daß k die kleinste obere Schranke der Kette ist. Für ein beliebiges $i \in \mathbb{N}_0$ erhalten wir nach Definition von k die Inklusion $D(f_i) \subset D(k)$ sowie die Gleichung $f_i(m) = k(m)$ für alle $m \in D(f_i)$. Damit folgt $f_i \leq k$, so daß k eine obere Schranke der f_i ist.

Wir nehmen weiter an, daß k nicht die kleinste obere Schranke ist. Dann existiert eine obere Schranke $s : M \to N$ der f_i mit $k \not\leq s$. Nach Definition der Relation $\leq$ gilt $k \not\leq s$ genau dann, wenn $D(k) \not\subset D(s)$ ist oder ein $y \in D(k) \cap D(s)$ existiert mit $k(y) \neq s(y)$. Für den Fall $D(k) \not\subset D(s)$ gibt es ein $z \in D(k)$ mit $z \notin D(s)$. Wegen $z \in D(k)$ erhalten wir $z \in D(f_n)$ für ein geeignetes $n \in \mathbb{N}_0$. Aus $f_n \leq s$ folgt $D(f_n) \subset D(s)$ und damit $z \in D(s)$, ein Widerspruch. Für den Fall $y \in D(k) \cap D(s)$ existiert wieder ein $n \in \mathbb{N}_0$ mit $y \in D(f_n)$. Wegen $f_n \leq k$ gilt $f_n(y) = k(y)$. Wegen $f_n \leq s$ folgt jedoch auch $f_n(y) = s(y)$, was im Widerspruch zu $k(y) \neq s(y)$ steht. $\square$

8. Syntax und Semantik von Programmiersprachen

Satz 8.3: (a) Die in Gleichung (8.2) für alle $f : STG \to STG$, stg $\in STG$ eingeführte Abbildung $\Phi : (STG \to STG) \to (STG \to STG)$ mit

$$\Phi(f)(\text{stg}) = \begin{cases} f(g(\text{stg})), & \text{falls } p(\text{stg}) = wahr \\ \text{stg}, & \text{falls } p(\text{stg}) = falsch \end{cases}$$

ist stetig.

(b) Φ besitzt den kleinsten Fixpunkt

$$\bigvee_{i \in \mathbb{N}_0} \Phi^i(\bot).$$

Beweis: Es sei $f_0 \leq f_1 \leq f_2 \leq \ldots$ eine Kette in $(STG \to STG)$. Für den Beweis von (a) müssen wir nach Definition 6.7 überprüfen, ob eine kleinste obere Schranke der Folge $(\Phi(f_i) \mid n \in \mathbb{N}_0)$ existiert mit

$$\bigvee_{i \in \mathbb{N}_0} \Phi(f_i) = \Phi(\bigvee_{i \in \mathbb{N}_0} f_i). \tag{8.4}$$

Als erstes zeigen wir, daß $\Phi(f_0) \leq \Phi(f_1) \leq \Phi(f_2) \leq \ldots$ eine Kette in $(STG \to STG)$ ist. Für jedes $i \in \mathbb{N}_0$ gilt nach der Definition von Φ

$$\text{stg} \in D(\Phi(f_i)) \iff p(\text{stg}) = falsch \text{ oder}$$
$$(p(\text{stg}) = wahr \text{ und stg} \in D(f_i \circ g)).$$

Wir stellen zunächst fest, daß alle Funktionen $\Phi(f_i)$ für $p(\text{stg}) = falsch$ denselben Wert stg liefern. Es bleibt der Fall $p(\text{stg}) = wahr$ zu untersuchen. Wegen $f_i \leq f_{i+1}$ gelten nach Definition 8.2 die Beziehungen $D(f_i) \subset D(f_{i+1})$ und $f_i(\text{stg}) = f_{i+1}(\text{stg})$ für alle stg $\in D(f_i)$. Es sei nun stg $\in D(\Phi(f_i))$ mit $p(\text{stg}) = wahr$ und stg $\in D(f_i \circ g)$. Dann folgt $g(\text{stg}) \in D(f_i) \subset D(f_{i+1})$ und damit auch $f_i(g(\text{stg})) = f_{i+1}(g(\text{stg}))$, d.h. stg $\in D(f_i \circ g) \subset D(f_{i+1} \circ g)$. Mit Hilfe der obigen Äquivalenz für $i+1$ statt i erhalten wir stg $\in D(\Phi(f_{i+1}))$. Wir haben also $D(\Phi(f_i)) \subset D(\Phi(f_{i+1}))$ bewiesen. Für stg $\in D(\Phi(f_i))$ ergibt sich dann unter Beachtung von $f_i(g(\text{stg})) = f_{i+1}(g(\text{stg}))$ und der Definition von Φ die Gleichung $\Phi(f_i)(\text{stg}) = \Phi(f_{i+1})(\text{stg})$. Folglich gilt $\Phi(f_i) \leq \Phi(f_{i+1})$, und insgesamt ist $\Phi(f_0) \leq \Phi(f_1) \leq \Phi(f_2) \leq \ldots$ eine Kette in $(STG \to STG)$. Nach Satz 8.2 existiert dazu die kleinste obere Schranke $\bigvee_{i \in \mathbb{N}_0} \Phi(f_i)$ in $(STG \to STG)$.

Es bleibt die Gültigkeit der Gleichung (8.4) zu zeigen. Für den Beweis beachten wir die Definition von Φ sowie die Bildung der kleinsten oberen Schranke für die Ketten $f_0 \leq f_1 \leq f_2 \leq \ldots$ und $\Phi(f_0) \leq \Phi(f_1) \leq \Phi(f_2) \leq \ldots$ nach Satz 8.2. Für alle stg $\in (STG \to STG)$ mit $p(\text{stg}) = falsch$ gilt dann

$$(\bigvee_{i \in \mathbb{N}_0} \Phi(f_i))(\text{stg}) = \Phi(f_j)(\text{stg}) = \text{stg} = \Phi(\bigvee_{i \in \mathbb{N}_0} f_i)(\text{stg})$$

8.5 Denotationale Semantik

für alle $j \in I\!N_0$. Für stg $\in D(\bigvee_{i \in I\!N_0} \Phi(f_i))$ mit $p(\text{stg}) = wahr$ erhalten wir

$$(\bigvee_{i \in I\!N_0} \Phi(f_i))(\text{stg}) = \Phi(f_n)(\text{stg}) = f_n(g(\text{stg})) = (\bigvee_{i \in I\!N_0} f_n)(g(\text{stg}))$$
$$= \Phi(\bigvee_{i \in I\!N_0} f_i)(\text{stg})$$

mit einem geeigneten $n \in I\!N_0$. Für stg $\in D(\Phi(\bigvee_{i \in I\!N_0} f_i))$ ergibt sich dieselbe Gleichung. Insgesamt ist damit (8.4) erfüllt, und Φ ist somit eine stetige Abbildung.

Die Aussage (b) folgt jetzt unmittelbar aus Satz 6.12, dem Kleeneschen Fixpunktsatz. □

Zusammenfassend geben wir jetzt die Definition der denotationalen Semantik an.

Definition 8.3: Gegeben sei die Beispielsprache aus Abschnitt 8.2. Die *denotationale Semantik* dieser Sprache wird durch die Funktion $S_d : STMT \to (STG \to STG)$ mit

$S_d[\![stmt]\!](\text{stg}) =$

$\begin{cases}
\text{stg}, & \text{falls } stmt = \textbf{skip} \\
\text{st}(\text{stg}, \text{den}[\![id]\!], E[\![expr]\!](\text{stg})), & \text{falls } stmt = id := expr \\
S_d[\![stmt_2]\!](S_d[\![stmt_1]\!](\text{stg})), & \text{falls } stmt = \textbf{begin } stmt_1; stmt_2 \textbf{ end} \\
S_d[\![stmt_1]\!](\text{stg}), & \text{falls } stmt = \\
& \textbf{if } test \textbf{ then } stmt_1 \textbf{ else } stmt_2 \textbf{ fi} \\
& \text{und } T[\![test]\!](\text{stg}) = wahr \\
S_d[\![stmt_2]\!](\text{stg}), & \text{falls } stmt = \\
& \textbf{if } test \textbf{ then } stmt_1 \textbf{ else } stmt_2 \textbf{ fi} \\
& \text{und } T[\![test]\!](\text{stg}) = falsch \\
(\bigvee_{i \in I\!N_0} \Phi^i(\bot))(\text{stg}), & \text{falls } stmt = \textbf{while } test \textbf{ do } stmt \textbf{ od}
\end{cases}$

definiert, wobei $\Phi : (STG \to STG) \to (STG \to STG)$ die durch das angegebene While-Statement nach Gleichung (8.2) mit $g = S_d[\![stmt]\!]$ und $p = T[\![test]\!]$ definierte stetige Funktion ist. □

Nach den vorangegangenen Überlegungen ist die durch diese rekursive Beschreibung gegebene Funktion S_d wohldefiniert.

Wir betrachten noch einmal das spezielle While-Statement

while $1 = 1$ **do skip od**

8. Syntax und Semantik von Programmiersprachen

von Seite 182. Hier gilt $\Phi(f) = f$ für jede partielle Funktion $f : STG \to STG$, also auch für die leere Funktion $\bot$. Deshalb folgt

$$S_d[\![\text{while } 1 = 1 \text{ do skip od}]\!] = \bigvee_{i \in \mathbb{N}_0} \Phi^i(\bot) = \bot,$$

was sich mit unserer Vorstellung der Beispielsprache deckt.

Wir zeigen jetzt, daß die Funktion S_d mit der Funktion S'_o übereinstimmt.

Satz 8.4: Gegeben sei die Beispielsprache aus Abschnitt 8.2. Dann gilt $S_d = S'_o$.

Beweis: Nach den Ausführungen, die zur Definition von S_d geführt haben, reicht der Nachweis, daß sich für ein beliebiges While-Statement $stmt_w = $ while $test$ do $stmt$ od mit $S_d[\![stmt]\!] = S'_o[\![stmt]\!]$ die Gültigkeit von $S_d[\![stmt_w]\!] = S'_o[\![stmt_w]\!]$ ergibt. Es sei $g = S_d[\![stmt]\!]$ und $p = T[\![test]\!]$, und Φ sei die nach Gleichung (8.2) definierte Funktion.

Für jeden Speicherzustand stg $\in STG$ sind zwei Fälle möglich. Entweder existiert eine kleinste Zahl $n \in \mathbb{N}_0$ mit

$p(\text{stg}) = wahr, p(g(\text{stg})) = wahr, \ldots, p(g^{n-1}(\text{stg})) = wahr,$
und $p(g^n(\text{stg})) = falsch,$

oder es gilt

$p(g^n(\text{stg})) = wahr$ für alle $n \in \mathbb{N}_0$.

Wir betrachten den ersten Fall. Nach Satz 8.1 gilt

$S'_0[\![stmt_w]\!](\text{stg})$
$= S'_0[\![stmt_w]\!](g(\text{stg})) = \ldots = S'_0[\![stmt_w]\!](g^n(\text{stg})) = g^n(\text{stg}).$

Wir wissen, daß $S_d[\![stmt_w]\!]$ die Gleichung (8.1) und damit auch die beiden letzten Alternativen aus Satz 8.1 erfüllt. Folglich erhalten wir auf dieselbe Weise

$$S_d[\![stmt_w]\!](\text{stg}) = g^n(\text{stg}).$$

Damit ist in diesem Fall die Gleichheit bewiesen.

Im zweiten Fall ist Satz 8.1 nicht anwendbar. Wir erkennen jedoch, daß die Berechnungsfolge, die mit dem Startzustand $(\text{stg}, stmt_w)$ beginnt, niemals terminiert. Folglich ist $S'_o[\![stmt_w]\!](\text{stg})$ undefiniert. Weiter zeigt die Definition von Φ, daß $\Phi^n(\bot)(\text{stg})$ für alle $n \in \mathbb{N}_0$ undefiniert ist. Somit ist nach der Definition der kleinsten oberen Schranke in Satz 8.2 auch $S_d[\![stmt_w]\!](\text{stg}) = \bigvee_{n \in \mathbb{N}_0} \Phi^n(\bot)(\text{stg})$ undefiniert. Insgesamt folgt $S_d = S'_o$. $\square$

Allgemein kann man sich mit Hilfe der Definition von Φ leicht überlegen, daß die Funktion $\Phi^n(\bot)$ genau dann definiert ist, wenn das zugehörige While-Statement höchstens $(n-1)$-mal durchlaufen wird.

Zum Abschluß dieses Abschnitts machen wir uns noch einmal klar, daß die Bedeutung $S_d[\![program]\!]$ eines Programms wegen $STG = \{\text{stg} \mid \text{stg} : VAR \to I\!N_0 \text{ totale Abbildung}\}$ eigentlich eine zahlentheoretische Funktion berechnet. Wir können ohne Beschränkung der Allgemeinheit davon ausgehen, daß die Variablen eines jeden Programms durch $X_1, X_2, \ldots, X_l$ für ein geeignetes $l \in I\!N$ gegeben sind. Ein beliebiges $program \in PROGRAM$ berechnet dann eine k-stellige partielle Funktion $f_{program}^k : I\!N_0^k \to I\!N_0$ wie folgt. Jedem Argument $(x_1, \ldots, x_k) \in I\!N_0^k$ wird ein Speicherzustand stg_e zugeordnet mit

$$\text{stg}_e(X_i) = x_i \text{ für } i = 1, \ldots, \min\{k, l\}$$
$$\text{und } \text{stg}_e(X_i) = 0 \text{ für } l > k \text{ und } i = k+1, \ldots, l.$$

Dann definieren wir

$$f_{program}^k(x_1, \ldots, x_k) = (S_d[\![program]\!](\text{stg}_e))(X_1).$$

Falls $program$ terminiert, dann liefert also die Belegung der Variablen X_1 im Ausgabespeicherzustand $S_d[\![program]\!](\text{stg}_e)$ den Funktionswert. Man kann zeigen, daß in diesem Sinn jede Turing-berechenbare Funktion $f : I\!N_0^k \to I\!N_0$ mit Hilfe der Beispielsprache bestimmt werden kann. Die Beispielsprache stellt also ein weiteres Modell der Berechenbarkeit dar. Selbst bei Vereinfachung durch Verzicht auf das If-Statement erhalten wir eine Programmiersprache, die noch immer ein universelles Berechnungsmodell liefert.

8.6 Programmverifikation

In diesem Abschnitt beschäftigen wir uns mit den grundlegenden Ideen der *Programmverifikation*. Unter der Verifikation eines Programms versteht man den Nachweis, daß dieses Programm eine gegebene *Spezifikation* erfüllt. In diesem Fall sagt man, das Programm sei *korrekt* bezüglich der Spezifikation. Wir gehen im folgenden auf diese Begriffe näher ein und werden dabei eine Methode zur Programmverifikation kennenlernen. Dabei verwenden wir die Semantikfunktion S_d aus dem vorigen Abschnitt. Wir weisen jedoch darauf hin, daß die Programmverifikation im allgemeinen unentscheidbar ist, was sich unmittelbar aus Beispiel 3.16(d) ergibt.

Zunächst definieren wir die Menge $\mathcal{Z}$ aller Zusicherungen. Eine *Zusicherung* ist eine Aussage über einen Speicherzustand aus STG. Die genaue Form von Zusicherungen geben wir im folgenden durch eine kontextfreie Grammatik in Backus-Naur-Form an. Das Startzeichen der Grammatik sei dabei $<z>$.

$<z>$ ::= $true \mid false \mid <test> \mid \neg(<z>) \mid$
$(<z>) \vee (<z>) \mid (<z>) \wedge (<z>) \mid (<z>) \to (<z>) \mid$
$(<z>) \leftrightarrow (<z>) \mid \forall <id> .(<z>) \mid \exists <id> .(<z>)$
$<test>$ ::= wie in Abschnitt 8.2
$<id>$ ::= wie in Abschnitt 8.2

8. Syntax und Semantik von Programmiersprachen

Um überflüssige Klammerungen in den Zusicherungen zu vermeiden, lassen wir gelegentlich Klammerpaare fort und geben den Operationen die üblichen Prioritäten. Mit diesen Konventionen sind z.B. $x > 0$ und $\forall y.(y > 0 \rightarrow x = y)$ Zusicherungen, aber nicht $(x+3)*y-2$.

Es sei ausdrücklich erwähnt, daß der syntaktische Bereich $TEST$ eine Teilmenge der Menge aller Zusicherungen $\mathcal{Z}$ ist.

Als nächstes benötigen wir eine Abbildung $Z : \mathcal{Z} \rightarrow (STG \rightarrow \mathbb{B})$, die den Zusicherungen abhängig vom jeweiligen Speicherzustand den Wert $wahr$ oder $falsch$ zuordnet. Sie wird definiert durch

$$Z[\![z]\!](\text{stg}) = \begin{cases} wahr, & \text{falls } z = true \\ falsch, & \text{falls } z = false \\ T[\![z]\!](\text{stg}), & \text{falls } z = test \\ wahr, & \text{falls } z = \neg z_1 \text{ und } Z[\![z_1]\!](\text{stg}) = falsch \\ falsch, & \text{falls } z = \neg z_1 \text{ und } Z[\![z_1]\!](\text{stg}) = wahr \\ \vdots & \text{die üblichen Definitionen für } \vee, \wedge, \rightarrow \text{ und } \leftrightarrow \\ wahr, & \text{falls } z = \forall id.(z_1) \text{ ist und für alle } n \in \mathbb{N}_0 \\ & Z[\![z_1]\!](\text{st}(\text{stg}, \text{den}[\![id]\!], n)) = wahr \text{ gilt} \\ falsch, & \text{falls } z = \forall id.(z_1) \text{ ist und für ein } n \in \mathbb{N}_0 \\ & Z[\![z_1]\!](\text{st}(\text{stg}, \text{den}[\![id]\!], n)) = falsch \text{ gilt} \\ wahr, & \text{falls } z = \exists id.(z_1) \text{ gilt und für ein } n \in \mathbb{N}_0 \\ & Z[\![z_1]\!](\text{st}(\text{stg}, \text{den}[\![id]\!], n)) = wahr \text{ gilt} \\ falsch, & \text{falls } z = \exists id.(z_1) \text{ ist und für alle } n \in \mathbb{N}_0 \\ & Z[\![z_1]\!](\text{st}(\text{stg}, \text{den}[\![id]\!], n)) = falsch \text{ gilt} \end{cases}$$

für alle $z \in \mathcal{Z}, \text{stg} \in STG$. Als Beispiel für einen in der Definition explizit fortgelassenen Fall geben wir $Z[\![z]\!](\text{stg}) = falsch$ an, falls $z = z_1 \vee z_2$ gilt und $Z[\![z_1]\!](\text{stg}) = Z[\![z_2]\!](\text{stg}) = falsch$ ist.

Zusammenfassend stellen wir fest, daß Zusicherungen aus $\mathcal{Z}$ die Form prädikatenlogischer Ausdrücke 1. Stufe haben, deren Operanden Identifier und Konstanten der Objektsprache sind. Die Bedeutung einer Zusicherung $z \in \mathcal{Z}$ ist durch die Abbildung $Z[\![z]\!] : STG \rightarrow \mathbb{B}$ gegeben. Dabei haben insbesondere die Zusicherungen $test \in TEST \subset \mathcal{Z}$ dieselbe Bedeutung, die sie auch als Boolesche Ausdrücke der Objektsprache besitzen.

Definition 8.4: (a) Eine Zusicherung $z \in \mathcal{Z}$ heißt *gültig*, wenn für alle stg $\in STG$ die Aussage $Z[\![z]\!](\text{stg}) = wahr$ gilt. Wir schreiben in diesem Fall $\models z$.
(b) Zwei Zusicherungen $z_1, z_2 \in \mathcal{Z}$ heißen *äquivalent*, wenn für alle stg $\in STG$ die Aussage $Z[\![z_1]\!](\text{stg}) = Z[\![z_2]\!](\text{stg})$ gilt. □

Wir sind jetzt genügend vorbereitet, um uns mit der Korrektheit von Programmen befassen zu können. Der besseren Lesbarkeit wegen verwenden wir als Variablen für Zusicherungen statt $z_1, z_2, z_3, \ldots$ im folgenden $p, q, r, \ldots$.

8.6 Programmverifikation

Definition 8.5: (a) Ein Ausdruck der Form $\{p\}stmt\{q\}$ mit $p, q \in \mathcal{Z}$, $stmt \in STMT$, heißt *Hoarescher Ausdruck*. Dabei heißt p *Vorbedingung* und q *Nachbedingung* von $\{p\}stmt\{q\}$. p und q zusammen heißen *Spezifikation* von $stmt$.

(b) Ein Hoarescher Ausdruck $\{p\}stmt\{q\}$ heißt *gültig*, wenn für alle stg $\in STG$ die folgende Aussage erfüllt ist: Wenn $Z[\![p]\!](\text{stg}) = wahr$ ist und stg $\in D(S_d[\![stmt]\!])$ gilt, dann ist $Z[\![q]\!](S_d[\![stmt]\!](\text{stg})) = wahr$. In diesem Fall schreiben wir $\models \{p\}stmt\{q\}$ und sagen, $stmt$ ist *partiell korrekt* bezüglich p und q.

(c) $stmt \in STMT$ heißt *total korrekt* bezüglich p und q, falls $\models \{p\}stmt\{q\}$ ist und darüber hinaus für alle stg $\in STG$ die folgende Aussage gilt: Aus $Z[\![p]\!](\text{stg}) = wahr$ folgt stg $\in D(S_d[\![stmt]\!])$. □

Ein Statement $stmt \in STMT$ heißt also partiell korrekt bezüglich der Spezifikation p und q, wobei p und q Zusicherungen sind, wenn der Zustand vor Ausführung von $stmt$ die Bedingung p und, falls die Ausführung von $stmt$ terminiert, der Zustand nach der Ausführung von $stmt$ die Bedingung q erfüllt. Die partielle Korrektheit bedeutet also nicht, daß $stmt$ bei Vorliegen der Bedingung p terminiert. Dies besagt erst die totale Korrektheit. Im allgemeinen ist es einfacher, die partielle Korrektheit eines Programms oder Statements nachzuweisen. Wir beschränken uns daher im folgenden auf diesen Fall.

Unser Ziel ist es, eine Methode anzugeben, mit deren Hilfe die partielle Korrektheit eines Statements und damit eines Programms nachgewiesen werden kann. Diese Methode besteht darin, einen Kalkül aus *Axiomen* und *Schlußregeln* anzugeben, der es erlaubt, genau die Ausdrücke der Form $\{p\}stmt\{q\}$ mit $\models \{p\}stmt\{q\}$ herzuleiten.

Als Vorbereitung benötigen wir den Begriff der *Substitution*. Es sei eine Zusicherung $p \in \mathcal{Z}$ gegeben. In p wollen wir den Identifier $id \in ID$ durch den Ausdruck $expr \in EXPR$ ersetzen. Als Ergebnis erhalten wir eine Zusicherung, die wir mit $p[id/expr]$ bezeichnen. Nicht schwierig ist der Fall, daß p keine Quantoren enthält: Wenn wir in $x > 0$ den Identifier x durch den Ausdruck $y + 5$ ersetzen, erhalten wir den Ausdruck $y + 5 > 0$, also

$$(x > 0)[x/y + 5] = (y + 5 > 0).$$

Sehen wir uns jetzt das Beispiel $p = \exists x.(y = x + 1)$ an. Bei der Bildung von $p[y/x] = \exists x.(x = x + 1)$ würde die Gültigkeit von p verlorengehen. Wir können uns dadurch helfen, daß wir den Identifier x vorher umbenennen, z.B. in z, und dadurch

$$p[y/x] = (\exists z.(x = z + 1)).$$

erhalten. Auf eine formale Definition von $p[id/expr]$ wollen wir verzichten.

8. Syntax und Semantik von Programmiersprachen

Definition 8.6: Eine *Ableitungsregel* ist ein Konstrukt der Art

$$\frac{f_1, \ldots, f_n}{f},$$

wobei $f, f_1, \ldots, f_n$, $n \geq 1$, entweder Zusicherungen aus $\mathcal{Z}$ oder Hoaresche Ausdrücke sind. $\square$

Definition 8.7: (a) Der *Hoaresche Kalkül* $\mathcal{H}$ besteht für beliebige $p, q, r, s \in \mathcal{Z}$, $stmt, stmt_1, stmt_2 \in STMT$ und $test \in TEST$ aus den Axiomen

$\{p\}\mathbf{skip}\{p\}$ (Skip-Axiom),

$\{p[id/expr]\}id := expr\{p\}$ (Assignment-Axiom)

und den Ableitungsregeln

$\dfrac{\{p\}stmt_1\{q\}, \{q\}stmt_2\{r\}}{\{p\}\mathbf{begin}\ stmt_1; stmt_2\ \mathbf{end}\{r\}}$ (Begin-Regel),

$\dfrac{\{p \wedge test\}stmt_1\{q\}, \{p \wedge \neg test\}stmt_2\{q\}}{\{p\}\mathbf{if}\ test\ \mathbf{then}\ stmt_1\ \mathbf{else}\ stmt_2\ \mathbf{fi}\{q\}}$ (If-Regel),

$\dfrac{\{p \wedge test\}stmt\{p\}}{\{p\}\mathbf{while}\ test\ \mathbf{do}\ stmt\ \mathbf{od}\{p \wedge \neg test\}}$ (While-Regel),

$\dfrac{p \to q, \{q\}stmt\{r\}, r \to s}{\{p\}stmt\{s\}}$ (Folgerungsregel).

(b) Wenn sich der Hoaresche Ausdruck $\{p\}stmt\{q\}$ durch endlich viele Anwendungen der Regeln aus den Axiomen herleiten läßt, dann schreiben wir $\vdash \{p\}stmt\{q\}$. In die Folgerungsregel dürfen dabei allerdings für $p \to q$ bzw. $r \to s$ nur gültige Implikationen eingesetzt werden. Falls $\vdash \{p\}stmt\{q\}$ gilt, sagen wir, der Hoaresche Ausdruck $\{p\}stmt\{q\}$ ist in $\mathcal{H}$ herleitbar. $\square$

Die Anwendungen der Regeln, von denen in dieser Definition gesprochen wird, sind dabei selbst nicht definiert worden. Dies ließe sich mit einem gewissen formalen Aufwand erreichen. Da die Anwendung einer Regel intuitiv ziemlich klar ist, begnügen wir uns mit einem Beispiel. So ergibt sich etwa aus

$\vdash \{p\}stmt_1\{q\}, \vdash \{q\}stmt_2\{r\}$

bei Anwendung der Begin-Regel

$\vdash \{p\}\mathbf{begin}\ stmt_1; stmt_2\ \mathbf{end}\{r\}.$

Beim Assignment-Axiom und beim Skip-Axiom handelt es sich um Axiomenschemata. Für jedes Assignment-Statement $id := expr$ und für jede Zusicherung $p \in \mathcal{Z}$ ist $\{p[id/expr]\}id := expr\{p\}$ ein Axiom, ebenso ist für alle

8.6 Programmverifikation

$p \in \mathcal{Z}$ der Hoaresche Ausdruck $\{p\}$skip$\{p\}$ ein Axiom. Es gibt also abzählbar viele Axiome, da die Menge aller Statements $id := expr$ und die Menge aller Zusicherungen abzählbar sind.

Die Zusicherung p bei der While-Regel nennen wir *Schleifeninvariante*, da sie bei der Abarbeitung des entsprechenden While-Statements nicht verändert wird.

Man kann zeigen, daß der Hoaresche Kalkül $\mathcal{H}$ die beiden folgenden Eigenschaften besitzt, nämlich

(1) $\mathcal{H}$ *ist korrekt:* Für jeden in $\mathcal{H}$ herleitbaren Hoareschen Ausdruck $\{p\}stmt\{q\}$ gilt, daß $stmt$ partiell korrekt bezüglich der Spezifikation p und q ist. Formal gilt also: Aus $\vdash \{p\}stmt\{q\}$ folgt $\models \{p\}stmt\{q\}$ für alle $p, q \in \mathcal{Z}, stmt \in STMT$.

(2) $\mathcal{H}$ *ist relativ vollständig:* Jedes bezüglich einer Spezifikation p und q partiell korrekte Statement $stmt$ läßt sich mit Hilfe von $\mathcal{H}$ verifizieren. Das heißt, aus $\models \{p\}stmt\{q\}$ folgt $\vdash \{p\}stmt\{q\}$ für alle $p, q \in \mathcal{Z}, stmt \in STMT$. Das Adjektiv „relativ" weist darauf hin, daß der Hoaresche Kalkül die zugrundeliegende Logiksprache benötigt. In die Folgerungsregel dürfen ja nur gültige Implikationen $p \to q$ und $r \to s$ als „Axiome" eingesetzt werden.

Zusammengefaßt ergibt sich (siehe [7], Kapitel 3.5 und Kapitel 3.6)

Satz 8.5: Der Hoaresche Kalkül $\mathcal{H}$ ist korrekt und relativ vollständig. □

Das bedeutet, daß die Relationen $\vdash \{p\}stmt\{q\}$ und $\models \{p\}stmt\{q\}$ für alle $p, q \in \mathcal{Z}$ und $stmt \in STMT$ äquivalent sind.

Wir beweisen jetzt mit Hilfe des Hoareschen Kalküls $\mathcal{H}$ die partielle Korrektheit eines Beispielprogramms.

Beispiel 8.1: Gegeben sei das folgende Programm zur ganzzahligen Division $\left[\frac{m}{n}\right]$, wobei der Variablen d am Ende der berechnete Wert zugeordnet sein soll.

$$
\begin{aligned}
program = \ &\textbf{begin} \ \textbf{begin} \ d := 0; \\
&\phantom{\textbf{begin} \ \textbf{begin} \ } r := m \\
&\phantom{\textbf{begin} \ } \textbf{end}; \\
&\phantom{\textbf{begin} \ } \textbf{while} \ r \geq n \\
&\phantom{\textbf{begin} \ } \textbf{do} \quad \textbf{begin} \ d := d + 1; \\
&\phantom{\textbf{begin} \ \textbf{do} \quad \textbf{begin} \ } r := r - n \\
&\phantom{\textbf{begin} \ \textbf{do} \quad } \textbf{end} \\
&\phantom{\textbf{begin} \ } \textbf{od} \\
&\textbf{end}
\end{aligned}
$$

8. Syntax und Semantik von Programmiersprachen

Wir betrachten die Zusicherungen

$$p = (m = \mu \wedge \mu \geq 0 \wedge n = \nu \wedge \nu > 0)$$

und

$$q = (m = \mu \wedge n = \nu \wedge m = d*n + r \wedge r \geq 0 \wedge r < n),$$

wobei μ und ν beliebige Konstanten sein dürfen. Zu zeigen ist, daß $program$ bezüglich p und q für alle μ und ν partiell korrekt ist, also $\models \{p\}program\{q\}$ gilt. Diesen Beweis führen wir, indem wir $\{p\}program\{q\}$ in $\mathcal{H}$ herleiten und anschließend Satz 8.5 anwenden.

Zuerst zeigen wir, daß die Bedingung

$$s = (m = \mu \wedge n = \nu \wedge m = d*n + r \wedge r \geq 0)$$

für p in die While-Regel aus Definition 8.7 eingesetzt werden darf, s also eine Schleifeninvariante ist. Wir haben folglich

$$\vdash \{s \wedge r \geq n\} \textbf{ begin } d := d+1;\ r := r-n \textbf{ end } \{s\} \qquad (8.5)$$

zu überprüfen. Nach den Assignment-Axiomen erhalten wir

$$\vdash \{s[r/r-n]\}\, r := r-n\, \{s\} \text{ und}$$
$$\vdash \{s[r/r-n][d/d+1]\}\, d := d+1\, \{s[r/r-n]\}.$$

Mit der Begin-Regel folgt dann

$$\vdash \{s[r/r-n][d/d+1]\} \textbf{ begin } d := d+1;\ r := r-n \textbf{ end } \{s\}.$$

Äquivalent zur Zusicherung

$$s[r/r-n][d/d+1] = (m = \mu \wedge n = \nu \wedge m = (d+1)*n + (r-n) \wedge (r-n) \geq 0)$$

ist

$$t = (m = \mu \wedge n = \nu \wedge m = d*n + r \wedge r \geq n).$$

Offenbar gilt

$$(s \wedge r \geq n) \rightarrow t,$$

so daß wegen der Folgerungsregel der Ausdruck (8.5) erfüllt ist und somit s eine Schleifeninvariante ist. Die Anwendung der While-Regel liefert dann unter Berücksichtigung von $(s \wedge r < n) = q$ die Aussage

$$\vdash \{s\} \textbf{ while } r \geq n \textbf{ do begin } d := d+1;\ r := r-n \textbf{ end od } \{q\}. \qquad (8.6)$$

Nach den Assignment-Axiomen und der Begin-Regel erhalten wir weiter

$$\vdash \{s[r/m][d/0]\} \textbf{ begin } d := 0; \ r := m \textbf{ end } \{s\}.$$

Es ist

$$s[r/m][d/0] = (m = \mu \ \land \ n = \nu \ \land \ m = 0 * n + m \ \land \ m \geq 0).$$

Diese Zusicherung ist äquivalent zu

$$m = \mu \ \land \ n = \nu \ \land \ \mu \geq 0.$$

Mit der Folgerungsregel gilt also

$$\vdash \{m = \mu \ \land \ n = \nu \ \land \ \mu \geq 0\} \textbf{ begin } d := 0; \ r := m \textbf{ end } \{s\}. \qquad (8.7)$$

Die Begin-Regel liefert mit (8.7) und (8.6) die Aussage

$$\vdash \{m = \mu \ \land \ n = \nu \ \land \ \mu \geq 0\} \, program \, \{q\}.$$

Wegen $p \to (m = \mu \ \land \ n = \nu \ \land \ \mu \geq 0)$ ergibt sich dann mit Hilfe der Folgerungsregel

$$\vdash \{p\} \, program \, \{q\}.$$

Aus Satz 8.5 folgt, daß

$$\models \{p\} \, program \, \{q\}$$

gilt.

Damit haben wir bewiesen, daß $program$ bezüglich p und q partiell korrekt ist. Für diesen Nachweis ist die in p vorkommende Bedingung $\nu > 0$ überflüssig. Sie wird erst benötigt, um die totale Korrektheit zu zeigen, was mit Satz 8.5 nicht erreicht werden kann. Dazu beweisen wir, daß $program$ terminiert, falls die Vorbedingung p erfüllt ist. Es sei $\text{stg}_i, i \in \mathbb{N}_0$, der Speicherzustand nach dem i-ten Schleifendurchlauf. Durch Induktion über i zeigt man leicht, daß wegen $\nu > 0$ für alle $i > 0$ die Aussage

$$\text{stg}_{i+1}(r) < \text{stg}_i(r) \ \land \ \text{stg}_{i+1}(n) = \text{stg}_i(n)$$

gilt. Die Werte, die r annimmt, bilden also eine streng monoton fallende Folge. Daher gibt es ein k mit $\text{stg}_k(r) < \text{stg}_k(n)$. Das bedeutet, daß das Programm nach k Schleifendurchläufen terminiert. □

Der vorangegangene Beweis der partiellen Korrektheit des angegebenen Programms läßt sich dadurch übersichtlicher aufschreiben, daß man einige der auftretenden Zusicherungen als „Kommentare" an die entsprechenden Stellen im

8. Syntax und Semantik von Programmiersprachen

Programmtext einfügt. Für dieses Beispiel kann dann der Beweis in der folgenden Form notiert werden.

$\{m = \mu \land \mu \geq 0 \land n = \nu \land \nu > 0\}$
$\{m = \mu \land n = \nu \land \mu \geq 0\}$
begin begin $d := 0;$
$\qquad\qquad\quad r := m$
$\qquad$ **end**;
$\qquad \{m = \mu \land n = \nu \land m = d*n + r \land r \geq 0\}$
$\qquad$ **while** $r \geq n$
$\qquad$ **do** $\quad \{m = \mu \land n = \nu \land m = d*n + r \land r \geq 0 \land r \geq n\}$
$\qquad\qquad \{m = \mu \land n = \nu \land m = d*n + r \land r \geq n\}$
$\qquad\qquad$ **begin** $d := d + 1;$
$\qquad\qquad\qquad\quad r := r - n$
$\qquad\qquad$ **end**
$\qquad\qquad \{m = \mu \land n = \nu \land m = d*n + r \land r \geq 0\}$
$\qquad$ **od**
$\qquad \{m = \mu \land n = \nu \land m = d*n + r \land r \geq 0 \land r < n\}$
end
$\{m = \mu \land n = \nu \land m = d*n + r \land r \geq 0 \land r < n\}$

Bei diesem Beweis ist es offensichtlich schwierig, eine Schleifeninvariante s mit

$$\vdash \{s \land r \geq n\} \textbf{ begin } d := d + 1;\ r := r - n \textbf{ end } \{s\}$$

zu finden. Ein weiteres Problem besteht darin, Implikationen $p \to q$ auf ihre Gültigkeit zu überprüfen. Im allgemeinen ist dieses Problem unentscheidbar, obwohl für spezielle Implikationen die Überprüfung algorithmisch möglich sein kann. Wenn man einem Beweisprogramm diese beiden Probleme abnimmt, indem man die Schleifeninvarianten eingibt und, falls möglich, die nicht durch das Programm bewiesenen Implikationen manuell überprüft, so kann in diesem Fall die partielle Korrektheit von Programmen rechnergestützt nachgewiesen werden.

Literaturverzeichnis

[1] K. Alber, W. Struckmann: Einführung in die Semantik von Programmiersprachen. Bibliographisches Institut, Wissenschaftsverlag, Mannheim 1988.

[2] L. S. Bobrow, M. A. Arbib: Discrete Mathematics. Saunders, Philadelphia 1974.

[3] W. Brauer: Automatentheorie. Teubner, Stuttgart 1984.

[4] M. R. Garey, D. S. Johnson: Computers and Intractability. Freeman, San Francisco 1979.

[5] M. Gössel: Automatentheorie für Ingenieure. Akademie-Verlag, Berlin 1991.

[6] H. Hermes: Aufzählbarkeit, Entscheidbarkeit, Berechenbarkeit, 3. Auflage. Springer, Berlin 1978.

[7] B. Hohlfeld, W. Struckmann: Einführung in die Programmverifikation. Bibliographisches Institut, Wissenschaftsverlag, Mannheim 1992.

[8] J. E. Hopcroft, J. D. Ullman: Einführung in die Automatentheorie, Formale Sprachen und Komplexitätstheorie. Addison-Wesley, Bonn 1990.

[9] G. Hotz: Schaltkreistheorie. de Gruyter, Berlin 1974.

[10] K. Mehlhorn: Effiziente Algorithmen. Teubner, Stuttgart 1977.

[11] M. Minsky: Computation: Finite and Infinite Machines. Prentice-Hall, London 1972.

[12] R. N. Moll, M. A. Arbib, A. J. Kfoury: An Introduction to Formal Language Theory. Springer, New York 1988.

[13] H. Noltemeier: Informatik 1. Einführung in Algorithmen und Berechenbarkeit. Hanser, München 1981.

[14] H. Noltemeier, R. Laue: Informatik 2. Einführung in Rechnerstrukturen und Programmierung. Hanser, München 1984.

[15] C. Posthoff, K. Schultz: Grundkurs Theoretische Informatik. Teubner, Stuttgart 1992.

Literaturverzeichnis

[16] A. *Salomaa:* Formale Sprachen. Springer, Berlin 1978.

[17] P. *Sander, W. Stucky, R. Herschel:* Automaten, Sprachen, Berechenbarkeit. Teubner, Stuttgart 1992.

[18] A. *Schmitt, P. Fehling:* Rechenautomaten II. Einführung in Schaltkreisalgebra und Codierungstheorie. Arbeitsberichte des Instituts für Mathematische Maschinen und Datenverarbeitung. Universität Erlangen-Nürnberg 1968.

[19] P. H. *Starke:* Abstrakte Automaten. VEB Deutscher Verlag der Wissenschaften, Berlin 1969.

Index

Abbildung einer kontextfreien Grammatik, 145
Ableitung, 113
Ableitungsbaum einer kontextfreien Grammatik, 146
Ableitungsregel, 190
abstrakter Automat bei Programmiersprachen, 170, 176
Ackermann-Funktion, 98–103
Äquivalenz
    von endlichen erkennenden Automaten, 118
    von Grammatiken, 115
    von logischen Ausdrücken, 26
    von Turingmaschinen, 65
    von Zuständen, 55, 120
    zwischen Moore- und endlichen erkennenden Automaten, 119
Äquivalenzrelation, 54
    Äquivalenzklasse, 54
    Faktormenge, 54
Algebra, 14
Alphabet, 111
Anfangssymbol, 114
Antwortfunktion eines Moore-Automaten, 50
Arbeitsweise einer Turingmaschine, 62–63
Aufzählung
    von berechenbaren Funktionen, 87
    von Turingmaschinen, 83
Ausdruck
    Hoarescher Ausdruck, *siehe* Hoarescher Ausdruck
Ausdruck, logischer, 20, 157

Äquivalenz mit Schaltfunktion, 25
Äquivalenz, 26
Belegung der Variablen, 157
erfüllbar, 157
Kostenfunktion, 28
Maximalterm, 21
Maxterm, 21
Minimalterm, 21
Minterm, 21
normierte Form
    disjunktive kanonische Form, 23
    disjunktive Minimalform, 28
    disjunktive Normalform, 26
    konjunktive kanonische Form, 23
    konjunktive Normalform, 26
SAT, 158
Standardkodierung, 157
Automat, *siehe*
    abstrakter Automat bei Programmiersprachen
    endlicher erkennender Automat
    Kellerautomat
    linear beschränkter Automat
    Mealy-Automat
    Moore-Automat
    Turingmaschine

Backus-Naur-Form, 172
Bandfunktion, 62, 80
Bandinhalt, 66
Bandinschrift, 62, 66, 80
Belegung von logischen Variablen, 157
beschränkte Minimalisierung, 108
beschränkter μ-Operator, 105

Index

Blankzeichen, 61
Boolesche Algebra, 14
    Atom, 17
    Einselement, 15, 16
    Hasse-Diagramm, 17–19
    Idempotenzgesetze, 15
    Komplement, 16
    Nullelement, 15, 16
    Schaltalgebra, 21
Boolesche Funktion, 20

charakteristische Funktion, 87, 104, 111
Chomsky-Hierarchie, 117
Churchsche These, 86, 94, 110
Clique eines Graphen, 165
cpo, *siehe* vollständige partiell-geordnete Menge

denotationale Methode, 171
denotationale Semantik, 185
Disjunktion, 17
disjunktive kanonische Form, 23

Einsetzung, 91
endlicher erkennender Automat, 118
    Äquivalenz, 118
    Äquivalenz von Zuständen, 120
    erreichbarer Zustand, 120
    nichtdeterministischer, 121
    reduzierter, 121
    vereinfachter, 120
    Zustandsüberführungsgraph, 118
Entscheidbarkeit, 85
Entscheidungsproblem, 151
erfüllbarer Ausdruck, 157
Erfüllbarkeitsproblem, 158
Ersetzungsregel, 113, 114

Familie von Sprachen, 115, 117
Fixpunkt, 141
Fixpunktsatz von *Kleene*, 142

freie Halbgruppe, 48
freies Monoid, 48

Gatter, 12, 20
Gödelisierung, 80, 81
Grammatik, 114
    Abbildung einer kontextfreien Grammatik, 145
    Ableitungsbaum einer kontextfreien Grammatik, 146
    Äquivalenz von Grammatiken, 115
    Backus-Naur-Form, 172
    erzeugte Sprache, 114
    kontextfrei, 115
    kontextsensitiv, 115
    monoton, 115
    regulär, 115
    Typ i, 115

Halbgruppe, 48
Halteproblem, 85, 86, 89
Hamiltonscher Kreis, 167
Hasse-Diagramm, 17–19
Hoarescher Ausdruck, 189
    gültig, 189
    korrekt, 191
    Nachbedingung, 189
    relativ vollständig, 191
    Spezifikation, 189
    Vorbedingung, 189
Hoarescher Kalkül, 190

Induktions-Rekursionsschema, 92
Inklusion $\subset$, 13

k-Äquivalenz von Zuständen, 57
Kellerautomat, 127–128
    deterministischer, 129
Kette, 137
Klausel vom Grad k, 157
Kleenescher Fixpunktsatz, 142
kleinste obere Schranke, 136

kleinster Fixpunkt, 141
  bei denotationaler Semantik, 184
  bei Grammatiken, 146
Knapsack-Problem, 152
Knotenüberdeckung eines Graphen, 167
kombinatorisches System, 113
Komplexität, 54, 59–60, 151
Komplexität von Schaltnetzen, 28
Komplexitätsklasse, 151
  NP, 153
  P, 153
  R, 168
Komposition von Turingmaschinen, 65–66
Konfiguration, 63
Konjunktion, 17
konjunktive kanonische Form, 23
Konkatenation
  von Sprachen, 111
  von Wörtern, 48
Kostenfunktion, 28

lba-Problem, 131
leeres Wort ε, 48
linear beschränkter Automat, 130
Linksmaschine, 64
Literal, 157
logischer Ausdruck, *siehe* Ausdruck, logischer

Mealy-Automat, 44, 69
  Äquivalenz mit Moore-Automaten, 49
  Taktung, 44
  Wertetabelle, 45
  Zustandsdiagramm, 45
  Zustandsgraph, 45
Menge von Wörtern, 48
Minimalisierung, 108
Minimierungsverfahren, 29
  von *Karnaugh* und *Veitch*, 29–32
  von *Quine-McCluskey*, 35–39
Modulo-m-Zähler, 42
Monoid, 48
monotone Abbildung, 139
Moore-Automat, 47
  Äquivalenz mit Mealy-Automaten, 49
  Äquivalenz mit reduziertem Automaten, 56
  Äquivalenz von Zuständen, 55
  Anfangszustand, 50
  Antwortfunktion, 50
  Arbeitsweise, 48
  k-Äquivalenz von Zuständen, 57
  Realisierungsproblem, 51
  Reduktion, 55
  Reduktionsalgorithmus, 59
  reduzierter, 56
  Taktung, 47
  Verhaltensfunktion, 50
  Zustand-Ausgabe-Graph, 47
μ-Operator, 105
μ-rekursiv, 109

$I\!N$, Menge der natürlichen Zahlen, 13
$I\!N_0 = I\!N \cup \{0\}$, 13
nichtdeterministische Turingmaschine, 70, 126
nichtdeterministischer endlicher erkennender Automat, 121
normiert Turing-berechenbar, 75, 76, 94
NP, Komplexitätsklasse, 151, 153
NP-hart, 167
NP-vollständig, 152, 155

O-Notation, 59
obere Schranke, 135
Operation, 13
operationelle Methode, 170
  abstrakter Automat, 170

Index

Zustandsüberführungsfunktion, 176
operationelle Semantik, 177

P, Komplexitätsklasse, 151, 153
partiell korrekt, 189
partiell-geordnete Menge, 134
    Fixpunkt, 141
    Kette, 137
    kleinste obere Schranke, 136
    kleinstes Element, 135
    monotone Abbildung, 139
    obere Schranke, 135
    Supremum, 137
    vollständige partiell-geordnete Menge, *siehe* vollständige partiell-geordnete Menge
partielle Abbildung, 69
Partitionsproblem, 167
polynomialzeit-berechenbare Transformation, 155
poset, *siehe* partiell-geordnete Menge
Postsches Korrespondenzproblem, 89
Potenzmenge, 13
Prädikat, 104
    charakteristische Funktion, 104
Primimplikant, 33
primitiv-rekursive Funktion, 91, 92
    Beispiele, 92–94
    Grundfunktionen, 91
    Nachfolgerfunktion, 91
    Nullfunktion, 91
    Projektionsfunktion, 91
primitives Rekursionsschema, 92
probabilistischer Algorithmus, 168
Produktion, 113, 114
Programmiersprache, 169
Projektionsfunktion, 46, 91, 138, 140

R, Komplexitätsklasse, 168

Realisierungsproblem, 51
Rechtsmaschine, 64
Reduktion von Moore-Automaten, 55
Reduktionsalgorithmus für Moore-Automaten, 59
reduzierter endlicher erkennender Automat, 121
reduzierter Moore-Automat, 56
rekursiv, 116
rekursiv-aufzählbar, 116

SAT, 158
$SAT(3)$, 164
Schaltalgebra, 21
Schaltfunktion, 12, 20, 45
    Äquivalenz mit logischem Ausdruck, 25
    normierte Form, 22
        disjunktive kanonische Form, 23
        konjunktive kanonische Form, 23
    Primimplikant, 33
    Schaltfunktion von zwei Variablen, 23–26
    Verknüpfungsbasis, 25
Schaltnetz, 12, 20, 27–29, 41, 45
    Gatter, 12, 20
Schleifeninvariante, 191
Schreibmaschine, 64
Semantik, 170
semantische Rekursion, 181
semantischer Bereich, 173
    $\mathbb{B}$, 174
    $\mathbb{N}_0$, 173
    STG, 174
    VAR, 174
serielle Addition, 41
Spezifikation, 189
Sprache, 111
    kontextfrei, 115

Index

kontextsensitiv, 115
Programmiersprache, 169
regulär, 115
rekursiv, 116
rekursiv-aufzählbar, 116
Typ i, 115
    von endlichem Automaten erkannt, 118
    von nichtdeterministischem endlichen Automaten erkannt, 121
Sprachfamilie, 115, 117
stetige Abbildung, 139
Strukturbaum, 112
syntaktische Rekursion, 180
syntaktischer Bereich, 173
Syntax, 169
Syntax einer Beispielsprache, 172–173

Taktung von Mealy-Automaten, 44
Taktung von Moore-Automaten, 47
Teilmenge, 13
total korrekt, 189
totale Funktion, 91
Transformation, 155
Turing-berechenbar, 73–74, 76
Turingmaschine, 61
    Äquivalenz von Turingmaschinen, 65
    akzeptierende, 126
    akzeptierende Rechnung, 127
    akzeptierte Sprache, 127
    Arbeitsweise, 62–63
    Aufzählung, 83
    Bandfunktion, 62, 80
    Bandinhalt, 66
    Bandinschrift, 62, 66, 80
    Blankzeichen, 61
    Endzustände, 126
    Gödelisierung, 80, 81
    große Linksmaschine, 66
    große Rechtsmaschine, 66
    haltende Rechnung, 127
    Halteproblem, 85, 86
    Interpretation, 62
    Komposition, 65–66
    Konfiguration, 63
    Kopiermaschine, 67
    Länge der Rechnung, 127
    Leerzeichen, 61
    linke Translationsmaschine, 68
    Links-Suchmaschine, 68
    Linksmaschine, 64
    m-Kopiermaschine, 69
    modifizierte Definitionen, 69–73
    nichtdeterministische, 70, 126
    normiert Turing-berechenbar, 75, 76
    Rechts-Suchmaschine, 68
    Rechtsmaschine, 64
    Schreibmaschine, 64
    Turing-berechenbar, 73–74, 76
    Turingtafel, 61–62
    universelle, 83–84
    unvollständige, 70
    Verschiebemaschine, 68
    Zeitkomplexität, 153
Turingtafel, 61–62
Typ-i-Grammatik, 115
Typ-i-Sprache, 115

unbeschränkter μ-Operator, 105
Unentscheidbarkeit, 85
universelle Turingmaschine, 83–84
unvollständige Turingmaschine, 70

Verband, 16
Verhalten eines Moore-Automaten, 50
Verhaltensfunktion, 51
Verknüpfung, 13
Verknüpfungsbasis, 25

201

vollständige partiell-geordnete Menge, 137
    Fixpunktsatz, 142
    stetige Abbildung, 139

Wertetabelle von Mealy-Automaten, 45
Wort, 48

X^*-Erweiterung, 48, 121

$\mathbb{Z}$, Menge der ganzen Zahlen, 13
Zusicherung, 187
    äquivalente Zusicherungen, 188
    gültige, 188
Zustand-Ausgabe-Automat
    siehe Moore-Automat
Zustand-Ausgabe-Graph, 47
Zustandsdiagramm, 42, 45
Zustandsgraph, 42, 45
Zustandsüberführungsgraph, 118